DuMont Dokumente

Rolf Wedewer
Jens Christian Jensen
(Hrsg.)

Die Idylle

Eine Bildform im Wandel
Zwischen Hoffnung und Wirklichkeit

1750–1930

DuMont Buchverlag Köln

Umschlagabbildung Vorderseite: Gotthardt Kuehl, Nähendes Mädchen. Um 1910 (vgl. Kat.-Abb. 65)

Umschlagabbildung Rückseite: August Wilhelm Ahlborn, Syrakus bei Morgenbeleuchtung (Ausschnitt; vgl. Kat.-Abb. 49). 1836

Die Verwendung des Gedichtes »Verlorenes Ich« aus den »Statischen Gedichten« von Gottfried Benn (in: Gesammelte Gedichte. Wiesbaden und Zürich 1956, S. 229) auf der vorderen Umschlaginnenklappe erfolgte mit freundlicher Genehmigung der Verlags-AG Die Arche, Zürich, © 1948 (Neuauflage 1983, Neue Arche Bücherei 2)

CIP-Kurztitelaufnahme der Deutschen Bibliothek

Die **Idylle:**
e. Bildform im Wandel; zwischen Hoffnung u. Wirklichkeit;
1750–1930; [d. Buch erscheint als Katalog zur gleichnamigen
Ausstellung im Städt. Museum, Leverkusen, Schloß Morsbroich
(20. Dezember 1986 bis 22. Februar 1987), u. d. Kunsthalle zu
Kiel, Christian-Albrechts-Univ. (1. März bis 5. April 1987)] /
Rolf Wedewer; Jens Christian Jensen (Hrsg.). – Köln:
DuMont, 1986.
(DuMont-Dokumente)
ISBN 3-7701-1973-8
NE: Wedewer, Rolf [Hrsg.]; Städtisches Museum ⟨Leverkusen⟩

Dieses Buch erscheint als Katalog zur gleichnamigen Ausstellung im Städtischen Museum Leverkusen, Schloß Morsbroich (20. Dezember 1986 bis 22. Februar 1987), und der Kunsthalle zu Kiel, Christian-Albrechts-Universität (1. März bis 5. April 1987).

Produktion: DuMont Buchverlag, Köln
Satz, Druck und buchbinderische Verarbeitung: Boss-Druck, Kleve
Reproduktionen: Repro Acht und Litho Köcher, Köln

Printed in Germany ISBN 3-7701-1973-8

Inhalt

Titelblatt zu: Theocriti, Bionis, et Moschi Carmina Bucolica. Edition von Eoban Hess und L. C. Valckenaer mit ▷ Illustrationen von B. de Bakker. Lyon 1781. Herzog August Bibliothek Wolfenbüttel, Sign.: Lg 2093

Hinweis: Die Abbildungen der Exponate wurden numeriert; auf sie wird in den Textbeiträgen mit »Kat.-Abb.« verwiesen. Textabbildungen und andere Bildzitate tragen keine Nummer; sie sind in den Aufsätzen mit »Textabb.«, gegebenenfalls mit Seitenangabe, bezeichnet.

THEOCRITI, BIONIS, ET MOSCHI CARMINA BVCOLICA.

GRAECE ET LATINE.

Latino carmine pleraque reddita ab EOBANO HESSO,
nonnulla a G. E. HIGTIO *ſubiecit, Graeca ex*
Edd. primis, Codd. & aliunde emendavit,
variisque lectionibus inſtruxit

L. C. VALCKENAER.

LVGDVNI BATAVORVM,
APVD ABRAHAMVM ET JANVM HONKOOP;
CIƆIƆCCLXXXI.

Vorwort

Die hier verhandelte Frage nach dem »Wandel der Idylle« und damit zugleich auch nach der Konsistenz ihrer Grundproblematik und der sich verschärfenden Bedingungen, wie sie mit der notwendig und ständig breiter werdenden Kluft zwischen Natur und Kultur gegeben sind, geht zurück auf ein Symposium über »Idylle und Modernisierung in der europäischen Literatur des 19. Jahrhunderts«, das im Rahmen des Sonderforschungsbereichs »Wissen und Gesellschaft im 19. Jahrhundert« im Oktober 1983 in der Ruhr-Universität Bochum veranstaltet wurde. Den Initiatoren dieses Symposiums – Professor Hans Ulrich Seeber und Professor Paul Gerhard Klussmann – sowie den Teilnehmern verdanken wir mithin mancherlei Anregungen, auch wenn diese im bibliographischen Sinne nicht jeweils bestimmbar sind.

Die Idylle – als Verklärung der Realität, als Bild einer heilen Welt nur verstanden – war langehin dem kritischen Bann verfallen; zur Erhellung der Wirklichkeit vermöge sie nicht nur nichts beizutragen, sondern verhindere im Gegenteil jedes kritische Bemühen schon im Ansatz, weil angesiedelt in einem programmatisch geschichtslosen Raum. Nun definiert sich die Idylle unter anderem zwar gerade durch die Verheißung eines raumzeitlichen Stillstandes, und doch ist sie auf vermittelte Weise gleichwohl auf die Wirklichkeit bezogen. Denn »idyllischer Stillstand ist«, wie Gerhard Kaiser in »Wanderer und Idylle« aufzeigt, »Index einer geschichtlichen Dialektik. Geschichte ist ein Fortgang von idyllischem Dasein, aber dieser Fortgang ist die Voraussetzung dafür, daß die Idylle überhaupt entsteht«. Und zwar als ästhetische Vergegenwärtigung eines vergangenen Zustandes, als eine Projektion unter den Voraussetzungen und aus der Sicht jeweils der Gegenwart. Insofern läßt sich die Idylle charakterisieren als eine Erscheinungsform grundsätzlich im Modus des Entwurfs; nicht zuletzt daraus resultiert ihre Ambivalenz im Verhältnis zwischen »retrospektiver Mentalität« und utopischem Gehalt.

Doch wie immer auch im einzelnen ihrer konkreten, geschichtlich bedingten Erscheinungsform: durchgängig erscheinen die Idyllen-Bilder innerhalb eines Oppositionsschemas, ob dieses nun bezeichnet wird durch den Gegensatz von Arkadia und Utopia, von *vita rustica* und *vita urbana*, ob mit Schillers Formel vom Naiven und Sentimentalischen oder im Grundsätzlichen der geschichtlichen Dialektik des Verhältnisses von Natur und Kultur – stets evoziert der kulturelle Fortgang die Trauer um die solcherart verlorene Ursprünglichkeit, aber auch die Hoffnung auf eine Wiedergewinnung des Verlorenen. Die Idylle als eine Sehnsuchtschiffre oder der Traum vom einfachen Leben, vom Glück paradiesischer Unschuld.

Sicherlich blendet ein solcher Traum Zeit und Wirklichkeit aus, und doch reflektiert er sie, um so zwingender, je nachhaltiger sich der Gegensatz und schließlich der Widerspruch zwischen den Opponenten sich ausprägt. Man kann darin eine Art anthropologischer Konstante erkennen – wie es Klaus P. Hansen mit seinem Begriff der »retrospektiven Mentalität« anzeigt –, die während langer Zeit zwar in der Erscheinungsform der Idylle begegnet, aber eben deshalb über das Ende der Idylle als literarischer oder kunstgeschichtlicher Gattung fortdauert, freilich in anderen Erscheinungsformen. Allmählich und doch letztlich unversehens werden Motive

»idyllisch« besetzt, die zuvor mit dem Motiv-Fundus dieser Gattung keinerlei Berührung hatten, deren Besetzung aber gleichwohl einsichtig ist. So wird beispielsweise im Biedermeier das Interieur zum idyllischen Ort; dieser ist zwar, wie zuvor die Idylle, charakterisiert durch nah-räumliche Vertrautheit – die stets gleichbedeutend ist mit einer konsequenten Abschottung gegenüber der Außenwelt und ihrem Konflikt-Potential –, aber unübersehbar ist diese Umformung der Idylle zur allgemeinen Idee des Idyllischen zwangsläufig verbunden mit einem Verlust an Idealität: Durch Annäherung an die Realität wird die Idylle subjektiviert, und zwar zunächst in einem allgemein geschichtlichen, dann aber zunehmend in einem individuellen Verständnis. Insofern können wir die verschiedenen, motivgeschichtlich zu bestimmenden Phasen dieses Prozesses als Schwundstufen jeweils der Idylle bezeichnen.

Ins Prinzipielle der Idyllen-Problematik gewendet, spiegelt dieser facettenreiche Wandel einerseits zwar den geschichtlichen Fortgang, das heißt, die zunehmende technisch-ökonomische Verfügbarkeit der Welt, aber eben zugleich auch die Fortdauer der ungeminderten Hoffnung auf allumfassende Harmonie, auf Ursprünglichkeit – im mannigfachen Verständnis, notwendig in der Korrespondenz mit einem veränderten Verständnis jeweils von Natur und Kultur. Unter dem Ein-Druck der Modernisierung radikalisierte sich die Konstitution des Idyllischen bis hin zur paradox scheinenden Durchdringung von Mythos und Moderne.

Vor diesem Hintergrund mag es nicht gar so überraschend mehr sein, daß wir die Idylle, einschließend ihre Schwundstufen wie dann auch die Erscheinungsformen ihrer Radikalisierung, in den Rang einer existentiellen Chiffre einsetzen; schließlich kann man die Eckpunkte des idyllischen Oppositionsschemas in extenso mit der Formel Arnold Gehlens von »Urmensch und Spätkultur« dort bezeichnen und hier mit Adornos »Dialektik der Aufklärung«.

Die damit angedeutete Komplexität der Idylle und des Idyllischen – auch und gerade in den sich wandelnden Erscheinungsformen – läßt sich im Rahmen unseres Unternehmens naturgemäß nicht annähernd entfalten, auch wenn die hier vorliegenden Arbeiten den zwangsläufig enger gesteckten Bereich der Ausstellung (die sich auf Beispiele der deutschen Kunst beschränken mußte) übergreifen. Wichtig ist uns indes, bestimmte Probleme und Zusammenhänge aufzuzeigen, die das Phänomen der Idylle und des Idyllischen in einem anderen Verständnis als dem alltäglich-vordergründigen erscheinen lassen.

Wir möchten hier zuerst nun den Autoren danken, die in vielen, auch kritischen Gesprächen entschieden zur Entwicklung des Projektes beigetragen haben, sowie den Leihgebern, auf deren großzügige Hilfe wir angewiesen waren. Nicht zuletzt gilt unser Dank den Mitarbeitern unserer Häuser und da vor allem Gertrud Jähne und Uwe Rheinfrank für die administrativen und organisatorischen Arbeiten.

Rolf Wedewer
Jens Christian Jensen

Illustration zu: Publii Vergilii Maronis Opera, Ekloge VIII. Edition von John Ogilby. London 1663, S. 29. Kupferstich von Pierre Lombart. Herzog August Bibliothek Wolfenbüttel, Sign.: A1 Poet 2°

Illustration zu: P. Vergilii Maronis Opera, Ekloge I. Edition von Jacob van Emenes und P. van Maaswyk. Leiden und Amsterdam 1680 (nach der Ausgabe des Nicolaus Heinsius von 1676). Kupferstich von G. Appelmans. Herzog August Bibliothek Wolfenbüttel, Sign.: Lh 2565

Frontispiz zu: Les Œuvres de Vergile. Edition von Jean Claude Fabre. Lyon 1741 (nach der Ausgabe von 1721, Paris). Herzog August Bibliothek Wolfenbüttel, Sign.: Lh 2536 Tom. I

1 Titelblatt (L. 1). Radierung, Darstellung: 18,6 × 16,6 cm, Platte: 20,9 × 18,7 cm

1–4 Salomon Geßner, Aus der Folge der Landschaften in Waterloos Geschmack »X Paysages dédiés A Mr. Watelet Auteur du Poême sur l'Art de Peindre. Par son ami S. Gessner«. 1764–65. Kunsthalle zu Kiel

2 Blatt 2: Bauernhütten mit zurückkehrendem Fischer, zwei Kindern einen Fisch reichend (L. 2). Radierung, 19,1 × 17,3 cr
(im Plattenrand beschnitten)

3 Blatt 3: Ländliches Gehöft mit offenem Holztor am Seeufer und Angler in der Fischerhütte (L. 3). Radierung, Darstellung: 19,3 × 17,4 cm, Platte: 20,8 × 19,2 cm

4 Blatt 4: Felslandschaft am See mit Herde; vorn Hirtenpaar, die Füße im Bache kühlend (L. 4). Radierung, Darstellung: 19,1 × 17,4 cm, Platte: 20,8 × 17,4 cm

5–11 Salomon Geßner, Aus der Folge »Landschaften in antikem Geschmack«. 1767–68. Kunsthalle zu Kiel ▷

5 Blatt 2: Bewaldeter Hügel mit antiker Burg am Fluß mit Bogenbrücke (L. 12). Radierung, Darstellung: 15 × 23,4 cm, Platte: 16,4 × 24,4 cm

6 Blatt 4: Zwei Wasserschöpferinnen bei kleinem Wassersturz (L. 14). Radierung, Darstellung: 15 × 19,5 cm, Platte: 16,9 × 20,3 cm

7 Blatt 5: Zwei ruhende Hirten auf dem Fels am Wasserfall (L. 15). Radierung, Darstellung: 15,7 × 20,6 cm, Platte: 16,8 × 21,4 cm

8 Blatt 6: Gebirgige Landschaft mit zwei ruhenden Hirten auf einem Fels und Hirtin im Hohlweg (L. 16). Radierung, Darstellung: 15,4 × 20,3 cm, Platte: 17,3 × 21,2 cm

9 Blatt 7: Bewaldeter Hügel am Fluß, mit antikem Tempel bekrönt (L. 17). Radierung, Darstellung: 15 × 23,3 cm, Platte: 16,5 × 24,8 cm

10 Blatt 8: Musizierendes Trio auf einem Fels am Wasser im Walde (L. 18). Radierung, 16,2 × 24,8 cm (im Plattenrand beschnitten)

11 Blatt 10: Waldige Landschaft mit Tempelgebäude und beim Fels vier badende Mädchen (L. 20). Radierung, Darstellung: 10,2 × 16 cm, Platte: 10,7 × 16,8 cm

12 Salomon Geßner, Aus der Folge der Landschaften mit mythologischen Figuren. 1769–71. Kunsthalle zu Kiel. Blatt 2: Drei schlafende Wassernymphen, von einem Satyr beobachtet (L. 24). Radierung, Darstellung: 10 × 13,3 cm, Platte: 11,7 × 14,3 cm

Fortsetzung der Kat.-Abb. s. S. 110–136 und S. 153–176

Rolf Wedewer

Einleitung: Von der Vorstellung zur Wirklichkeit

1.

Wenn von Idylle die Rede ist, haben wir sogleich bestimmte Bilder vor Augen: etwa eine kleine Gruppe von Schafen in einer baumumstandenen Mulde mit ihrem flötespielenden Hirten oder ein junges Paar, das im Schatten sonnenüberschimmerter Bäume an einem Bach lagert, die Wassermühle am Rande eines abgeschiedenen Tales oder eine dörfliche Szenerie. Wie unterschiedlich auch im einzelnen, sind es doch stets Bilder stiller Gelassenheit, Bilder einer ungefährdeten Ruhe, da der Mensch noch in harmonischem Einklang mit der Natur lebt. Ihr Maß ist es, das seinen Tages- und Lebenslauf bestimmt, dessen Verhaltenheit der Betrachter längst nicht mehr kennt. Deshalb ist der Blick auf die Idylle für ihn stets ein Blick zurück. Deshalb gründet der Reiz solcher Bilder, ihre Sehnsuchtsdimension allgemein in ihrem offenbaren Gefälle zu den tatsächlichen Verhältnissen der Gegenwart des Betrachters, der als unverändert jeweils wiedererkennen will, was lange schon sich gewandelt hat und wohl auch so nie war, wie er rückblickend erträumt. Immer erst und nur im Rückblick erscheint etwas als idyllisch; nicht das Kind, der Erwachsene erst empfindet die Kindheit als ein Paradies.

Wir können das eine Verkennung der Wirklichkeit, eine Wirklichkeitsflucht nennen. Und tatsächlich schildert die Idylle ja nicht eine bestimmte Situation in ihrer zeitlichen Gebundenheit, sondern sie behauptet umgekehrt die dargestellte Lebensform als einen unveränderlichen, als einen immerwährenden Zustand. Die Zeit wird hier gleichsam ausgeblendet und folglich jedwede Andeutung von Geschichtlichkeit. Dieser raumzeitliche Stillstand kennzeichnet allgemein die Idylle, unabhängig von der Vielfalt und auch Unterschiedlichkeit ihrer Erscheinungsformen. Damit ist eine Idealisierung gegeben, die weder mit der Gegenwart jeweils Berührung hat, noch auch in irgendeiner Weise mit der Tatsächlichkeit der Vergangenheit. Die Idylle ist stets und notwendig ein retrospektiver Entwurf, der Traum vom verlorenen Paradies des ursprünglichen, des einfachen Lebens. Das Wissen um die Tatsächlichkeit der Gegenwart provoziert geradezu den idyllischen Traum von einstiger Geborgenheit, zumal damit die Hoffnung vielfach verbunden ist, das Verlorene auf irgendeine Weise in der Zukunft wiederzugewinnen. Erinnerung und Hoffnung fließen so in der Idylle in eins. Doch zugleich läßt sich beobachten, daß sie um so rascher und auch folgenreicher an retrospektiver wie utopischer Glaubwürdigkeit verliert, je augenfälliger der Kontrast zur Wirklichkeit erscheint und je geringer mithin die Aussicht, das Geträumte in künftige Wirklichkeit umzusetzen. Dieser immer stärker werdende Gegensatz zur kulturellen Realität führt etwa ab der Mitte des 18. Jahrhunderts zu einer schrittweisen Aufgabe der von der Idylle behaupteten Idealität mythischer Ursprünglichkeit und entsprechend umgekehrt zur Aufnahme realer Momente. Die Idylle wandelt sich zur »realistischen Idylle«, in der Gegenwart und Vergangenheit auf vielfache Weise miteinander verkoppelt sind, ohne freilich ihre Distanz gänzlich aufzuheben. Eine »realistische Idylle« aber ist, so oder so, ein Widerspruch in sich. So könnte man scheinbar leichthin konstatieren, der historisch unabweisliche Einbruch des Wirklichen in die Abgeschlossenheit der Idylle sei gleichbedeutend mit ihrem Ende, da er zwangsläufig den behaupteten Stillstand von Raum und Zeit aufhebt. Zeitlichkeit – das ist Geschichtlichkeit, und diese markiert ja mit ihrem Wechsellauf gerade das Gegenteil dessen, was uns die Idylle als ungestörte Fortdauer verheißt.

2.

Tatsächlich herrscht allgemein darin Übereinstimmung, daß etwa zur Mitte des 19. Jahrhunderts die Idylle als Gattung ihr natürliches Ende gefunden hat. Man könnte es nun bei dieser Feststellung bewenden lassen, die Idylle wäre damit nurmehr ein Gegenstand der philologischen Forschung ohne jede aktuelle Vermittlung zur Gegenwart. Dem aber steht – problemgeschichtlich bedeutsam – entgegen, daß die Idee des Idyllischen das Ende der Idylle als Gattung überdauert und selbst in den Erscheinungsformen der Kunst unseres Jahrhunderts noch überzeugend nachzuweisen ist.

Gehen wir vor diesem Hintergrund von der Frage aus, wie sich denn diese Kontinuität idyllischer Selbstgenügsamkeit außerhalb der Gegenwart zu eben deren Rationalität und ihrer gesellschaftlichen Vielschichtigkeit verhält, dann könnte zwar die Antwort einmal mehr lauten, und vielleicht nun erst recht, daß sich die Idylle und das Idyllische endgültig als eine Flucht aus der Wirklichkeit erweise. Aber mit dieser Antwort wäre nicht mehr gewonnen als eine neue Frage, und zwar die im eigentlichen Sinne aufschließende Frage: was denn diese Wirklichkeitsflucht ausgelöst und zum Phänomen hat werden lassen.

Mit dieser Frage wird die Idylle und auch die Idee des Idyllischen notwendig jeweils auf die Gegenwart bezogen. Der raumzeitliche Stillstand der Idylle, ihre Idealität, ist nicht denkbar ohne das Gegenteil einer sich mannigfaltig verändernden Wirklichkeit. Eine als idyllisch charakterisierte Landschaft beispielsweise wird nicht allein als solche und mithin um ihrer eigentümlichen Geschlossenheit willen dargestellt, sondern im Hinblick auf ihr Gegenteil, etwa die Stadt. »Das Bewußtsein einer abhanden gekommenen natürlichen Daseinsform schafft sich«, wie Klaus Bernhard zusammenfaßt, »im Entwurf einer Idylle die notwendige Kompensation.«[1]

Grundsätzlich gesehen, gründet die Idylle somit auf dem Gegensatz von Natur und Kultur. Dabei ist Kultur zunächst nichts anderes als ein Synonym für den Verlust von Ursprünglichkeit, von einstens unveränderlich scheinenden, in das Gleichmaß der Natur eingebundenen Lebensformen. Die Natur hingegen erscheint in diesem Verständnis als das stets Gleichbleibende, als das dauerhaft Ursprüngliche. Von daher ist der behauptete Stillstand der Idylle, wie Gerhard Kaiser bemerkt, das Merkmal einer geschichtlichen Dialektik: »Geschichte ist ein Fortgang von idyllischem Dasein, aber dieser Fortgang ist die Voraussetzung dafür, daß die Idylle überhaupt entsteht.«[2]

Zugleich macht diese geschichtliche Dialektik einsichtig, daß und wieso uns die Idylle im Ablauf ihrer Gattungsgeschichte in so vielfältigen und so unterschiedlichen Erscheinungsformen begegnet; im Fortgang der Geschichte verändert sich zwangsläufig das, was jeweils unter Natur und Kultur verstanden wird. Da sich aber damit nicht auch die grundlegende Disposition der Idylle ändert – sie verschärft sich vielmehr –, überdauert die Idee des Idyllischen. Offenbar handelt es sich hier um eine Äußerungsform einer durchgängigen »retrospektiven Mentalität«, wie Klaus P. Hansen das genannt hat. Dieser von Karl Mannheim übernommene Begriff der Mentalität »soll ankündigen, daß es sich um mehr handelt als um Gattungsmäßiges, nämlich um eine Einstellung zum Phänomen historischen Wandels«[3].

Hierbei ist es im Grunde unerheblich, ob der historische Wandel gemessen wird am allmählichen Wachstum früher Städte oder in neuerer Zeit an der fortschreitenden Erweiterung des theoretischen Erkenntnishorizontes oder schließlich in der Ausbreitung der Industrie – Wandlungen, die zu einer tiefreichenden Umwälzung der Lebensumstände geführt haben. Natürlich konnte diese Entwicklung sich nur um den Preis der Unmittelbarkeit vollziehen. Die Schlüsselworte der Klage hierüber heißen unter anderem: Verdinglichung der Natur, Vereinzelung der Erkenntnis, Entfremdung und Sinnverlust, Identitätskrise. Historischer Wandel gibt sich in dieser Perspektive zu erkennen als zunehmender Verlust von Bedeutsamkeit.

Die Dinge haben keine emotionalen oder symbolischen Qualitäten mehr, sondern nur noch Funktionen, die erklärt werden können. Das gilt für die objektive Gegenstandswelt der exakten Wissenschaften – solange zumindest, wie ihre philosophischen Konsequenzen nicht bedacht werden – wie auf andere Weise für die vielfach vermittelten Sozialgefüge einer modernen, arbeitsteiligen Gesellschaft.

3.

Wie aber hängen diese Klage-Gegenstände zusammen mit der vorgeblichen Ursprünglichkeit naturgebundener Lebensformen? Hans Blumenberg konstatiert in seiner Arbeit »Lebenszeit und Weltzeit«: »Wir wissen nicht, was ›Sinn‹ ist. In der Lebenswelt wird nach ihm nicht gefragt. Nach ihm zu fragen, ist schon Phänomen einer Defizienz, deren Therapien nie den ursprünglichen Zustand wiederherstellen, vielmehr dessen Substitution: Man vergißt die Frage über den vermeintlichen Antworten.«[4] In der naturhaften Lebenswelt, im Zustand naturhafter Ursprünglichkeit, stellt sich die Frage nach dem Sinn deshalb nicht, weil er unmittelbar in der fraglosen Selbstverständlichkeit solchen Lebens besteht. Folglich bedeutet Natürlichkeit notwendig eine außertheoretische Einstellung, mit einem anderen Wort: Verzicht auf Erkenntnis. Nur so kann die ursprüngliche Erfahrungswelt als eine geschlossene, kleinräumige Einheit gesehen werden: Die Gegebenheiten sind noch nicht aufgespalten in den Gegensatz von Anschauung und Begriff. Ein solcherart ungebrochener Weltbezug ist Gegenstand des idyllischen Traumes.

Der Traum gilt folglich einer überschaubaren Welt, und eben die Idylle repräsentiert in ihrer retrospektiven Idealität als Entwurf eine Welt, deren Kleinräumigkeit dem Menschen übersichtlich und also durchsichtig erscheint. Der Preis indessen solcher Durchsichtigkeit – ein Synonym wiederum für Ursprünglichkeit – ist konsequente Selbstbescheidung, der Verzicht letzthin auf Bewußtsein, denn Bewußtsein ist immer auch Zeitbewußtsein. Da jedoch Zeitabläufe stets eine Funktion des Raumes sind, schließt ein solcher Verzicht logischerweise jeglichen Gedanken daran aus, was sich außerhalb wohl der selbstgenügsamen Begrenztheit finden möge. Da existiert einfach nichts, und daher bleibt das Außen fraglos. Darum und insofern besteht der Sinn natürlicher Lebensformen in ihrer unbewußten Selbstverständlichkeit.

Sicherlich muß man mit Blumenberg einräumen, daß es für den Menschen in aller Zeit Abwesendes gegeben hat, man sich gleichwohl aber eine »Urphase« vorstellen kann, »in der ihm Abwesendes nicht nur gleichgültig, nicht nur überwiegend unbekannt, sondern nicht vorstellbar war. Dann war das Vorstellbare identisch mit dem Wahrnehmbaren seiner räumlichen und zeitlichen Nah-Umgebung [...] Man braucht keine Scheu zu haben, die Konstruktion eines Urzustandes mit dem biblischen Paradies zu vergleichen und dessen Glücksbedingung gerade in der Enge und Übersichtlichkeit, in der Spaziergangsgröße des Ganzen zu sehen, indem es das Unerwartete – nicht einmal das nicht jederzeit Anwesende – nicht gab«[5].

Die Überschaubarkeit gewährt Identität und damit in fragloser Selbstverständlichkeit eben jenen »Sinn«, dessen Verlust einem immer komplexer sich entwickelnden Kultur-Stand angelastet wird; die Wissenschaft demonstriert mit ihren Abstraktionen das Ungenügen der »bloß« anschaulichen Erfahrungswelt, wie auf andere Weise die Arbeitsteiligkeit der modernen Industriegesellschaft die naturhafte, also die ökonomische Autonomie des Einzelnen aufgehoben hat; in theoretischer wie in praktischer Hinsicht ist das Leben eines jeden ein vermitteltes.

»Während des größten Teils der Menschheitsgeschichte war die Wirklichkeit Natur, und die Menschen suchten in Poesie und Phantasie eine Beziehung zwischen sich und der natürlichen Welt herzustellen. In den letzten 150 Jahren war die Realität Technik, von Menschenhand geschaffene, aber unabhängig vom Menschen in seiner verdinglichten Welt existierende Gerätschaften und Gegenstände. Heute ist unsere Wirklichkeit in erster Linie die soziale Welt, die Natur und Gegenstände ausschließt und in erster Linie durch das Medium des Bewußtseins unserer selbst und anderer und nicht durch Realität erfahren wird.«[6]

In Verlust geraten ist durch die kulturelle Entwicklung, vereinfacht gesagt, die Möglichkeit der Selbstbestimmung, und die scheint eben offenbar gebunden an die Voraussetzung überschaubarer Kleinräumigkeit. In diesem kulturellen Zwiespalt haben die Vorstellungen von der fried-nachbarschaftlichen Dorfgemeinschaft und der großstädtischen Anonymität ihre geschichtlichen Wurzeln.

Insofern und darum ist der Traum vom idyllischen Urzustand auch ein Kulturtraum, der Vergangenheit und Zukunft aus der Gegenwart heraus in eins träumt; die Hoffnungsrichtung weist auf eine neue Kultur, da der Begriff mit der Anschauung wieder versöhnt sein möge und der Fortschritt gleichbedeutend mit einer Fundierung menschlicher Sinnerfüllung. Deshalb verweht dieser Traum nicht wie andere.

Aber dieser »Urzustand«, diese Art von Ursprünglichkeit, der raumzeitliche Stillstand der Idylle, ist ein Konstrukt, ein retrospektiver Entwurf – wie schon einmal gesagt: »Das *Bewußtsein* [Hervorhebung: R. W.] einer abhanden gekommenen natürlichen Daseinsform schafft sich im Entwurf einer Idylle die notwendige Kompensation.« Doch inwiefern – das ist eine entscheidende Frage – bedarf der geschichtlich bedingte »Verlust« dieser natürlichen Daseinsform einer Kompensation? Diese Frage verschärft sich noch angesichts der Tatsache, daß diese Kompensation ja nur eine vorgebliche ist und keine tatsächliche im Hinblick auf eine etwaige künftige Realisierung; die idyllische Utopie ist unabweisbar eine retrospektive Utopie.

Wenn diese – in Form der Idylle erscheinend – gleichwohl aktuell bleibt, so ist das ein Symptom für eine grundsätzliche, weil letztlich anthropologisch begründete Zwiespältigkeit von Kultur-Bewußtsein überhaupt. Und zwar in dem Sinne, daß die Entwicklung der Kultur in ihrem geschichtlichen Verlauf jene Hoffnungen nicht zu erfüllen vermochte, deren Erfüllung man von ihrem Fortschreiten gerade erwartet hatte. Ein Gleiches gilt für die Wissenschaft, von der man im einzelnen Antwort auf die metaphysischen Fragen nach der »Stellung des Menschen im Kosmos« (Max Scheler) erhofft hatte. Spätestens hier wird einsichtig, daß es im Zusammenhang unserer Fragestellung nach der Idylle im Wandel nicht nur darum geht, die Naturvorstellung jeweils der Idylle darzulegen, erst recht ihrer Schwundstufen, sondern mit derselben, nein, mit zunehmender Dringlichkeit auch um die Bestimmung dessen, was jeweils unter Kultur begriffen worden ist.

Unzweifelhaft verweist die fortdauernde Kompensation einer »abhanden gekommenen natürlichen Daseinsform« durch Entwürfe des Idyllischen auf eine »Kultur-Krise«. Richard Löwenthal begründet diese Krise mit dem Verlust jenes Glaubens an den Fortschritt, der dessen Verständnis im 19. Jahrhundert noch getragen hat: »Der neue Fortschrittsglaube [. . .] beruhte einmal auf der Erfahrung des sich beschleunigenden wissenschaftlichen, technischen und ökonomischen Fortschritts, zum anderen auf der Erwartung, solcher Fortschritt – ob geradlinig oder dialektisch, ob automatisch oder revolutionär – werde mit innerer Notwendigkeit auch zu einem Fortschritt in der Verwirklichung der grundlegenden westlichen Werte, zunehmender Rationalität, erweiterten Rechten des Individuums, umfassenderer und schließlich universeller Gemeinschaftssolidarität führen. [. . .] Die Zerstörung der Gewißheit eines wertorientierten, geschichtlichen Fortschritts bedeutet aber mehr als nur den Fortfall einer Hoffnung: Sie konfrontiert den Einzelnen ohne weltanschauliche Stütze mit einer in ihrer Komplexität zunehmend undurchschaubaren und zugleich zunehmend bedrohlichen Welt.«[7]

Diesem Faktum vermag der Einzelne als Individuum nicht zu entgehen und genausowenig folglich der Einsicht, daß die utopische Komponente der Idylle, beziehungsweise des Idyllischen, eine retrospektive ist. Daß die Idee des Idyllischen dennoch durchgängig bleibt, das erweist zum einen die Hoffnung als eine existentielle Komponente des Menschen, wie andererseits die Tatsache, daß unter dem Druck der geschichtlichen Entwicklung die Idylle als Behauptung eines Ideal-Zustandes sich zur »realistischen Idylle« wandelt, zu einer realistischen Idylle wandeln konnte. Darin spiegelt sich in der Konsequenz – ob bewußt oder unbewußt, bleibt ohne Belang – das Wissen darum, daß wir auch dann nicht hinter den erreichten Stand zurückkönnen, wenn es uns wünschenswert scheinen mag oder mitunter gar notwendig dünkt.

Gauguin wollte in der Südsee ein »Wilder« werden und konnte es nicht, denn er kam aus Europa und somit von Draußen, und also blieb er der Fremde. Gleichwohl wird die Südsee-Insel durch sein Hinzutreten zur Idylle. Der Fremde – hier der Europäer Gauguin – repräsentiert als solcher aus seiner kulturellen Distanz zum »Rück-Stand« der Südsee-Inseln jene Geschichtlichkeit, die der Idylle widerspricht und doch zugleich sie erst ermöglicht. Aber hier wird Geschichte intentional gerade aufgehoben durch die Einbindung der Geschichtsvorstellung in den

Kreislauf der Natur, der in Gauguins Vorstellung das Leben auf den Marquesas bestimmt. Geschichte wird mithin – projektiv – aufgehoben in der Vorstellung naturhafter, ständiger Wiederkehr des Gleichen. Ebenso wird Geschichte – wiederum intentional – aufgehoben, wenn das Idyllische, oder die in der Kunst unseres Jahrhunderts mannigfach thematisierte »Ursprünglichkeit«, in der Unveränderlichkeit archaischer Gesellschaften oder in den Strukturen unverbildeter Naturvölker gesehen wird. Die Charakterisierung solcher Gesellschaften als unverbildet soll anzeigen, daß sie noch unberührt sind vom Sündenfall der Erkenntnis. Zugleich aber wird in diesem Verständnis die zeitliche Distanz der Gegenwart zu solchen Kulturstufen deutlich und damit auch die Unmöglichkeit, sie rückblickend oder gar künftig je überbrücken zu können. Es verhält sich mit diesen retrospektiven Projektionen wie mit der Figur des literarischen Schäfers, »der mit der Unschuld, die der Gebildete verloren hat, ausgestattet wird. Die Idyllisierung des ›Putting the complex in to the simple‹, wie es William Empson [...] nennt, funktioniert dabei über ein Miteinander von ›Ideality‹ und ›Inferiority‹. Die Einfachheit des Schäfers wird vorbildlich genannt, dem erweiterten Bewußtsein des Adressaten erscheint sie aber unvermeidbar simpel; denn die gewonnene Distanz zur älteren Kulturstufe läßt sich nicht tilgen. Diese Paradoxie einer gleichzeitigen Über- wie Unterlegenheit des präsentierten Gegenstandes bleibt typisch für das retrospektive Ideal«[8].

Diese Paradoxie entspricht konkret dem Gegensatz von Natur und Kultur, der die Idylle in ihrer geschichtlichen Dialektik konstituiert. Es liegt auf der Hand, daß diese Paradoxie um so entschiedener hervortritt, je weiter die Entwicklung von Wissenschaft, Technik und Gesellschaft fortschreitet und je größer damit der Unterschied zwischen dem behaupteten raumzeitlichen Stillstand hier und der voraneilenden Zeit dort erscheint. Das geschieht etwa ab der Mitte des 18. Jahrhunderts. »Seit der zweiten Hälfte des 18. Jahrhunderts häufen sich die Indizien, hat Reinhart Koselleck festgestellt, daß der Begriff einer neuen Zeit sich durch einen neuen Begriff der Zeit manifestiere. Dies erscheint dem Historiker nun erst als das Merkmal der Epochen-Formation, die als ›Neuzeit‹ zu bezeichnen sei: ›Die Zeit bleibt nicht nur die Form, in der sich alle Geschichten abspielen, sie gewinnt selber eine geschichtliche Qualität. Nicht mehr in der Zeit, sondern durch die Zeit vollzieht sich dann die Geschichte. Die Zeit wird dynamisiert zu einer Kraft der Geschichte selber ...‹«[9]

Und etwa ab der Mitte des 18. Jahrhunderts beginnt – keine zufällige Koinzidenz – der allmähliche Wandel der Idylle von der fraglosen Idealität zur Reflexion der Bedingungen ihrer Möglichkeit. Der überkommene Motivkreis der Idylle wird aufgebrochen. Nicht mehr im Irgendwann und Irgendwo ferner mythischer Zeit wird die Idylle angesiedelt, sie bekommt jetzt einen konkreten Ort zugewiesen.

In Bildern beispielsweise von Koch (Kat.-Abb. 48), Hackert, Ahlborn (Kat.-Abb. 49) und anderen finden sich die kleinteilig gewordenen idyllischen Szenen vor dem weitgespannten Hintergrund oftmals realer italienischer Landschaften. Damit wird Geschichtlichkeit, also Zeitablauf, in den idyllischen Raum eingelassen, und entsprechend verringert sich damit der zeitliche Abstand zwischen idyllischer Vergangenheit und realer Gegenwart, so sehr diese auch noch immer idealisiert wird. Immerhin erscheint in solchen Bildern, und sei es vorerst andeutungsweise, nun die Gegenwart als Bedingung der Idylle; Realität erscheint neben der Idealität des einfachen Lebens. Damit wird unmittelbar einsichtig, daß die Idylle ihre mythische Selbstverständlichkeit, ihre Fraglosigkeit verloren hat. Sie entsteht jetzt, gewissermaßen vor unseren Augen, mit und aus dem Bewußtsein von Geschichtlichkeit. Veränderungen bemerken wir vorwiegend im Rückblick. »Erst im Erstaunen, daß es nicht mehr so ist, zeigt sich an, wie es gewesen war, ohne ›Befund‹ gewesen zu sein.«[10]

Nach dem Verlust ihrer mythischen Selbstverständlichkeit ist die Idylle nun zum »Befund«, zum Thema geworden, nämlich in der Frage nach den Bedingungen ihrer Möglichkeit. Sicherlich ist eine dieser Bedingungen die bereits erwähnte Wirklichkeitsannäherung der Idylle und mithin ihre Verzeitlichung – die freilich dann zu Schwundstufen und dann schließlich zu ihrer Auflösung als Gattung führt.

Gerade das Innewerden der Zeitlichkeit aber führt wiederum zum Verweis auf die Natur, auf welcher Schwundstufe des Idyllischen in welcher Form auch immer. Denn das Zeitmaß der Veränderung in der Natur übergreift die Lebenszeit des Menschen, so daß Natur allein noch Ursprünglichkeit und Dauer zu bedeuten vermag, das heißt immer auch Ganzheit und Geborgenheit. Und das um so ausdrücklicher, je weiter die Naturwissenschaft sich entwickelt und je mehr der Begriff an die Stelle der unmittelbaren Anschauung tritt, eine Entwicklung, die sich dann auch in der städtischen Lebenspraxis auswirkt.

4.

Das verschärft die Paradoxie der Idylle auf neue Weise. Wohl kaum jemand hat das prägnanter auf die Formel gebracht als Feuerbach: »In der Unwissenheit ist der Mensch bei sich zu Hause, in seiner Heimat; in der Wissenschaft in der Fremde.«[11] Aufschlußreich ist der Kommentar Blumenbergs zu dieser pointierten Bemerkung, weil er zumindest von einem Blickpunkt aus einen Erklärungsansatz dafür bietet, daß ungeachtet ihrer Paradoxie die Idylle, beziehungsweise dann das Idyllische, auch in der Moderne fortdauert. »Wenn Feuerbach sagt, in der Wissenschaft sei der Mensch in der Fremde, so formuliert er bereits einen Zustand, der der ursprünglichen Erwartung und Motivation der Theorie nur ungenügend nachgekommen ist und die Berechtigung jener Motivation selbst problematisch gemacht hat. Dabei geht es nicht um die Nebenfolgen des wissenschaftlichen Fortschritts, in denen sich Unbehagen entfacht, sondern um die immanente Verfehlung der beabsichtigten Hauptfolge: Ein Bewußtsein von Sicherheit und Weltbehagen zu erzeugen. Feuerbach starb 1872, seine aphoristische Feststellung ist weniger bestimmt durch akute Erfahrungen mit der fortgeschrittenen und fortschreitenden Wissenschaft als vielmehr durch die romantische Wiederentdeckung von Enklaven der Unwissenheit nach den Triumphen der Aufklärung.«[12]

Man hatte danach von der Wissenschaft erwartet, sie würde vom Stand ihrer Kenntnisse und ihrer ständig sich erweiternden Einsichten her wohl ein tieferes Verständnis der Natur ermöglichen, dabei aber nicht bedacht, daß eine solche Vertiefung nur möglich ist um den Preis der unmittelbaren Anschauung. Statt einer großen Geborgenheit und einer neuen Totalitätsvorstellung hieß das Resultat: Vereinzelung und Verdinglichung.

Mag die Erwartung, die hier von der Wissenschaft erfüllt werden sollte, auch auf einem irrigen Wissenschaftsverständnis beruhen, so ändert das doch nichts am Faktum der Enttäuschung. Bedenkt man zudem, daß diese Enttäuschung ihrem Prinzip nach bis auf den Tag gegenwärtig geblieben ist, dann deutet das auf eine Selbstwidersprüchlichkeit des Menschen, die sich nicht zuletzt in der Idylle und im Fortgang des Idyllischen widerspiegelt, ungeachtet ihrer geschichtlichen Dialektik. Die Kopernikanische Wende hat, so gesehen, wohl unser Wissen verändert, nicht jedoch unsere alltägliche Erfahrungswelt; zwischen Mensch und Wirklichkeit erhebt sich die Barriere der Abstraktion. Immer auch ist das eine Raum- und Zeit-Barriere. Der Gegensatz von Natur und Kultur ist – mit einer Formel Blumenbergs – letztendlich der Gegensatz von Weltzeit und Lebenszeit. Die Selbsterfüllung des Menschen setzt indes notwendig die Überschaubarkeit des Raumes wie der Zeit, seines Raumes und seiner Zeit, voraus. Die Idylle wird zur Figuration einer existentiellen Chiffre.

5.

Von einem anderen Ansatz her hat Hegel in seiner »Ästhetik« die Dialektik der Idylle entwickelt: Ausgehend von der Ungeschichtlichkeit des idyllischen Zustandes, der logischerweise auch den Verzicht auf Erkenntniszuwachs einschließt, bezeichnet er die »allgemeine Bildung« als einen Zustand, der dem Idyllischen entgegengesetzt sei. Indessen habe aber auch umgekehrt der Zustand der allgemeinen Bildung viel Hinderliches: »Der lange weitläufige Zusammenhang der Bedürfnisse und Arbeit, der Interessen und deren Befriedigung ist seiner ganzen Breite nach vollständig entwickelt und jedes Individuum aus seiner Selbständigkeit heraus in eine unendliche Reihe der Abhängigkeiten von Anderem verschränkt. Was es für sich selber braucht, ist entweder gar nicht oder nur einem sehr geringen Teile nach seine eigene Arbeit, und außerdem geht jede dieser Tätigkeiten statt in individuell lebendiger Weise mehr und mehr nur maschinenmäßig nach allgemeinen Normen vor sich. [... Der Mensch ist nun] aber auch in seiner nächsten Umgebung nicht in der Weise heimisch, daß sie als sein eigenes Werk erscheint. Was er sich um sich her stellt, ist nicht durch ihn hervorgebracht, sondern aus dem Vorrat des sonst schon Vorhandenen genommen, durch andere, und zwar in meist mechanischer und dadurch formeller Weise produziert und an ihn erst durch eine lange Kette fremder Anstrengungen und Bedürfnisse gelangt ...«[13]

Geradezu zwangsläufig erscheint da die Natürlichkeit des einfachen Lebens als idyllisches Ideal. Aber die – unvermeidliche – Annäherung der Idylle an die Wirklichkeit zwingt zur Differenzierung; der Möglichkeitsraum des einfachen Lebens ist in einer arbeitsteiligen Gesellschaft selbst beschränkt. Auch die politischen Umstände der Zeitläufe tragen das ihre zum Rückzug ins Kleine bei.

Es sind mithin komplexe Umstände, die zu einer »idyllischen« Besetzung und Umdeutung von Motiven führen, die der Idylle nur mittelbar zugerechnet werden können. Typische Motivbeispiele solcher Schwundstufen der Idylle sind Park und Garten. Natürlich läßt sich ihr artifizieller Charakter und somit ihre Wirklichkeit in der Gegenwart nicht übersehen, aber doch werden sie gesehen und verstanden – gewissermaßen als Metaphern der Idylle, mit der sie immerhin noch die betonte Umgrenzung gemeinsam haben. Und doch gelingt die Ausblendung der Realität nur noch unvollständig. Die Umgrenzung ist allzu deutlich eine der privaten Sphäre und nicht die eines Zustandes. Derart währt der raumzeitliche Stillstand nur jeweils für kurze Zeit; mehr oder minder mühsam muß er ständig aufs Neue dem widrigen Alltag abgewonnen werden.

Dieser Prozeß der idyllischen Besetzung unterschiedlicher Motive, wie Familie, Interieur, Einsiedler, Dorf, über die einzelnen Schwundstufen ist gleichbedeutend mit einer fortschreitenden Provinzialisierung der Idylle. Spitzwegs Bilder (Kat.-Abb. 29, 31, 55, 56) sind ironische Paraphrasen hierzu. Das bedeutet im gattungsgeschichtlichen Verständnis schließlich zwar das Ende der Idylle und auch ihrer Schwundstufen, die sich, so gesehen, im Motiv-Kreis des dörflichen Genres auflösen; unterscheidet man jedoch zwischen der Idylle und der fortdauernden Idee des Idyllischen, so läßt sich das auch anders sehen und verstehen. Vor dem kontrastierenden Hintergrund wachsender Großstädte beispielsweise, in der zweiten Hälfte des 19. Jahrhunderts, erscheint das Dorf nahezu zwangsläufig als der überschaubare Kleinraum und somit als eine weitere Schwundstufe.

Im Spannungsfeld der um sich greifenden Verstädterung und ihrer sozialen Auswirkungen, wie aber ebenso auch in Korrelation mit der wissenschaftlichen Ausweitung und Veränderung der Naturvorstellung, ist das Dorf-Genre, überwiegend als ein bäuerliches gezeigt, das allein noch fern an der Wirklichkeit orientierte Bild vom einfachen Leben. Und dies unabhängig davon, daß das Bild ob seiner idyllischen Kompensationsaufgabe natürlich ein idealisiertes ist. Gerade darin aber wird seine geschichtliche Dialektik, seine idylleneigentümliche Paradoxie evident, wie sie Schiller zuvor schon in seinem berühmten Gedicht »Der Spaziergang« herausgearbeitet hat.

6.

Von einer gewissen Paradoxie kann man indes auch auf der kunsthistorischen Ebene sprechen, wenn man bedenkt, daß das »moderne« künstlerische Problem-Bewußtsein zu jener Zeit, großzügig umrandet also des letzten Drittels des 19. Jahrhunderts, ganz andere Künstler entfaltet und akzentuiert haben. Die entscheidenden und folgenreichen Markierungen einer neuen Sicht der Wirklichkeit verdanken wir Künstlern wie beispielsweise Courbet, den Impressionisten, Cézanne, Gauguin, um nur diese zu nennen, Künstlern also, die in keinerlei Weise mit der Idylle oder ihrem Folge-Bereich in Verbindung gesehen werden. Die künstlerische Überlieferung wird von ihnen entschieden und radikal zur Disposition gestellt; die wirkungsmächtigen Ideen gelten der Autonomie der bildnerischen Mittel und der Eigengesetzlichkeit des Bildes. Noch wird von diesen Künstlern der Rückbezug des Bildes auf die Anschauung nicht aufgekündigt, wohl aber energisch relativiert – der Gegenstand dem Autonomie-Anspruch des Bildes angepaßt und untergeordnet, und zwar im Namen des künstlerischen Fortschritts: eine Annäherung des Künstlers an die wahre Natur, an die der Natur bestimmend zu Grunde liegende Idee. Kunsthistorisch gesehen, scheint es demnach zwischen den Schwundstufen der Idylle und der künstlerischen Moderne keinerlei Verbindung zu geben. Tatsächlich jedoch wird – weil Interesse und Aufmerksamkeit verständlicherweise dem Autonomie-Problem dieser Bilder, ihrer Modernität gelten – übersehen, daß uns auch in den Bildern der Moderne, und zwar bis in die ersten Jahrzehnte unseres Jahrhunderts, Motiv-Fragmente begegnen, die eindeutig zum Motiv-Fundus der Idylle beziehungsweise des Idyllischen gehören. Allerdings haben diese »idyllischen« Motive hier eine derart tiefreichende Umwertung erfahren, daß man sie kaum mehr mit der Idylle in Verbindung bringt.

Die Frage lautet denn auch, ob wir es hier nicht mit einer »ästhetischen Aufhebung der Idylle« (Marianne Kesting) zu tun haben oder nicht vielmehr mit einer Radikalisierung des Idyllischen unter den Bedingungen der Moderne? Dazu hier nur soviel: Sind mit diesen Fragen wirklich zwei einander entgegenstehende Meinungen pointiert, oder handelt es sich da nicht vielmehr um die zwei Seiten der einen Medaille? Anders formuliert: Ist die ästhetische Aufhebung der Idylle nicht die dialektische Bedingung ihrer Radikalisierung? Was würde dann das bedeuten?

Zur Diskussion gestellt wird die These, daß einmal im künstlerischen Bruch mit der Tradition die Autonomie des geschichtlich von seinem Ursprung getrennten Menschen erstmals als Gewinn, weil als Voraussetzung der Erkenntnis von Wirklichkeit verstanden wird, statt Anlaß zu sein eines umfassenden Verlustempfindens – womit dann die Durchgängigkeit der »retrospektiven Mentalität« an ihr Ende gelangt wäre; also eine Kopernikanische Wende des Bewußtseins, das nun den Menschen nicht mehr von der Natur her denkt, sondern vom Subjekt her in die Welt. Und daß zum anderen die zunehmend sich etablierende Herrschaft der Fortschrittsidee notwendig korreliert mit einer zwar nun anders formulierten, aber gleichwohl eindeutigen Beziehung auf Natur und Ursprünglichkeit; Cézanne und Gauguin stehen paradigmatisch dafür.

Der dem Fortschritt entgegengesetzte Bezug auf die Natur – als die »wahre« Natur – soll die Einheit des Erfahrungs- beziehungsweise des Erkenntnisgegenstandes bewahren. Dies freilich auf eine künstlerisch glaubwürdige Weise: Die unauflösbare Paradoxie des Idyllischen erfährt so aufs Neue eine Zuspitzung bis zum Äußersten; die Avanciertheit der Gegenstandssicht und die Autonomie ihrer bildnerischen Formulierung – darin manifestiert sich der eigentliche Bruch mit der künstlerischen Überlieferung – steht in einem auffälligen Kontrast zur überkommenen Vertrautheit der Motive, die ihren alten Bedeutungsradius in der neuen Sicht ja nicht *a priori* schon verloren haben; die ästhetische Aufhebung der Idylle ist insofern die Bedingung ihrer Radikalisierung, als diese Paradoxie unmittelbar in den Bildern selbst thematisiert wird.

Damit bleibt – in Variationen eines Gedankens von Blumenberg – die ungebrochene Einheit der Erfahrung auch in der »theoretischen« Intention als regulative Idee gegenwärtig; die künstlerischen Belege dafür finden wir bei Cézanne, Mondrian und Kandinsky, bei Dubuffet wie bei Beuys. Stets verhält es sich so, daß der (Erkenntnis-)Gewinn wohl gewußt ist, aber doch die alte Vorstellung von der sinngebenden Einheit nicht zu überblenden vermag; das Verhältnis von Gewinn-Bewußtsein und Verlust-Empfinden bleibt ein höchst ambivalentes. Kaum etwas ist dafür so bezeichnend wie die Einbindung geschichtlicher Naturvorstellungen in die Denkgebäude moderner Künstler.

Ein solcher »Rückgang« entspricht genau der geschichtlichen Dialektik der Idylle wie auch der Idee des Idyllischen, in welchen Erscheinungsformen auch immer sie uns begegnen und mit welchen Worten immer auch der Künstler sie begründen und kommentieren mag. Und deshalb auch erkennen wir diesen Rückgang als Symptom einer Krisen-Situation der Kultur.

Wie man diesen im Ganzen oder auch im Einzelnen interpretieren will oder kann, ist eine andere Frage. Einmal mehr und dringlicher sehen wir uns verwiesen, sind wir angewiesen auf die Erörterung nicht nur von Begriff und Geschichte der Natur, sondern, korrespondierend, von Begriff und Geschichte der Kultur. In dieser Erweiterung des Blickwinkels erhält unsere Bestimmung der Idylle als der Figuration einer existentiellen Chiffre genauere Kontur. Der Gewinn der Moderne wäre demnach die Einsicht in die geschichtliche Dialektik des erkennenden Menschen. Oder müssen wir im Sinne der »retrospektiven Mentalität« in der geschichtlichen Durchgängigkeit der Idee des Idyllischen ein Symptom der »Pathologie des theoretischen Menschen« (Blumenberg) erkennen? Und was dann würde das bedeuten?

Das Ende der Idylle im gattungsgeschichtlichen Verständnis bedeutet, so gesehen, nichts anderes, als daß die bisherigen, künstlerischen Formen der Veranschaulichung ihrer geschichtlichen Dialektik, des idyllenbegründenden Gegensatzes von Natur und Kultur erschöpft und künstlerisch nicht mehr tragfähig sind. Da andererseits der Gegensatz von Natur und Kultur nicht aufgelöst werden kann, sondern im Gegenteil sich aus historischer Notwendigkeit zunehmend verschärft, kommt es folgerichtig wohl zum Wandel der Erscheinungsformen idyllischer Paradoxie, nicht aber zu ihrem Ende.

Sicherlich büßt die Idylle, wie erst recht die Idee des Idyllischen, im Verlauf von Gattungs- und Problemgeschichte – und das ist auch die Abfolge der Schwundstufen – ihre Idealität im hergebrachten Sinne ein, um so deutlicher zeichnet sich dafür ihre Grundfiguration als die einer existentiellen Chiffre ab. Wo alles aufgeklärt ist, wächst – weil der Mensch auch unter dem Horizont von Abstraktion und Vermittlung Mensch bleiben will – das Bedürfnis nach Unmittelbarkeit, nach Ursprünglichkeit. Insofern gilt auch für die idyllische Formen der »retrospektiven Mentalität«, was in einem anderen Zusammenhang Hans Blumenberg über die »Arbeit am Mythos« vermerkt hat: »Hier wie dort, in ihren weltweiten wie zeitweiten Übereinstimmungen, zeigt der Mythos die Menschheit dabei, etwas zu bearbeiten und zu verarbeiten, was ihr zusetzt, was sie in Unruhe und Bewegung hält. Es läßt sich auf die einfache Formel bringen, daß die Welt dem Menschen nicht durchsichtig ist und nicht einmal sie selbst sich dies sind.«[14]

Gehört das Idyllische – problemgeschichtlich über Schwundstufen und Wandel-Formen hinweg ein Manifest der »retrospektiven Mentalität« – zu den Indizien einer Pathologie des erkennenden und als solcher autonomen Menschen? Von seinem geschichtlichen Ursprung getrennt zu sein, hat der moderne Mensch auf der Haben-Seite seiner Existenz verbucht – und doch beklagt er nach wie vor den Sündenfall der Erkenntnis.

Träume sind flüchtig, doch manche Träume verwehen nicht.

Anmerkungen

1 Klaus Bernhard, Idylle – Theorie, Geschichte, Darstellung in der Malerei 1750–1850. Köln und Wien 1977, S. 32

2 Gerhard Kaiser, Wanderer und Idylle. Göttingen 1977, S. 15

3 Klaus P. Hansen, Utopische und retrospektive Mentalität: Überlegungen zu einer verkannten Tradition, in: Deutsche Vierteljahrsschrift für Literaturwissenschaft und Geistesgeschichte, Heft 4, Dezember 1983, S. 573

4 Hans Blumenberg, Lebenszeit und Weltzeit. Frankfurt/M. 1986, S. 85

5 Blumenberg (Anm. 4), S. 35

6 Daniel Bell, Die Zukunft der westlichen Welt. Frankfurt/M. 1979, zit. nach: Helmut Brackert/Fritz Wefelmeyer (Hrsg.), Naturplan und Verfallskritik. Zu Begriff und Geschichte der Kultur. Frankfurt/M. 1984, S. 8

7 Richard Löwenthal, zit. nach Brackert/Wefelmeyer (Anm. 6), S. 9

8 Hansen (Anm. 3), S. 575

9 Blumenberg (Anm. 4), S. 240

10 Blumenberg (Anm. 4), S. 23

11 Zit. nach Blumenberg (Anm. 4), S. 54

12 Blumenberg (Anm. 4), S. 55

13 Georg Wilhelm Friedrich Hegel, Ästhetik. Berlin 1955, S. 272f.

14 Hans Blumenberg, Arbeit am Mythos. Frankfurt/M. 1979, S. 303

Paul Gerhard Klussmann

Ursprung und dichterisches Modell der Idylle

Die Idylle hat ihren Ursprung im Mythos und in der antiken Dichtung. Im Anfang ist Idylle ein ästhetischer Naturbezirk, ein Ort des schönen Lebens, der im Hirtenlied, in der Figur des Gottes Pan und in bezaubernden Gestalten von Nymphen seinen poetischen, musikalischen und bildhaften Ausdruck findet.

Eine Gruppe von Gedichten des hellenistischen Autors Theokrit (vgl. Abb. S. 7), deren einzelne Texte man wohl erst nach dem Tod des Dichters als *eidyllion* (griech. *εἰδύλλιον*) bezeichnet hat, bildet den Auftakt für die europäische Dichtungstradition der Bukolik und für die Geschichte der literarischen Gattung Idylle, stiftet aber auch ineins damit die immer noch lebendige Idee des idyllischen Lebens am idyllischen Ort.

Der Dichter Theokrit lebte vermutlich in den Jahren von 300 bis 260 v. Chr. – diese Daten sind nicht genau zu ermitteln – zuerst in seiner Heimatstadt Syrakus auf Sizilien, später auf der Insel Kos und in der Stadt Alexandria, die damals unter der Dynastie von Ptolemäus II. Philadelphos – auch ein Förderer Theokrits – zur Kulturmetropole sich entwickelte mit dem Museion als Mittelpunkt. Wenn man den Namen Theokrits rühmend mit dem Anfang der bukolischen Idylle verbindet, so ist freilich hinzuzufügen und zu bedenken, daß die Idylle als Dichtungsgattung in Wahrheit erst durch den Prozeß der Aufnahme, Wirkung und Weiterbildung all der Gedichte begründet worden ist, in denen Theokrit ältere poetische Motive zusammengefaßt und umgestaltet hat zum Dichtungskonzept eines ursprünglich schönen Daseins in Natur und Kunst, das sich als Hirtenleben verwirklicht.

Ein höchst instruktives Beispiel für Theokrits Hirtendichtung bietet die erste der »Idyllen«. Das szensich aufgebaute Gedicht beginnt mit einem Gespräch zwischen dem Schäfer Thyrsis und einem Geißhirten. Schon dieser einleitende Dialog läßt erkennen, daß nicht so sehr die Arbeit des Hirtenberufs den Horizont ihres Interesses bildet als vielmehr ihr Künstlertum, ihre Meisterschaft im Flötenspiel und im Lied. Zu entscheiden ist, wer es diesmal übernimmt, dem anderen vorzuspielen oder vorzutragen. Beide loben die Kunst des anderen und setzen einen wertvollen Preis für den Vortrag aus. Offenkundig wird also auch die Rolle des sachkundigen und genießenden Zuhörers gern übernommen. In der Übertragung von Emil Staiger lautet das Gespräch der Hirten so:

»*Thyrsis*
Lieblich ist das Geflüster der Fichte, die drüben, o Geißhirt,
Säuselt neben dem Quell. Nicht minder spielst du die Flöte
Lieblich. Du wirst nach Pan den zweiten Preis dir gewinnen.
Wählt er den stößigen Bock, so wirst du die Ziege bekommen.
Wählt er die Ziege als Ehrengeschenk, so fällt dir das Zicklein
Zu. Des Zickleins Fleisch ist zart, solang es nicht Milch gibt.

Geißhirt
Lieblicher ist dein Lied, o Schäfer, als über die Höhe
Jenes Felsens herab das niederplätschernde Wasser.
Führen die Musen als Preis ein Lämmchen davon, so gewinnst du
Ein im Stall gefüttertes Schaf. Beliebt es dagegen
Jenen, das Schaf zu nehmen, so führst du das Lämmchen von dannen.«[1]

Wechselseitige Lobrede und die Aussetzung von Preisen verbinden sich hier mit der Schilderung des ländlichen Lebensbezirks und der Ehrung des Gottes Pan, dem die Hirten Weide, Gedeihen der Herde, die Erfindung des Syrinx (Panflöte) und die Anfänge ihrer Kunst zu verdanken glauben. Deshalb gehört der erste Preis stets ihm oder den Musen. Kriterien für die Bewertung von Flötenspiel und Lied liefert die Naturumgebung mit ihren Lauten, wie Baum und Wasser sie erzeugen. So eröffnet das Gespräch einen Weltbezirk der harmonischen Beziehungen: zwischen Naturlauten und Klängen der Kunst, zwischen den Menschen und göttlichen Wesen. Auch die einfache Naturszenerie gewinnt einen bildhaften Umriß mit Felsen, Quelle, Wasserlauf und Fichtenbaum. Im Fortgang des Hirtengesprächs erweitert sich der Kreis des Mythos und der Natur:

»*Thyrsis*
Möchtest du, Geißhirt, nicht, o bei den Nymphen, dich hier nicht
Lagern am steilen Hang des Hügels voll Tamarisken,
Deine Flöte zu blasen? Ich hüte indessen die Ziegen.

Geißhirt
Schäfer! Nicht ratsam ist's zur Mittagsstunde, nicht ratsam,
Auf der Flöte zu blasen. Wir scheuen Pan, der ermüdet
Von der Jagd sich erholt um diese Zeit. Er ist unwirsch,
Und an der Nase sitzt ihm stets die bittere Galle.
Du jedoch, Thyrsis, singst, ich weiß, die Leiden des Daphnis,
Und du hast es schon weit gebracht in bukolischer Muse.
Laß uns dem Bilde Priaps, den Nymphen des Quells gegenüber
Unter die Ulme hier sitzen, wo sich das Plätzchen des Schäfers
Findet und wo die Eichen stehen ...«[2]

Angerufen wie die Musen, gesellen sich nun die Nymphen den mythischen Figuren hinzu und der Gott Priapos, sichtbar anwesend durch sein Bildnis, das mitten im Naturmilieu aufgestellt ist, wohl aus Feigenholz gefertigt und mit dem Phallos ausgezeichnet, der die Rolle des Gottes andeutet als Spender von Zeugungskraft und Fruchtbarkeit bei Menschen, Tieren und Pflanzen. Auch Pan bleibt da und wirkt durch sein Dasein mit an der Entscheidung über die Art des Vortrags und die Rollenverteilung zwischen den Hirten. Der Naturort erhält mit den Namen anderer Bäume, mit Hügel und steilem Hang neue Linien und Bildelemente. Deren Anschaulichkeit erhöht sich dadurch, daß die Schäfer einander auffordern, sich zu setzen, sich zu lagern an einem Ort unter Bäumen, die in der Mittagsstunde – das läßt der Text an dieser Stelle unausgesprochen – mit ihrem Schatten Schutz vor der Sonnenglut bieten. Am besten geeignet erscheint der Platz beim Bilde des Priapos, wo man zugleich auch die Quelle im Blick behält, an welcher die Nymphen wohnen. So bestätigt und bestärkt sich im Gespräch der Hirten jenes kommunikative Zusammenkommen von Mythos, Mensch, Natur und Kunst.

Das Zwiegespräch führt hin zum Lied; aber ehe Thyrsis anhebt zu singen, läßt sich der Geißhirt Zeit für eine ausführliche Beschreibung des Trinkgefäßes, das er als neuen wertvollen Preis für das Lied ausgesetzt hat. Es ist ein doppelhenkliger Krug, den kunstreiche Ornamente und eine Folge von Bildern schmücken. Einen Liebeswettstreit um eine schöne Frau, die sich den werbenden Männern entzieht, stellt das erste Bild dar. Hesiods Pandora oder Eris mögen ein Muster für diese Szene bieten, das aber ganz in Gegenwart und Alltag transponiert ist. Das zweite Bild zeigt einen alten Fischer bei der harten Arbeit des Fischfangs, während das dritte ein Kind als Hüter im Weinberg vorstellt. Man mag an eine Sequenz der drei Lebensalter denken, deren zeitliche Reihenfolge der Geißhirt bei seiner Schilderung außer acht läßt, oder auch an die Darstellung ursprünglicher Lebensaufgaben als Formen der Sorge: Erringen der Lebensgefährtin, Gewinnung der Nahrung, Sicherung des Ernteertrags. Wie auch immer man die Bildfolge auslegt, sie zeigt ganz andere Lebensbilder als die der Hirten an ihrem schönen Ort in den Bergen, der zur Rast und zum Gesang einlädt.[3] Durch seine Sehweise und die Art seiner Schilderung jedoch bezieht der Geißhirt die Bilder auf dem Gefäß in die bukolische Idylle ein, und zwar dadurch, daß er ihre Bildhaftigkeit und ihren Kunstcharakter hervorhebt. Dies mag das Beispiel des dritten Bildes zeigen, bei dessen Wiedergabe diesmal die Übersetzung des Dichters Eduard Mörike gewählt wird, weil er auch im eigenen Gedicht sich als ein Meister der Dingbeschreibung erweist:

»Nur ein wenig entfernt von dem meerverwitterten Greise
Steht, gar lieblich mit purpurnen Trauben belastet, ein Weinberg,
Welchen ein Knäblein bewacht, das sitzet am Dornengehege.
Auch zwei Füchse sind dort, der eine durchwandert die Gänge
Zwischen den Reben und nascht von zeitigen Trauben, der andre
Spitzt voll List auf die Tasche des Büblеins, und er gedenkt nicht
Eher zu geh'n, als bis er ihm habe genommen das Frühstück.
Jener flicht sich aus Halmen die zierliche Grillenfalle,
Wohl mit Binsen gefügt, und es kümmert ihn weder der Weinberg,
Weder die Tasche so sehr, als nun das Geflecht ihn erfreuet.
Ringsher endlich umläuft das Geschirr biegsamer Akanthos.
Staunen gewiß wirst du; ein äolisches Prachtstück ist es.«[4]

Daß dem Kinde sein kunstreiches Spiel wichtiger ist als die Bewachung der Trauben und die Bewahrung des Mahls in der Tasche, kann nur eine deutende Erklärung des Hirten sein. So nimmt er das Bild ganz hinein in seine Welt der Muße, des Gesprächs und der Kunst. Der gleichen Absicht dient es, wenn er die Vorstellung von der schönen Farbe reifender Trauben erweckt und den Blick auf das gelungene Flechtwerk des Knaben hinlenkt. Schon vom Material her rückt das Erzeugnis einer kindlichen Schaffenslust in einen engen Zusammenhang mit den Gefäßornamenten von Ranken, Blättern und Blüten. Darum kann die Schilderung des Hirten übergangslos von der Flechtarbeit zum ornamentalen Schmuck fortschreiten und abschließend noch einmal das Trinkgefäß als ein Ding rühmen, das Bewunderung erregt. Theokrits Konzeption der Idylle bewährt sich in der Wiederholung und Steigerung des Kunstmotivs: Hier ist der Preis für das Lied ein »Prachtstück« der Schnitzkunst.

Theokrits »Idylle« erreicht ihren Höhepunkt im Hirtenlied des Schäfers Thyrsis, der nach der Schilderung des Preisgeschenks der erneuten Aufforderung des Geißhirten folgt und zu singen beginnt. Das Lied des Thyrsis ruft die Gestalt und das Schicksal des Schäfers Daphnis in Erinnerung. So erfüllt sich die Hirtenidylle im bukolischen Gesang. Es ist eine Form der Selbstspiegelung mit der Absicht, den Mythos noch mehr in die Gegenwart der idyllischen Situation und des idyllischen Moments hereinzuholen; denn Daphnis, krank von Liebessehnsucht und unerfüllter Liebe, ist eine Hirtengestalt schon des Mythos, mit Göttern im Gespräch, die ebenso von seinem Geschick und seinen lyrischen Liebesklagen ergriffen sind wie die Tiere der Herden und deren Feinde in der Bergwildnis, wie Schakale, Wölfe und Löwen. Im Lied des Thyrsis aber wird nicht nur das Gedächtnis des Daphnis gefeiert, sondern auch sein bukolischer Gesang überliefert, dessen Form und Inhalt Vorbilder gibt für das Dichten und Singen der Hirten und für das jetzt in der Idylle erklingende Lied. Dessen Struktur bestimmt der formelhafte Eingangsvers mit dem Topos der Musenanrufung, der wie ein Refrain wiederkehrt und die Brücke bildet zum Lied des Daphnis im Gesang des Thyrsis. Daphnis tritt fast unvermittelt auf als lyrisches Ich, das sich selbst beim Namen nennt und im Augenblick des Abschieds aus dem Leben sein Andenken verewigt:

»Hebet Gesang, ihr Musen, geliebteste, Hirtengesang an!
Schakal und Wolf und Bär in den Klüften des Bergs, o ihr alle,
Lebet wohl! Ich Daphnis, der Hirt, bin nimmer in Wäldern,
Unter den Eichen mit euch und im Hain! Leb' wohl, Arethusa!
Wohl, ihr Bäche, vom Thymbris die lieblichen Wellen ergießend!
Hebet Gesang, ihr Musen, geliebteste, Hirtengesang an!
Daphnis bin ich, derselbe, der hier die Kühe geweidet,
Daphnis, der hier zur Tränke die Stier' und Kälber geführet ...

Laßt den Gesang, ihr Musen, o laßt den Hirtengesang ruh'n!
Fortan traget Violen, ihr Brombeerranken und Dornen!
Auf Wacholdergebüsch soll blühen der schöne Narkissos!
Alles verkehre sich rings! Und der Pinie Frucht sei die Birne,
Jetzo, da Daphnis stirbt! Und der Hirsch nun schleppe den Jagdhund,
Und mit der Nachtigall kämpf' im Gesang von den Bergen der Uhu!«[5]

Im Lied des Daphnis ist der ganze Kreis des Hirtenlebens angesprochen: nicht nur der schöne Ort der Muße und Rast mit Bäumen, Quelle und Bächen, sondern auch die Aufgaben der Arbeit und die Gefahren in den Weiten der Berge. Arethusa, der Name der Nymphe und Quelle, lokalisiert den lyrischen Vorgang auf Sizilien. Nach dorthin wird Pan gerufen, um die kostbare Flöte des Daphnis als Erbe zu empfangen. Dem Hirtengott gilt die letzte Huldigung – dieser Abschnitt der Idylle ist hier nicht zitiert –, ehe im Scheideaugenblick die Klage umschlägt in eine merkwürdige Naturverwünschung. Was in der Natur nicht zusammengehört, soll sich vereinigen, Rangordnung soll sich ändern, das gejagte Wild soll zum Jäger werden. Adynaton, das Unmögliche, heißt diese Form des emphatischen Ausdrucks für ein Ereignis – hier der Tod des Daphnis –, das eigentlich nicht eintreten darf. Mit den Adynata endet das Klagelied des Daphnis in Dissonanzen (Wettgesang von Nachtigall und Uhu), die auch den Übergang ins Land des Todes andeuten. Doch Thyrsis lenkt mit den letzten Versen seines Gesanges in die Gegenwart der Idyllen-Situation zurück und bindet die Abschiedsklage des Daphnis und das Andenken an ihn in die Idylle ein, deren schöne Natur mit der verwünschten ebenso einen versöhnlichen Kontrast bildet wie der im Gedicht gegenwärtige Gesang Thyrsis mit dem vorgestellten Ruf des Uhu. Nach dem Ende seines Liedes kann daher der Schäfer mit dem Huldigungsgruß an die Musen selbstbewußt den Preis erbitten. Gern gewährt diesen der Geißhirt; denn er antwortet mit einem überschwenglichen Lob auf das Lied und bestätigt damit nicht nur die hohe Kunst des Schäfers, sondern auch den Sieg des allgegenwärtigen Schönen über den dunklen Tod. Durch das Gedenken im Lied feiert Daphnis im Land der Hirten seine ewige Wiederkunft. So kann die Idyllen-Handlung mit der erfreulichen Übergabe der Preisgeschenke enden und mit einem Ausblick auf die Hüteaufgaben des Hirten.

Das Modell von Theokrits »Idylle I« zeigt fast alle wesentlichen Themen, Motive und Strukturen der späteren idyllischen Bukolik und der Idyllen-Dichtung. Theokrit, in der Großstadt Alexandria lebend, verlegt den Ort der Idyllen-Handlung in die ländlichen Bezirke seiner Heimat Sizilien. Sein Gedicht ist Ausdruck der Sehnsucht des Städters nach den ursprünglichen und einfachen Verhältnissen des Landlebens.[6] Daß die Hirten Flötenspiel und Gesang pflegen, ist eine literarische Überlieferung, auf die Theokrit zurückgreifen konnte. Sie ermöglichte es dem hellenistischen Autor, die Hirten zu Symbolfiguren des Künstlers, des Kunstkenners und des Kunstrichters zu machen. Nicht nur Musik und Gesang haben ihren genuinen Ort in der Idylle, sondern auch die bildende Kunst mit Bildern, Statuen, Schnitzwerk und Denkmalen. Kunstübung und Kunstobjekte haben ihren Ort in einem schönen Naturbezirk, an dem Platz, wo man sich lagert für Momente der Muße mit Gespräch, Flötenspiel, Lied, Kunstgenuß, Kunstlob, aber auch für Ausblicke in die Natur und für die Betrachtung von Bildwerken aller Art. Freilich ist der schöne Naturort mit seinen Naturlauten in Wahrheit nicht nur ein höchst bewußt ausgewählter Platz, sondern ein konstruierter Raum mit einer Anzahl von Versatzstücken aus der Natur. In Theokrits »Idylle I« stellt sich die Architektur des Platzes, den die Hirten für die Mittagsrast aussuchen, so dar: Bäume mit ihren Namen, die verschiedene Formen andeuten, Hang an Fels oder Hügel, Quelle und niederplätscherndes Wasser. Im Daphnis-Lied kommen weitere Bauelemente aus der Natur hinzu: Hain und Bäche und im weiteren Umraum Wälder, Berge, Höhlen, Schluchten und Täler. Diese Naturkomposition behält im Gedicht ein Moment natürlicher Lebendigkeit durch die lieblichen Laute oder Geräusche von Quelle, Bach und Baum, eine Naturmusik, die mit dem Gesang der Hirten eine harmonische Einheit bildet. Gesteigert ist solche Harmonie durch die Freundschaft der Hirten und ihr gegenseitiges Loben. Auch die anderen Figuren aus Mythos und älterer Dichtung fügen sich ein in den Kreis des schönen Daseins durch Anrufung, Huldigung, Opfergabe oder evokative Nennung. Pan und die Nymphen und natürlich die Musen sind Hauptfiguren im idyllischen Bezirk. Damit auch durch die erinnerte Sehnsuchts- und Abschiedsklage des Daphnis die Harmonie nicht gestört wird, sagt des Thyrsis Lied nicht nur, daß er Geliebter der Musen war, sondern auch, daß ihn »nicht haßten die Nymphen«. Im Gesang werden den Hirten noch die Mädchen hinzugesellt, die oft am idyllischen Ort mit Scherz und Lachen, aber vor allem mit ihrem Reigentanz die soziale Harmonie und die Verschlingung von Kunst und Natur auf schöne Weise bestätigen.

In allen ihren Figuren und bildhaften Zeichen erweist sich die Idylle Theokrits als ein Natur- und Lebensbezirk der Phantasie. Was als ursprünglicher Naturraum sich darbietet, ist in Wahrheit ein höchst artifizielles Gebilde, ein Konstrukt aus Naturdingen und Kunstobjekten, alle ausgezeichnet durch den Aspekt eines ästhetischen Daseins, das sich in den Figuren der Hirtenwelt und des Mythos wiederholt und steigert. Der Platz unter den Bäumen mit der Quelle, dem Bach, dem Bildnis des Priapos, dem kunstvollen Krug, den Hirten und ihrer Herde, mit Pan und den Nymphen bildet eine Einheit, die sich im Lied bezeugt. Sofern die Figur des mythischen Schäfers Daphnis nicht nur mit seinem Flötenspiel, mit Gedicht und Gesang ein Vorbild und Spiegel der idyllischen Welt ist, sondern durch Einsamkeit, Sehnsucht, Klage und Lebensabschied auch ein Gegenbild darstellt, wird dies fast mühelos integriert durch den schönen Schimmer einer mythischen Ferne und durch den lyrischen Gestus des Andenkens. Auch der Tod gewinnt seinen Ort im harmonischen Konzept der Idylle durch den Kunstgriff der erhöhenden Erinnerung und der Mythisierung.

Später hat man den von den Hirten Theokrits gesichteten und erwählten Naturort, welcher dem Gespräch, der Betrachtung des Schönen, dem Flötenspiel und Gesang dient, als *locus amoenus* bezeichnet. Ergänzen wir, was »Idylle I« und andere Idyllen-Gedichte Theokrits zur Beschreibung des lieblich-anmutigen Ortes beitragen, so vervollständigt sich dessen Bild durch eine Anzahl von Naturphänomenen, Naturobjekten, Tieren und Naturlauten. Wiederkehrend ist gesagt, daß der Platz, an dem die Hirten sich lagern, im Schatten von Bäumen, Felswänden oder Höhlen liegt, wobei die Nennung unterschiedlicher Baumnamen dem poetischen Bild Linien und Klänge hinzufügt. Schließlich geben Vögel mit ihrem Gesang, Grillen mit ihrem singenden Zirpen, summende Bienen, gurrende Tauben und lockend quakende Frösche dem bukolischen Ort seine Besonderheit. Ein berühmtes Beispiel für das Modell des *locus amoenus* liefert Theokrits »Idylle VII« (»Das Erntefest«), in welcher der Hirte Phrasidamos den ihm eigenen Platz zu einem freundlich-bequemen Lager ausgestaltet hat:

»Eukritos aber und ich und der schöne Amyntichos kehrten
Bei Phrasidamos ein und legten freudig auf hoher
Streu von Binsen uns nieder und frisch geschnittenem Weinlaub.
Aber es regten sich da Schwarzpappeln und Ulmen in großer
Zahl zu Häupten hoch über uns, in der Nähe ergoß sich
Aus der Höhle der Nymphen und rauschte heiliges Wasser.
Von der Sonne verbrannte Zikaden in schattigen Zweigen
Gaben mit ihrem Geplauder sich Mühe. Der Lockruf der Frösche
ließ von Ferne sein Quaken in Brombeerblättern vernehmen.

Hänflinge sangen ihr Lied und Lerchen, es seufzte die Taube.
Um die Quellen flogen herum die gelblichen Bienen.«[7]

Fast wie ein ringsum offenes Haus in der Natur erscheint dieser Platz des Phrasidamos. Wie sehr das Bauliche und Architektonische des idyllischen Ortes schon bei Theokrit konzipiert ist, belegen einige Verse der Einleitung desselben Gedichts:

»Bei dieser [Quelle]
Woben mit wohligem Schatten den Hain Schwarzpappeln und Ulmen,
Zum Gewölbe bildend das Haar aus grünenden Blättern.«[8]

Die »Idylle VII« enthält nun freilich auch ein charakteristisches anderes und neues Motiv: das der Wanderung aus der Stadt hinaus aufs Land mit dem Ziel, einen *locus amoenus* zu erreichen, eben jenen des Phrasidamos, wo das Erntefest zu Ehren der Demeter gefeiert wird. Auf dem Wege dorthin, der am Grabmal des Hirten Brasilas vorüberführt, trifft das wandernde Ich, später als Sänger Simichidas vorgestellt, einen Ziegenhirten, der ebenfalls unterwegs ist. Man beschließt, während der gemeinsamen Wanderung einen Wettgesang zu veranstalten, für den der Hirtenstab als Preis ausgesetzt wird. So ergeben sich zwei Varianten des Idyllen-Schemas: Das bukolische Lied kann das Wandern im Land der Hirten begleiten, ist nicht immer an den Platz gebunden, wo man sich lagert; und das Singen unter Freunden kann sich verwandeln in einen Wettstreit zwischen konkurrierenden Sängern der bukolischen Szene. Doch die Formen des Wettgesangs gefährden in Theokrits Idyllen im Grunde niemals das Harmoniekonzept: Als daher im Gedicht »Erntefest« die Wanderer nach dem Singen sich trennen, übergibt der Ziegenhirt Lykidas mit »freundlichem Lächeln« den Preis an den Sieger Simichidas.

Im bukolischen Lied der Idyllen ist das Liebesthema ein Hauptmotiv. Es formiert sich mit Figuren von Göttern, Nymphen, Hirten, Frauen, Mädchen oder Knaben. Zwar bilden in den verschiedenartigen Liedern idyllischer Ort und idyllische Situation immer den Horizont, aber wie schon »Idylle I« zeigt, operiert Theokrit oft mit kontrastierenden Motiven, indem er die Arbeitswelt der Hirten und ihr alltägliches Sprechen in seine Gedichte einbezieht, auch den Blick auf andere Bereiche einer ursprünglichen oder ländlichen Arbeit richtet – Fischerei, Jagd, Erntearbeit des Landmanns – und bei der Behandlung des Liebesthemas die Sexualität nicht ausklammert. Theokrits Realismus erzeugt also nicht selten auch Gegenbilder zum Kunstraum des *locus amoenus* und zum idyllischen Vorgang. Er kennt daher trotz der Motive von Liebessehnsucht, Liebesunglück, Liebesklage und Todesandenken keine Form einer modernen Sentimentalität oder Empfindsamkeit. In der antiken und europäischen Theokrit-Rezeption sind indessen vornehmlich die Momente seiner Idyllen wirksam gewesen, die das beschriebene Grundmodell bestimmen.

Das zeigt sich auch in der Berühmtheit von Stellen aus der Dichtung vor Theokrit, die mit seiner Idylle-Vorstellung früh in Verbindung gebracht wurden, so an einem Textabschnitt aus Homers »Odyssee«, in dem die Insel und Wohnung der bezaubernden Nymphe Kalypso beschrieben ist. Dem Götterboten Hermes bietet sich das folgende Bild dar:

»Vor ihr brannt' auf dem Herd ein großes Feuer, und fernhin
Wallte der liebliche Duft vom brennenden Holze der Zeder
Und des Zitronenbaums. Sie sang mit melodischer Stimme,
Emsig, ein schönes Gewebe mit goldener Spule zu wirken.
Rings um die Grotte wuchs ein Hain voll grünender Bäume,
Pappelweiden und Erlen und düftereicher Zypressen,
unter dem Laube wohnten die breitgefiederten Vögel ...

Um die gewölbete Grotte des Felsens breitet' ein Weinstock
Seine schattenden Ranken, behängt mit purpurnen Trauben.
Und vier Quellen ergossen ihr silberblinkendes Wasser,
Eine nahe der andern, und schlängelten hierhin und dorthin.
Wiesen grünten umher, mit Klee bewachsen und Eppich.
Selbst ein unsterblicher Gott verweilete, wann er vorbeiging,
Voll Verwunderung dort und freute sich herzlich des Anblicks.«[9]

Beim Anblick der Schönheit des geschilderten Ortes ergreift sogar den Gott Hermes ein Staunen. Offenkundig ist es das artifizielle Arrangement, das eine solche Stärke des ästhetischen Eindrucks vermittelt. Die Quellen mit ihrem silberblinkenden Wasser, die schattenden Ranken des Weinstocks, die Bäume, deren Zweige eine Laube bilden, die gewölbte Grotte: das alles hat die Architektur der Idylle, deren eindrucksvolle Schönheit durch die Gestalt der Nymphe und ihr kunstvolles Webwerk, mit kostbarem Arbeitsgerät gefertigt, durch den begleitenden Gesang und den sich ausbreitenden Duft der auf dem Herde, brennenden Hölzer noch gesteigert wird. Zusammen mit Theokrits Gedichten hat diese Schilderung Homers an der Ausprägung der Idylle-Vorstellung mitgewirkt.

In die Rolle des Ahnherrn der europäischen Idylle rückte der römische Dichter Vergil (70–19 v.Chr.). Von Theokrit inspiriert, hat er in seinem »Bucolicon Liber«, einem Zyklus von zehn Hirtengedichten im Hexameter-Vers (Eklogen), das hellenistische Modell der Idyllen-Dichtung aufgenommen, auf eine Anzahl wesentlicher Grundelemente konzentriert und diese umgestaltet zu einem neuen Weltentwurf der Idylle. Während Theokrit in seinen Gedichten den Ort des Geschehens, das Milieu der Schäferszenen, aus der Erinnerung an Sizilien und an den Aufenthalt auf der Insel Kos deutlich mit Momenten der Wirklichkeit von Landschaft und ländlichem Leben konstruiert und mit der Sprechweise seiner Hirten (in oft harten Hexameterfügungen) die partiell realistische Intention verstärkt hatte, entwarf Vergil ein Land der Phantasie, in dem Gestalten des Mythos, Hirtenfiguren, Naturdinge und Tiere neue Formen des Daseins in der Dichtung begründen. Zwar wählt Vergil für sein Land der »Bucolica« einen Namen aus der Geographie Griechenlands, den des Berglands in der Mitte des Peloponnes, aber Arkadien ist im Gedicht ein Reich der Dichtung, das Götter, Nymphen, Hirten, Landleute und Dichter in einem geschlossenen Lebensbezirk vereinigt. Es ist ein reiner Höhenraum der Poesie und der Kunst. Auch wenn bisweilen des Dichters eigene Heimat, die Landschaft um die Stadt Mantua mit dem Fluß Mincius (Mincio), einzelne Erfahrungen seines Lebens und der historische Horizont des römischen Imperiums in Linien, Farben und Vorgängen erkennbar werden, bewahrt Arkadien den schönen Schimmer einer mythischen Ferne. Indem Vergil das Modell der Idylle mit der Schöpfung des Landes Arkadien verband, gab er der bukolischen Dichtung einen neuen Rang und einen anhaltenden Gestaltungsimpuls, der in der Geschichte der europäischen Literatur und Kunst bis ins 19. Jahrhundert hinein wirksam blieb.[10]

Den Namen des imaginierten Landes der Kunst und der Dichtung nennt Vergil nur an wenigen Stellen seiner »Bucolica«, bisweilen vermittelt durch die Bezeichnung für die Bewohner – *arcades* – oder bildhaft mit dem Berg Maenalus, der dem Gott Pan heilig ist. Daß der Hirtengott in Arkadien eine beherrschende Hauptfigur ist und das arkadische Dasein auf die Weise seiner Flötenmusik gestimmt ist, dokumentiert schon die feste Verbindung seines Namens mit der wörtlichen Evokation Arkadiens. Dennoch ist der Dichter in dem von ihm erschaffenen Land natürlich der erste. Ihm, dem Autor Vergil, würde Arkadien, käme es einmal in künftiger anderer Weltzeit zu einem Wettstreit mit Pan, den Siegeslorbeer zuerkennen. So sagen es zwei Verse im Schlußabschnitt von »Bucolicon IV«:

»Pan etiam, Arcadia mecum si iudice certet,
Pan etiam Arcadia dicat se iudice victum.«

»Pan sogar, fällte den Spruch auch Arkadien, stritte mit mir er,
Pan sogar, fällte den Spruch auch Arkadien, gäbe besiegt sich.«[11]

Hier wagt es Vergil, sich selbst von der richtenden Instanz des Kunstlandes, wenn auch in der Form einer Zukunftsvision, über den allesbeherrschenden Pan setzen zu lassen, weil er sich von dem Bewußtsein leiten läßt, daß seine bukolischen Idyllen in ihrer poetischen Substanz mit den arkadischen Naturbildern, den Hirtenfiguren, der Höhenlage des Sprechens, der Eleganz des Verses und der Komposition eines jeden Gedichts gerade auch im Vergleich mit den hellenistischen Vorbildern wesentlich ein Werk seiner dichterischen Phantasie und seiner Gestaltungskraft sind.

Wenn Arkadien im »Bucolicon IV« in einen bedeutungsvollen und anspielungsreichen Zusammenhang tritt mit der Prophetie eines neuen goldenen Zeitalters, die aus einer zyklischen Zeitvorstellung sich herleitet, dann hat das nicht den Sinn einer Ineinssetzung. Arkadien ist nicht als Wiederkehr des ersten Weltalters einer paradiesischen Frühe konzipiert, sondern Vergil verkündet eine neue Zeit im historischen Horizont der Größe Roms und eines künftigen Friedens, der mitgeprägt sein soll durch Kunst und Dichtung, also auch durch die Arkadienbilder der Idylle.

Gewalt und Wirkungsmacht der Hirtenpoesie beschreibt der Eingang von »Bucolicon VIII«, ein Gedicht, das vielleicht am meisten dem Vorbild Theokrits verpflichtet ist. Der Gesang der beiden Hirten Damon und Alphesiboeus, die im Wettstreit miteinander sind, versetzt die Tiere und sogar die Dinge in solches Erstaunen, daß im Raum der Idylle die Naturordnung sich verändert:

»Als sie stritten, vergaß das Rind voller Staunen der Weide,
Ihr Gesang schlug zaubernd in Bann die lauschenden Luchse,
Und den natürlichen Lauf verändernd standen die Ströme –«[12]

Ort und Stunde dieses Wettstreits sind ungewöhnlich. Am frühen Morgen schon, als eben die Schatten der Nacht gewichen sind, beginnt Damon sein Lied, nicht sich hinlagernd am *locus amoenus,* sondern angelehnt an den Stamm eines Olivenbaums, da das Gras noch feucht ist vom Tau. Ob Damon bei seinem Liedvortrag und Flötenspiel – eine Liebesklage nach dem Muster des Daphnis-Gesangs in Theokrits »Idylle I« – vielleicht auf einen Hirtenstab sich stützt, wie andere Interpreten des Verses meinen – »incumbens tereti Damon sic coepit olivae« –[13], ist für die Besonderheit der Situation nicht entscheidend. Wesentlich allein wird die kontemplative Haltung als ein Zeichen der Muße. Sie gehört für Vergil zum Prinzip der Idylle. Muße erst ermöglicht die Hingabe an das Schöne des arkadischen Naturbezirks, gibt Gelegenheit zum Gespräch, zum Spielen, Dichten und Singen, zum Zuhören wie zum Urteilen, und sie schenkt jene heitere Gelassenheit und freundliche Offenheit, mit welcher die Hirten einander begegnen in Formen der Gastlichkeit, der Freundschaft, des gemeinsamen Tuns und des Lobes für den anderen. Was wir schon bei Theokrit als idyllische Situation oder idyllische Szene bezeichnet haben, erhält bei Vergil die Auszeichnung jener kontemplativen und kommunikativen Grundhaltung, die erst die arkadische Weltansicht mit ihren Naturbildern, Liedern und Mythen erzeugt. Wie konstitutiv das Prinzip der Muße für die bukolische Idylle Vergils ist, bekundet sich in der reichen Variation des Motivs der Rast- oder Ruhehaltung. Es exponiert das »Bucolicon Liber« im Anfangsvers von »Ekloge I«:

»Tityre, tu patulae recubans sub tegmine fagi«
»Tityrus, du liegst mit Muße im Schatten breitästiger Buche«[14]

und es durchzieht alle anderen Gedichte des Werks. Einige Beispiele mögen die Bedeutung und die enge bildhafte Verknüpfung des Rast- und Lagerungsmotivs mit dem *locus amoenus* zeigen. Im zitierten Vers hat der Hirte seinen Ruheplatz im Schattenbezirk einer mächtigen Buche gewählt; Corydon in »Ekloge II«, den unerfüllte Liebessehnsucht umtreibt, singt seine Lieder im Schatten von Buchengehölzen oder an Hängen waldiger Hügel; in »Ekloge III« fordert Palaemon in der Rolle des Kunstrichters die den Wettstreit beginnenden Sänger dazu auf, sich im weichen Grase zu lagern (»consedimus«), aber er fügt dieser Aufforderung eine kurze Beschreibung der Naturumgebung hinzu, weist hin auf die Früchte der Felder und Bäume und auf den grünenden Wald ringsum; »Ekloge IV« gibt der Wiege des angekündigten Kindes der Zeitenwende den Platz im Bezirk des *locus amoenus* und im nächsten Abschnitt dem lesenden Knaben; Mopsus und Menalcas in »Ekloge V« wählen sogleich bei ihrer Begegnung einen Lagerplatz unter Ulmen und zwischen Haselnußgebüschen, um dort ihre Lieder zu singen; der trunkene Silen, aufgespürt und geweckt von zwei jungen Schäfern und der schönen Nymphe Aegle, singt sein Lied (»Ekloge VI«) in einer Felsengrotte; mit eindrucksvoller Ausführlichkeit beschreibt in »Ekloge VII« Meliboeus den *locus amoenus,* an den er sich von Daphnis locken ließ, um dem Wettgesang zwischen Thyrsis und Coridon zu lauschen: Man läßt sich nieder unter dem säuselnden Blattwerk der Stecheiche, und ringsum breiten sich die Uferwiesen des Mincius aus mit Schilfrohr am Fluß und einem Hain heiliger Eichen, von dem her das Summen der Bienen ertönt; die Gebärde des Sich-Anlehnens an den Olivenbaum in »Ekloge VIII« ist schon besprochen; »Ekloge IX« erinnert an den Ort, an dem Menalcas seine Gedichte vortrug: »wo die

Hügel hinab sich/ziehn und der Bergkamm beginnt sich sanft zu senken, bis hin zum/ Wasser und bis zu der Buchen verwittert ragende Wipfel«; »Ekloge X« schließlich eröffnet mit der Anrufung der Nymphe Arethusa und vielen Naturbildern – Weiden, Hain, Waldtal, fichtenumrauschter Berg, Gebüsch, Ziegen- und Schafherden – eine weite Aussicht auf Arkadien und führt erst in einer Wunschvorstellung der Liebesklage des Dichters Gallus hin an den bekannten Mußeplatz der Idylle, wo er mit der kränzewindenden Phyllis und dem Sänger Amyntas unter Weidenbäumen und rankenden Reben sich lagern möchte. So fehlt denn in keinem der bukolischen Gedichte des Vergil der idyllische Ort mit den gelagerten Figuren, immer situiert im ringsum sich ausbreitenden Land Arkadien. Dies wird nicht nur in der szenischen Exposition und im Gespräch der Hirten gesichtet, sondern vor allem auch in den Liedern evokativ vorgestellt. Indessen begegnen auch mannigfache Kontraste zur Hirtenwelt in den Idyllen. Charakteristisch dafür ist schon die erste der Eklogen, der Ernst Robert Curtius überhaupt eine Schlüsselfunktion für das Verständnis der »Bucolica« Vergils zugemessen hat.[15]

Wie gezeigt, beginnt in »Bucolicon I« das Gespräch der Hirten mit dem Thema der Muße. Ihr wird aber sogleich gegenübergestellt die »moderne« Unrast, die sich im Flüchtlingsschicksal des jungen Hirten Meliboeus darstellt, aber auch in den Erfahrungen des älteren Tityrus, der die Weltstadt Rom mit einem Landstädtchen verwechselt hatte und spät erst aus den Fängen einer verschwenderischen Römerin sich freimachen und in die Arme der arkadischen Amaryllis zurückkehren konnte. Kompositorisch höchst kunstvoll wird der Gegensatz von Stadt und Land, von Unrast und Muße aufgebaut. Den einst törichten Tityrus riefen zusammen mit Amaryllis die Quellen, Pinien, Obstbäume und Weinstöcke nach Arkadien zurück. Hier lebt er zwar in bescheidenen Verhältnissen auf seinem kleinen Landbesitz, aber nicht nur die Muße, die Flöte und das Lied stiften sein Glück, sondern auch die Art seiner ländlichen Welt. Diese wird in einer berühmten Sequenz von Vergil so geschildert:

»Fortunate senex, ergo tua rura manebunt,
et tibi magna satis, quamvis lapis omnia nudus
limosoque palus obducat pascua iunco.
Non insueta gravis temptabunt pabula fetas,
nec mala vicini pecoris contagia laedent.«

»Glücklicher Alter! Es bleibt dir also dein Ländchen zu eigen,
und für dich reicht's auch aus, wenngleich nackte Felsen und Sümpfe,
schlammig und schilfbestanden, dir alle Weiden umschließen.
Ungewohntes Futter lockt nie deine trächtigen Schafe,
nie wird Berührung mit fremdem Vieh deine Herde verseuchen.«[16]

Die Linien dieses Bildes sind einfach und klar. In Wahrheit erweist sich der karge und eingeengte Landbezirk als vorteilhaft, nicht nur weil er die Herde zusammenhält und sie vor Seuchen bewahrt, sondern vor allem, weil die Eingrenzung einen beschirmten Lebenskreis und Muße schenkt. Doch merkwürdig genug öffnet sich nun im nächsten Abschnitt des Gedichts die karge kleine Welt für alle Genüsse und Schönheiten Arkadiens. Auch diese Stelle sei wegen ihrer

Bedeutung und reichen Bildlichkeit mit dem lateinischen Original und der Übertragung wiedergegeben:

»... Fortunate senex, hic inter flumina nota
et fontis sacros frigus captabis opacum;
hinc tibi, quae semper, vicino ab limite saepes
Hyblaeis apibus florem depasta salicti
saepe levi somnum suadebit inire susurro;
hinc alta sub rupe canet frondator ad auras,
nec tamen interea raucae, tua cura, palumbes,
nec gemere aëria cessabit turtur ab ulmo.«

»Glücklicher Greis! An altvertrauten Flüssen wirst hier du
und an heiligen Quellen des kühlenden Schattens genießen.
Hier saugt Honig, wie stets, aus Weidenblüten am Feldrain
dir die Biene, und oft lullt sanft dich ihr Summen in Schlummer.
Fröhlich singt dort unter ragendem Fels in die Lüfte der Winzer,
und es gurren beständig die Tauben, die du so lieb hast,
Turteltauben auch schluchzen ihr Lied in luftiger Ulme.«[17]

Tityrus wird in seinem kleinen, umgrenzten Bezirk mit allen Schönheiten und Schätzen Arkadiens beschenkt, zu denen auch die Gaben und Früchte des Landes gehören und der ruhige Schlummer. Dies alles zu genießen, lädt am Ende des Gedichts gastfreundlich der Hirte den umherziehenden Meliboeus ein, zumal inzwischen der Tag sich zum Abend geneigt hat:

»Ruhe heut nacht doch zumindest bei mir hier auf grünendem Laube:
Äpfel, vollreif und süß, kann zum Mahl ich dir bieten; ich habe
weichgekochte Kastanien auch samt Molken und Käse.
Schon sieht von weither den Rauch von den Häuserfirsten man steigen,
und es fallen schon längere Schatten herab von den Bergen.«[18]

Noch einmal wird das Motiv des Ruhens wiederholt und variiert. Jetzt dient es dem genußreichen Mahl und dem Ausblick in die ländliche Abendwelt, die mit den Schatten, dem Rauch und den Bergen ihre eigene arkadische Farbigkeit und Atmosphäre gewinnt. Noch Bertolt Brecht war von dem Schlußbild dieser Idylle Vergils so beeindruckt, daß er es in einem Gedicht seiner »Buckower Elegien« aufgenommen hat und als lyrische Idylle dem Leser des 20. Jahrhunderts in neuer Form überliefert:

»Das kleine Haus unter Bäumen am See.
Vom Dach steigt Rauch.
Fehlte er
Wie trostlos dann wären
Haus, Bäume und See.«[19]

Auch die heutige Idylle mit ihrem engeren Bildumriß möchte in einer Zeit der politischen Unrast und Unsicherheit – Aufbauphase in der DDR – mehr vermitteln als einfache Dörflichkeit und ländlich-häusliche Atmosphäre, sie möchte den Lebensbezirk der Muße und Beschirmung bewahren und Arkadien im Bewußtsein lebendig erhalten. Der Rauch ist Symbol für die Bewohntheit des Orts unter den Bäumen, für das Behaustsein des Menschen in einer unbehausten Gesellschaft.

Zur Idylle Vergils gehört nicht nur das schöne, gefühlshaft grundierte Verhältnis der Figuren zu ihrer zugleich eng umgrenzten und weiten arkadischen Welt sowie die heitere Selbstzufriedenheit des Hirten in seiner Muße mit Flöte und Lied, sondern auch die soziale Harmonie und die Einbindung aller Erfahrungen von Liebesleid, Lebensunglück, Abschied und Tod.

So wie Tityrus dem vorbeiziehenden Hirten freundlich und gastlich entgegenkommt, verhalten sich alle Menschen des Landes Arkadien, und im Lied wenden sich oft auch die Götter fragend und teilnehmend den Hirten zu. Trotz des Selbstbewußtseins der dichtenden und musizierenden Sänger dient der Wettstreit niemals der Erniedrigung oder der ernsthaften Besiegung des anderen. Man hört einander mit Aufmerksamkeit und genießender Lust zu, man rühmt gegenseitig die Leistung, man nimmt das Urteil dessen an, der zum Schiedsrichter berufen wurde, einigt sich aber auch ohne diesen und übergibt großmütig die ausgesetzten kostbaren Preise. Auch das ist begleitet mit dankenden und rühmenden Worten. Ein besonders eindrucksvolles Beispiel dafür bietet die fünfte Ekloge mit den Daphnis-Gesängen von Menalcas und Mopsus, beide Dichter, Komponisten, Flötenspieler und Sänger. Schon bei der Wahl des Platzes, an dem man sich lagert, einigt man sich trotz konkurrierender Vorschläge schnell. Dann folgt das Lob für den, der beginnt, und nach dem Lied eine sich steigernde Rühmung. Auch als Dank singt danach Menalcas sein Lied, das die Thematik des anderen aufgreift, variiert und weiterführt. Dem Gesang antwortet die Rühmung durch den Zuhörer, und das Gedicht schließt mit der gegenseitigen Auszeichnung durch schöne Geschenke. Wie in den Liedern spiegelt sich auch in den Preisgaben die arkadische Welt, steigert sich, bereichert und potenziert sich. Rohrflöte und kunstvoll gefertigter Hirtenstab sind die Geschenke. Das erste Lied ruft die Vorbildfigur des Schäfers Daphnis ins Gedächtnis mit seinen unerhörten Taten, seinem Tod, der Klage der Nymphen, der Tiere, des ganzen Landes Arkadien mit seinen Flüssen und Bäumen, ja mehr noch des ganzen Erdkreises – es brüllten in Afrika selbst die Löwen vor Kummer; und dann beschreibt das Lied die Verwandlung der Welt, in welcher Daphnis fehlt, in eine menschenfeindliche Ödnis mit Unkraut und Dornen, um am Ende die Riten ins Gedächtnis zu rufen, die solches jetzt in Arkadien verhindern, und den Bau eines Grabmals mitten in Arkadien zu fordern, dessen künftige Inschrift den Schluß des Liedes bildet:

»Daphnis war ich in den Wäldern, berühmt bis hoch zu den Sternen,
Schöne Herden hütete ich, war selber noch schöner«[20]

Das schöne Sein soll im Grabmal des Daphnis verewigt werden. Dann stiftet das Andenken nur noch sanfte Trauer; denn die Verherrlichung verklärt das Ereignis des Todes. Ausgesprochen wird dieser Gedanke im sich anschließenden Lied des Menalcas, das Daphnis in den Olymp entrückt, ihn als Gott anruft und bittet, daß er das Glück Arkadiens und seiner Bewohner bewahre, ihm Opfer zusagt und die Verewigung seines Namens unter den Hirten. Beide Lieder stiften nicht nur den Daphnis-Mythos, sondern sie verknüpfen auch Arkadien und die Hirten innig mit der mythischen Wirklichkeit. Das projektierte Grabmal in der Landschaft ist das deutlichste Symbol der Mythisierung, die freilich immer neu in den Bildern der schönen Welt, in den Gesten der Freundschaft, im Symbol der Syrinx, in der Berufung Pans und der Nymphen, in der imagnierten Musik und den Liedern arkadisches Ereignis wird. Dies zu bewirken und zu bezeugen ist auch der Sinn des leitmotivischen Refrains im »Bucolicon VIII«:

»Incipe Maenalios mecum, mea tibia, versus.«
»Singe mit mir, meine Flöte, ein Lied, wie's am Maenalus tönet.«[21]

Auch sein wirkliches Freundschaftsverhältnis mit dem Dichter Gallus, dessen Werk nicht überliefert ist, hat Vergil ganz in den hellen und heiteren Bereich Arkadiens transponiert, so daß die Figur des Freundes, die ohne die Maske eines Hirtennamens auftritt, schwebend und zauberhaft sich im Zwischenbereich von Realität und Mythos bewegt. In seinem Schicksal und Lied wiederholt sich das Motiv der unglücklichen Liebe, die sich als Liebesklage und Liebessehnsucht ausspricht. Ergriffen vom Lied des liebeskranken Dichters Gallus klagen mit ihm die Berge und Bäume, die Schafe und Hirten Arkadiens. Apollo selbst eilt herbei und berichtet, daß Lycoris, das geliebte Mädchen, einem anderen ins unwirtliche Feldlager gefolgt sei. Auch Silvanus und Pan kommen her mit tröstenden Worten. Doch Gallus antwortet in seinem Lied, das Untröstlichkeit bekundet. In Wunschträumen verweilt er mit Lycoris, Phyllis und Amyntas im Raum der Idylle, um dann aber in befremdlichen Bildern eines wilden und unwirtlichen Lebens den Ausbruch aus Arkadien sich vorzustellen, der ihn in die Nähe der treulosen Geliebten brächte. Gerade durch diesen Kontrast steigern sich Reiz und Schönheit des Landes Arkadien. Da das Gallus-Lied in den poetischen Bericht des idyllischen Ich eingefügt ist, bewirkt die Berufung des unarkadischen Lebens die Distanz einer leisen und freundlichen Ironie. Ganz wiederhergestellt wird die Harmonie durch das Lob, das dem Dichter Gallus am Ende gespendet ist. Den Schluß der letzten Ekloge bildet die Ankündigung der einbrechenden Nacht. Sie veranlaßt das Ich der Idylle, zum Aufbruch zu mahnen, da die Schatten der Nacht und ihrer Gesträuche den Dichtern schaden. Warum das so ist, sagt das Gedicht nicht ausdrücklich, aber es ist leicht aus den »Bucolica« zu erschließen: Die Kälte der Nacht erlaubt kein Verweilen am idyllischen Ort, und die Finsternis vertreibt das Licht, das Arkadien vom Morgen bis in den Abend erleuchtet und das Schöne der idyllischen Welt erst sichtbar macht.

Für die Struktur der Idylle ergibt sich das folgende Schema des Aufbaus: Am Anfang steht die Exposition der idyllischen Szene mit der Begegnung der Hirtenfiguren, mit der Eröffnung des Gesprächs und mit der Wahl des idyllischen Platzes, an dem man sich lagert. Auch das Projekt des gemeinsamen Tuns beim Verweilen in Muße kommt sogleich zur Sprache. Nur einmal bestimmt ein Ich als Einzelfigur mit der Du-Evokation die Idyllenstruktur (»Bucolicon IV«), sonst hat das zu Anfang auftretende Ich die Funktion einer Vermittlungsinstanz, indem es aus seiner Sicht die Szene entwirft und anderen Figuren das Wort erteilt.

Den Mittelpunkt der Idyllen bilden Lieder, die von den Figuren vorgetragen werden. Nur die erste Ekloge bewahrt durchgängig die Form des Gesprächs; freilich erhebt es sich in einigen Abschnitten zu liedhafter Höhe. An die Stelle von Liedfolgen kann der Wechselgesang oder das Einzellied treten. Auf den künstlerischen Vortrag der Sänger und Flötenspieler folgen, reich variiert, Urteil, Lobrede, Dank und Geschenkübergabe. Bisweilen gibt ein markanter Schluß das Signal zum Aufbruch, blendet gleichsam die Szene ab und läßt den Vorhang der Nacht vor die Bühne der Idylle fallen. Das imaginierte Idyllenbild wird zwar in einigen wesentlichen Momenten und Linien durch die Figurenkonstellation und den szenischen Vorgang festgelegt, aber erst der Inhalt der Reden und Gespräche, die deiktischen Gesten und der Gehalt der Lieder geben der Szenerie genauere Umrisse, füllen das Bild mit Dingen und Gestalten, verleihen ihm Licht und Farbe. Versucht man die Naturaspekte, die Figuren, deren Lebenszustände und Tun zu einem Grundmuster zusammenzufassen, so ergibt sich das folgende allgemeine Gesamtbild der »Bucolica« Vergils:

Immer siedelt die Idylle ihre Figuren in einem ländlichen Lebensbezirk an. Mit einer Vielzahl von Naturbildern und Aspekten der Natur formiert sich das Land der Idylle zu einer schönen Welt. Um sie sichtbar werden zu lassen, wählt die Idylle den Tag zu ihrer Zeit. Stets liegt das Licht eines Sonnentages über dem Arkadien der bukolischen Gedichte. Als Jahreszeit bleibt daher auch der Winter für den szenischen Vorgang ausgespart. Eine Mittelpunktposition und zentrale Bedeutung gewinnt der Ort, an dem man sich mit Muße lagert zu Gespräch, Spiel oder Gesang. Auch ein solches Verweilen im Freien macht die Wahl des Tages und des jahreszeitlichen Sektors vom Frühjahr bis zur Erntezeit erklärlich. Spiel und Gesang heben freilich das Zeitbewußtsein auf.

Der Platz des idyllischen Aufenthalts läßt ein einheitliches Bildschema erkennen: ein Ort im Schatten von Bäumen mit einer nahen Quelle, bisweilen am Hügelhang oder am Fuß eines Berges gelegen, wo ein bequemes Lager sich bietet. Den inneren Schatten- und Rastbezirk umgeben Weidewiesen, Gebüsch, Ranken, Haine, Wälder, Bergerhebungen, Felsen und Täler, aber so, daß sich um den Lagerplatz der fast abgeschlossene Umkreis eines schönen Landschaftsausschnitts formt. Auch Bäche und Flüsse wirken bei der Bildung dieser nahen Umwelt mit, die man, wie gesagt, als *locus amoenus* bezeichnet. Auffällig ist die Tendenz der Einschließung, Einengung, Eingrenzung und Beschirmung der Hirtenszenerie.[22] Indessen ergeben sich im Gespräch oder Lied manchmal auch Ausblicke ins Weite, die an die Grenzen Arkadiens führen und auch über sie hinweg.

Topographie und Vegetation erhalten bildhafte Ergänzungen durch eine Anzahl von Tieren, die in Arkadien zu Hause sind. Anwesend sind durchweg die Tiere der Herden: Schafe, Ziegen und Rinder. Hinzu kommen Vögel mit ihrem Gesang, Tauben insbesondere mit ihrem Gurren und Bienen mit ihrem Gesumme. Nicht nur die Erscheinung der Tiere fügt sich in das schöne Bild des Landes ein, sondern auch ihre Laute, die sich mit den Geräuschen der Blätter, der Quelle und Bäche verbinden können. Pan und die Nymphen beherrschen zusammen mit den Hirten und deren Herden die Szene. Als Musikinstrument ist die Flöte stets zur Hand. Sie kann ebenso wie der wohlgeformte Hirtenstab zum Preisgeschenk werden, das bei der Übergabe oder vorher recht genau und bildhaft beschrieben wird. Als Geschenk können, wie bei Theokrit, auch Gefäße dienen. Alle Einzeldinge, Wesen und Figuren wirken durch ihre Gestalt und Situierung mit bei der Formierung der arkadischen Naturszenerie und der idyllischen Lebensbilder.

Der Natur- und Daseinsbezirk der Idylle liegt weitab von der Großstadt und anderen Städten. Selbst Dörfer bleiben unbestimmt in der Ferne. Vergils Idyllen gewinnen ihren eigentümlichen Reiz und ihre ästhetische Auszeichnung durch die innere Spannung zwischen der ländlichen Wirklichkeit und ihrer konsequent kunsthaften Komposition. Freilich sind durch die dichterische Sprechweise mit ihrer gleichbleibenden Höhenlage auch die Namen der Dinge und Hirten schon abgehoben von der Realität. Was sich in der Idylle bildhaft darbietet, ist eine Welt des Lichts, des schönen Seins, der Heiterkeit, der Muße und der Kunst. Aus allen Bildern spricht ein poetisch-musikalisches Konzept der Weltharmonie, das auch im Sozialen und in den Weisen der Kommunikation sich darstellt. Durch den Mythos und die Lieder erhält die Kunstnatur ihre Beglaubigung. Auch wenn im Lied Gegenbilder des Lebensunglücks, der Liebesqual, des Abschieds und des Todes in die arkadische Wirklichkeit hereingeholt und einbezogen werden, verdunkelt das nicht den Horizont, stört das nicht die Harmonie. Das Grabmal mit der Inschrift ist ein bildnerisches und poetisches Kunstwerk, das bruchlos in die Kunstnatur eingefügt werden kann. Darüber hinaus mahnt das Grab in Arkadien nicht so sehr an den Tod als vielmehr an die Verewigung des Schönen und an den Kult zu seiner Erhaltung. Daphnis erscheint im Gedicht als Hirte und als Gott. Dadurch verwandelt er das arkadische Leben in mythisches Sein.

Vergils bukolische Idyllen, die so viele poetische Bilder übermittelt und neu geschenkt haben, führen mit der Darstellung Arkadiens nicht in ein goldenes Zeitalter der Urzeit zurück, laufen auch nicht vor als utopischer Entwurf in eine erhoffte Zukunft, sondern versuchen, ihrer römischen Gegenwart dichterische Lebensbilder vorzuhalten, die der Unrast, der Landflucht, dem Stadtbetrieb, der sozialen Disharmonie, dem Krieg und der banalen Niedrigkeit des Alltags entgegenstehen. Vergil möchte im Bewußtsein halten, daß das Menschsein sich ebensosehr in der Muße[23] wie in der Arbeit realisiert. In den Liedern der Hirten und in der Evokation der Gestalten des Mythos ist wohl auch ein früher Versuch gemacht, die unbekannten Tiefen der menschlichen Seele behutsam auszuloten.

Schon im Altertum hat Vergil mit seinen bukolischen Idyllen eine große Wirkung erreicht. Für die Dichter der römischen Klassik und der Spätantike ist Arkadien bereits eine zitierbare Realität, so bei seinen jüngeren Zeitgenossen Horaz und Ovid. Vor allem der pastorale *locus amoenus* gewann mit seinen Grundelementen den Charakter eines Topos, eines festen Bild-, Denk- und Ausdrucksschemas. Als Topos bleibt die Vorstellung des *locus amoenus* als Ort der Idylle auch in der nachantiken Literatur bewahrt. Zu neuem Leben erweckt wird die Idylle mit ihren Motiven in der Zeit von Humanismus und Renaissance. Der Versuch, eine Neugeburt der Kunst und Literatur aus den Zeugnissen der antiken Bauten, Bildwerke und Dichtungen einzuleiten, orientierte sich stets auch an Vergil und gab seinem Arkadien-Entwurf eine neue Aktualität.

Greifbar gemacht wurde Vergil zusammen mit anderen antiken Autoren durch neue Handschriften und erste Drucke. Anders als die Gebrauchstexte früherer Jahrhunderte erhielten in der Zeit des Humanismus die Handschriften eine oft reiche Illustration, wie sie durch die hoch-

Bucolicorum Ecloga Prima i

TITYRE Tu patulæ recubás sub tegmine fagi. Induciť pastor quidá iacés sub arbore securus & ociosus dare operá cátilenæ. Alter uero q cũ gregibus ex suis pelliť finibus: q cũ Tityꝝ respexisset: ita locutus est. & hoc loco Tityꝝ sub psona Virgilii debemus accipe: nõ tamé ubiq: sed tátũ ubi exigit rõ. Quod át sub fago dicit iacere: allegoria ẽ honestissima: q̃si sub arbore gládifera: q̃ fuit uictus cá. Antea. n. hoíes gládibus uescebáť: unde ét fagus dicta est απο του φαγειν: qď est comedere. & hoc uideť dicere iaces sub umbra fagi in agris tuis tuas retentás possessiões: qbus aleris: sicut ét gládibus alebanť ante mortales. ⁊ Tu patulæ: patulũ dicimus qď per se patet naturaliter: ut nares: arbor: patens est qď & aperiť & claudiť: ut hostiũ: & oculi. ⁊ Siluestré musam. i. rusticũ carmé. ⁊ Tenui auena: culmo stipula: unde rustici plerũq cátare cõsueuerũt: ut alibi: Stridéti miseꝝ stipula disperdere carmé. Dicédo át tenui auena: humilis stili genus latéter ostédit: quo (ut supra dictũ ẽ) in bucolicis utiť. ⁊ Meditaris: qď greci μελετω dicũt: p antistichon meditor dixerũt latini. L. eni & D. interdũ sibi íuicé cedũt: unde & sella p seda diciť a sedendo.

SER. Patulus Patens

P. V. M. BVCOLICORVM TITYRVS.

MELIBOEVS TITYRVS.

TITYRE TV Patulæ recubãs sub tegmine fagi ME. Agrestẽ tenui musam meditaris auena.

Nos patriæ fines & dulcia linquimus arua.

CANTO. TITYre: Tityrus mer[…]arii pastoris nomé a Theocrito sumptũ: is. n. ecloga. iii. inqt: Tityre lasciuas uirgultis pasce capellas: & í ultía. Tityrus ast illic miseros cátabat amores Daphnidis. Hircus át libyca lígua Tityrus appellať: ut Probus asserit: & Meliboeus cura boũ diligés. Scribit idé ꝗ Maro p allegoriá facit se eé Tityꝝ & Meliboeũ: Corneliũ Gallũ: q admirať ꝗ Vir. solus agros retinuerit. ⁊ Patulæ: apertæ: & late patétis. Patulũ boué Plautus appellabat: cuius cornua diuerse ac late paterét: ut Fest. edocet. ⁊ Recubás: iacés: qescés: iacens át semisupinus sedés ítelligendũ: q̃ qdé uoce: magná Tityri securitaté & reqeté innuit: Cũ iaceret oi spreto timore. ⁊ Sub tegmine: sub umbra: hic ait postea: Tu Tityre létus ín umbra. ⁊ Fagi: phagos græce latine uorax diciť: Phago át comedo. Hinc fagus: uel fagus arbor gládifera: ꝗ olim gládibus uescerenť. Nõ tamé ab re hic sub tegmine fagi inqt: ná & in agris Maronis fagus erat: ut patet ecloga nona. ⁊ Siluestré musam: rusticũ carmé: musa. n. cátus diciť: musico cátu cõtendo. ⁊ Tenui auena: subtili calamo aut fistula uel stipula: p qď gracile dicédi: géus ostédit. ⁊ Meditaris: meditádo canis: exponis: exerces. ⁊ Nos patriæ fines.

CHRI. TITYRE: Tityrus libyce hircũ significat: Meliboeus græce cura boũ: Sũt át noía de Theocrito sũpta: p Tityꝝ se: p Meliboeũ reliquos Mátuáos allegorice ítelligit. Et si oñis. v. sint ptes: ultíæ tamé duæ memoria: & pnũciatio solius dicétis sunt: Priæ át tres ét ad scribéré ptinét: hæ sunt ĩuétio: dispositio: & elocutio. Veꝝ elocutio ea est q̃ caracteré siue figurá oñis q̃ triplex é: cõficit. Elocutio át hét elegátiá: cõpositioné: & dignitaté. Elegátia singula uerba eligit. Cõpositio illa iá electa cõstruit atq cõponit. Itaq q̃lé figurá exprimere uolumus: talia uerba: talisq cõpositio é adhibéda. Figura át generi reꝝ qs scribimus accomodáda é. Ergo cũ hic res pastoralis agereť humilis oro atq depssa fuit eligéda: ac humilis: ifimaq figura. Quapp cũ elegisset. Tityre recubás sub tegmíe patulæ fagi: q̃ uerba nullũ hiatũ hent: nihilq gráde resonát. tamé ita illa cõstruxit atq cõposuit: ut illud ífimũ elocutiõis géus ñ excederet. Itaq si attéte audias: Tityre tu patulæ recubás sub tegmíe fagi. Intelliges oia suppssa atq demissa: Ná iudiciũ hoc totũ auriũ mõ ille eruditæ sint: eé dephédes. ⁊ Tityræ: amice ac familiariter icepit a noíe pprio: qď i hoíe æq̃li aut íferiori beniuolétiá cõciliat. Sin át supior sit psona a noíe dignitatis suæ appellari postulat. ⁊ Tu. q. d. solus ex oíbus nobis. ⁊ Recubás: qď pprĩu ociosi: securiq é. Ná cui aut negociũ aut piculũ íminetis minime recubare audet. ⁊ Tegmíe. i. í tegméto: a tegédo: ut agmé ab agédo. ⁊ Fagi: glás triágula cute ícludiť. Hæc muribus gratissima é: & turdis. glires quoq saginat: suẽ hilaré facit: carné: & coctibilé: & leué: & utilé stomacho. Et q̃uis ex abiectis quoq: & picis: & tiliæ cortice uasa fiát: ut ex cortice fagi: tamé in quodá usu sacroꝝ religiosus é fagi cortex. ait Pli. Tenui: distat a subtili. Tenue. n. diminutioné rei: ut plurimũ notat. Vnde é tenuis ubi argilla: & tenuæ argétũ: uenæq secũdæ. Hic attenuo & extenuo nec hẽt laudé: nisi illa diminutio fit ex usu: ut si dicamus tenuia uellera. Subtile uero acuitaté habet. Ergo laudať subtile ígeniũ tenue uituparť. ⁊ Auena: pro oi culmo: ex quo rustici fistulá faciũt. ⁊ Nos patriæ fines: cõtentio é color rhetoricus. est. n. cõtétio cũ cõtraria cõtrariis opponunť. Ité expolitio qa eadé de re sæpius dicit: sic in hoc loco. Nos anxii exulamus tu ociosus manes. Præterea est repetitio. Ná nos in principio clausulæ repetiť. Item est interptatio q̃ sæpe affert magnũ argumentum rei. Nam interpretatur fines patriæ esse dulcia arua: quæ res mouet commiserationé.

Tityrus Orationis Partes

Fugus Tenue Subtile

b

Illustration zu: P. V. M. Omnia Opera, Ekloge I. Edition von Giovanni Battista Egnazio. Venedig 1508 (nach der Ausgabe von 1507), S. 1. Holzschnitt, 7,3×7,3 cm. Herzog August Bibliothek Wolfenbüttel, Sign.: 16.2 Poet. fol.

entwickelte spätgotische Buchmalerei möglich wurde. Aus der Mitte des 15. Jahrhunderts ist eine besonders prächtige Humanistenhandschrift der Werke Vergils erhalten mit ornamental ausgearbeiteten Initialen und eindrucksvollen Illustrationen – schon der frühen Renaissance zugehörig –, die mit je einer farbigen Miniatur die Werke »Bucolica« und »Georgica« einleiten und den ersten drei Büchern der »Aeneis« sogar 86 Miniaturen hinzufügen.[24] Mit der raschen Entwicklung des Buchdrucks läuft zuerst – vor und um 1500 – die Holzschnittkunst und seit dem Beginn des 16. Jahrhunderts die Kunst des Kupferstichs parallel. Seit dieser Zeit entstanden immer neue Editionen der Werke Vergils mit Bildbeigaben. Wenn auch das Hauptinteresse der Künstler dem handlungsreichen Epos »Aeneis« galt[25], so findet man auch vor und in den »Bucolica«-Texten eine große Anzahl von Bildern. Sie orientieren sich durchweg recht genau an der literarischen Vorlage, setzen die einzelnen Hirtenszenen um in ein graphisches Bild und rücken fast immer den Naturort der Idylle in den Vordergrund und in die Bildmitte. Den weiteren Aspekten der arkadischen Landschaft wird in den meisten Fällen nur ein kleinerer Teil der Bildfläche gewidmet. Offenkundig richtet sich die Aufmerksamkeit der Illustratoren auf die Darstellung der Figurenkonstellation und auf die Gestaltung des *locus amoenus*, an dem die Hirten verweilen oder sich lagern. Auch wenn die dargestellte Szene sich ausdrücklich und erkennbar nur auf eine der bukolischen Idyllen bezieht, wird der Platz, an dem die Hirten sich aufhalten, und dessen Umgebung verhältnismäßig frei aus dem ganzen Motivkomplex gestaltet, den Vergil in seinen Eklogen geschaffen hat. Ein Prozeß der deutlichen Bereicherung aller literarisch vorgegebenen Bildinhalte, etwa mit dem Gesichtsausdruck der Hirten und ihrer Bekleidung, setzt erst im 17. Jahrhundert ein und schreitet dann im Blick auf Figuren, Szene und Raum fort bis ins 19. Jahrhundert. Erst um 1900 beginnt eine umgekehrte Entwicklung, ganz besonders in den Malerbüchern, also eine Konzentration und verknappende Auswahl, so daß der Gehalt der Idylle in wenige Linien und Figuren übersetzt wird. Das bedeutendste Malerbuch mit Illustrationen zu Vergils Eklogen hat im 20. Jahrhundert Aristide Maillol geschaffen (Insel Verlag, Leipzig 1926).

Die frühe Phase der Transposition des Textes in begleitende Bilder sei mit einigen Beispielen belegt, die zu erkennen geben, wie die Phantasievorstellung der Idylle und des idyllischen Lebens mit ihren Topoi aus der Literatur in die bildende Kunst hinüberwandert.

Eine in Venedig gedruckte Vergil-Ausgabe des Jahres 1508, die auf der ein Jahr zuvor erschienenen berühmten Edition des Giovanni Battista Egnazio (1478–1553) beruht, enthält eine Reihe von Illustrationen, die nach den Titelbildern jeweils am Anfang der Werke oder der Bücher in den Text eingefügt sind.[26] So ist »Ekloge I« ein Holzschnitt in einem kleinen quadratischen Format (7,3 × 7,3 cm) beigegeben (Textabb.). Das Bild faßt einige bestimmende Momente des idyllischen Vorgangs zusammen und deutet zugleich die wesentliche Thematik an. Wenn dies durch eine kommentierte Beschreibung des Bildes nachgewiesen wird, so geht es hier und im folgenden nicht um eine Kennzeichnung der Eigenart des Künstlers, seines Stils oder um den Epochenstil, sondern allein um die Kennzeichnung der Tradition von Konzept und Schema der Idylle.

Unter einem Baum sitzend, leicht an den Stamm angelehnt, bläst Tityrus seine Flöte, eine Sackpfeife. Ihm gegenüber steht der Geißhirt, auf seinen Hirtenstab sich stützend, den Kopf lauschend zum Flötenspieler hingewendet und begleitet von einem Ziegenbock. Nicht nur der Ankömmling an diesem Ort hört zu, sondern auch die Schafe, die hinter dem musizierenden Hirten und dem Baumstamm gruppiert sind. Sanft steigt der Ort von Muße und Spiel bis zu einem Wald und einem Felsabsturz an, so daß sich eine deutliche Linie der Begrenzung ergibt. Berge im Hintergrund, die links und rechts zusammen mit dem oberen Baumstammende einen Teil des Horizonts bilden, gewähren mit einem Einschnitt den Durchblick auf eine mittelalterliche Stadt. Ganz im Vordergrund deuten Pflanzen die schöne Vegetation an, und der hingestreckt ruhende Hund wie auch der aus der Hand gelegte Hirtenstab sind Zeichen der Muße, die einen einfachen Kontrast zum senkrecht gehaltenen Stab des Geißhirten schaffen. Mit wenigen Linien hat der Künstler die zuständliche Situation und Szenerie der ersten Ekloge herausgearbeitet, und zwar so, daß nicht nur eine Opposition von Zuhausesein und Wanderschaft im Bild aufgebaut erscheint, sondern auch der Gegensatz von Muße und Unrast, von Land und Stadt. Ausgespart ist das Blätterdach der breitästigen Buche, die der erste Vers Vergils so einprägsam beschreibt (»sub tegmine fagi«), außerdem die genauere Beschreibung des bescheidenen Landbesitzes und das Liebesmotiv. Zusammen mit dem Text bietet der Holzschnitt dem Leser eine textnahe Veranschaulichung des Anfangs der Ekloge und Hinweise auf die Eingrenzung des Idyllenorts und auf den Gegensatz zur Stadt.

Anders aufgebaut, reicher strukturiert, auf den ersten Blick sogar ein wenig verwirrend ist der ganzseitige Holschnitt vor der »Ekloge I« in einer Vergil-Ausgabe von 1623 (Textabb.), welche der Edition von Gregor Bersmann folgt (Leipzig 1581).[27] Das Bild ist in mehreren Feldern vom Vordergrund bis zum Hintergrund hin entwickelt, deren Grenzlinien freilich durch die mächtigen und bewegt erscheinenden Baumwipfel gebrochen sind. Vorn im Blickpunkt, dem Betrachter zugewendet, der Flötenspieler unterm Baum an einem kleinen Hang sitzend, wieder mit ruhendem Hund und abgelegtem Stab, der den bequemen Abfall des Sitzplatzes markiert. In einer Senke beim Hirten seine Tiere, groß ausgeführt, eines in der Mitte abgewendet liegend, zwei zuhörend, ein anderes mit Hinterteil und schlagendem Schwanz. Auf einer Bodenstufe darüber, vom Flötenspieler deutlich entfernt, hockt der angekommene wandernde Hirte, den Stab, auf den er sich stützend lehnt, noch in der Hand und zuhörend, auch begleitet von Herde und Hund. Ein Tisch hoch in der Bildmitte symbolisiert den festen Wohnplatz des musizierenden Tityrus. Im dritten Bildabschnitt wird ein Weg sichtbar, der ins Stadttor führt, über dem man die Silhouette der Stadt sieht, freilich zum Teil verdeckt durch die mächtigen Wipfel der Bäume. Ganz in der Ferne bildet die Weltlandschaft mit Bergen und Meer den Horizont, über dem am bewölkten Himmel die Sonne untergeht. Ein tiefer Strahl trifft noch das Schiff, das am Bildrand dicht unter dem Horizont gerade eben sichtbar ist, weitab vom Flötenspieler, fast durch die Bilddiagonale von ihm getrennt. Dies sehr bewußt komponierte Bild möchte nicht nur den Moment vor dem Gespräch, sondern auch Teile des Gesprächsinhalts der Dichtung Vergils erfassen, wobei die beiden Bäume, unter denen die Hirten ruhen, eine große Bedeutsamkeit erlangen, weil sie einerseits den Abstand zwischen den beiden Figuren noch akzentuieren und andererseits den Bezirk der Muße bis auf den Durchblick einrahmen. Zwar ist die Beziehung des Bildes zum Text gewahrt, aber einzelne Elemente der Komposition drohen die Gesprächsharmonie der Hirten aufzuheben.

Frontispiz zu: Opera Pub. Vergilii Maronis, Ekloge I. Edition von Gregor Bersmann. Goslar 1623 (nach der Ausgabe von 1581, Leipzig), S. 1. Herzog August Bibliothek Wolfenbüttel, Sign.: 120.1 Poet.

Illustration zu: Publii Vergilii Maronis Opera, Ekloge I. Edition von John Ogilby mit Kupferstichen von William Faithorne, Pierre Lombart und Vaclav Hollar nach Zeichnungen von Franz Cleyn. London 1663 (nach der Ausgabe von 1658), S. 1. Kupferstich von William Faithorne. Herzog August Bibliothek Wolfenbüttel, Sign.: A1 Poet. 2°

Eine Bildfolge aus der Vergil-Ausgabe von John Ogilby (London 1663)[28] läßt wiederum neue Auslegungstendenzen erkennen. Sie enthält Kupferstichillustrationen nach Zeichnungen von Franz Cleyn von den Künstlern William Faithorne, Pierre Lombart und Vaclav Hollar. Ganz dominant ist bei der Darstellung der »Ekloge I« die Begegnungsszene der Hirten und die Charakterisierung der unterschiedlichen Figuren (Textabb.). Natürlich finden sich da die bekannten Versatzstücke mit Hirtenstab, Herdentieren und Hund, der bei Vergil ja fehlt, aber nur die Baumgruppe auf einem Hügel hinter den Hirtenfiguren hat eine mit ihnen vergleichbare Bildwirkung, zumal sie einen deutlich konturierten Schatten produziert. Thematisch ist der Kontrast zwischen dem auf einer Bodenstufe sitzenden Tityrus, der eine Panflöte in der Hand hält, und dem eben ankommenden umherziehenden Geißhirten, der seine schwingende Körperbewegung mit theatralisch ausgestrecktem Arm und erhobenem Hirtenstab anhält, mitgebremst durch einen am Strick geführten, müde und störrisch niedersinkenden Ziegenbock. Auch die Gewänder mit ihrem Faltenwurf zeigen und verstärken den Gegensatz von Ruhe und

Illustration zu: Publii Vergilii Maronis Opera, Ekloge III. Edition von John Ogilby. London 1663, S. 9. Kupferstich von Pierre Lombart. Herzog August Bibliothek Wolfenbüttel, Sign.: A1 Poet. 2°

Illustration zu: Publii Vergilii Maronis Opera, Ekloge V. Edition von John Ogilby. London 1663, S. 17. Kupferstich von Vaclav Hollar. Herzog August Bibliothek Wolfenbüttel, Sign.: A1 Poet. 2°

Bewegung. Hinter den Hirten breitet sich Arkadien aus, abgeschlossen durch Wald und Felsen. Nur der Fluß in der Mitte und sein Tal geben den Blick frei auf Stadt, Meer und Berge am Horizont. Deutliches Zeichen der antiarkadischen Welt ist eine Vertreibungsszene vor den Mauern der Stadt. Die Kleinheit der Figuren läßt den großen Abstand zum *locus amoenus* ahnen; die Unrast des Vertriebenen und Unbehausten, das sprechen die Kontraste der Gebärden und der Kleidung zusammen mit dem Haltmachen aus, kommt in der Idylle wenigstens für eine kleine Zeitspanne zur Ruhe. Markiert sind auch der Gegensatz von Stadt/Land und die naturgegebene Einzäunung des pastoralen Bezirks.

Einen sehr ähnlichen Bildcharakter hat die Illustration der »Ekloge III« – Wettstreit zweier Hirten unter der Aufsicht eines Kunstrichters –, da auch diesmal die Figurengruppe sehr beherrschend ist (Textabb.). Wiederum erklärt die Gebärdensprache die Situation des Sängerwettstreits, stört aber durch die Schärfe der Kontraste das Harmoniekonzept der Idylle. Die Bäume wirken fast als architektonischer Rahmen für die Szene, erscheinen mit ihrem unterschiedlichen Blätterwerk als dekorative Kulisse. Gleichsam im Hintergrund der Bühne breitet sich die Landschaft Arkadiens aus mit sanften Formen, leisen Übergängen und einem hellen Himmel. Nur mit wenigen Gebäuden sind Siedlung oder Stadt zitiert. Man bemerkt, wie sich alles Interesse auf den Vordergrund als den Ort des Wettkampfs und auf die Akteure konzentriert. Schon die Wahl dieses Begriffs für die Figuren mag anzeigen, daß die Muße nicht mehr oberstes Prinzip ist, sondern die Ankündigung eines Kunstereignisses.

In zwei scharf voneinander getrennte Bereiche teilt der Kupferstich von Vaclav Hollar, der »Ekloge V« illustriert (Textabb.), die Bildfläche auf: Der Vordergrund bis zur Bildmitte liegt im Schattendunkel, der Höhenraum ist hell. Im Eingang einer Felsengrotte, die mit Weinlaub und Reben umrankt ist, haben sich die Hirten einander gegenüber gelagert. Einer der Hirten trägt mit ausdrucksvoller Gebärde sein Lied vor, der andere lauscht aufmerksam. Den unterschiedlichen Rollen der Szene entsprechen Haltung und Gewänder, ja sogar das Arrangement der Hirtenstäbe: einmal beim Sänger an den Felsen angelehnt, das andere Mal hingelegt zwischen die schön angeordneten Beine und Füße. Über der Höhle öffnet sich der Ausblick in den Olymp, wo nun Daphnis zu Hause ist, von dessen Schicksal und Erhebung das Lied handelt. Der Textinhalt der Ekloge erscheint zwar mit einigen wichtigen Momenten erfaßt, die Struktur des abgeschirmten idyllischen Ortes bleibt mit Strenge gewahrt, aber alles ist ins Theatralische und Opernhafte abgewandelt. Es entstehen szenische Spannungen zwischen den Figuren und den Bereichen von unten und oben, die Vergils »Bucolica« so nicht kennt.

Die beschriebenen und kommentierten Bilder zeigen, wie trotz des stets erhaltenen Textbezugs Tendenzen sich verstärken, die von Vergils Idylle und seinem Arkadien-Entwurf wegführen in zeittypische Vorstellungen. Dennoch ist in jedem einzelnen Fall zu vermerken, daß einige bestimmende Bildmomente der dichterischen Idylle, ihre Topoi und ihr Strukturschema mit erstaunlicher Dauerhaftigkeit bewahrt bleiben. Änderungen indessen ergeben sich bei der Figurencharakteristik durch Körperlichkeit, Gebärdensprache, Haltung und Kleidung, bei der Komposition der Hirtenszene, bei der bildhaften Ausarbeitung von Kontrasten, bei der dekorativen Ausgestaltung und Ausstaffierung der Lokalität, bei der Landschaftsskizze Arkadiens und bei der Auslegung einzelner Themen.

Wie groß und weitreichend aber die Wirkung des Idyllen-Konzepts und des topographischen Schemas ist, wie konstant die Überlieferung der Topoi, das wird erst klar erkennbar, wenn man das Feld der Buchillustration verläßt und einen kurzen Blick auf die Vergil-Rezeption in der Malerei und auf Prozesse der produktiven Transformation des Idylle-Musters wirft. Natürlich muß man dazu vermerken, daß stets auch über die Vermittlung anderer Autoren, über Horaz, Ovid, Catull, Longus und in neuerer Zeit über Petrarca und Boccaccio, vor allem aber über den Hirtenroman »Arcadia« von Jacopo Sannazaro (um 1456–1530), in vollständiger Fassung erstmals erschienen im Jahr 1504[29], Impulse für die Idylle in der Malerei und die Arkadien-Darstellung gegeben wurden. Bevor das mit einigen knappen Hinweisen belegt wird, sei das antike Modell der Idylle, wie es sich nun zusammen mit den Illustrationen darbietet, noch einmal skizziert.

Die arkadische Idylle hat ihren Ort in der freien Landschaft, entfernt von menschlicher Siedlung, vornehmlich von der Stadt. Stets bildet sie einen geschlossenen Raum, der eingegrenzt ist, beschützt oder beschirmt durch Bäume, deren Astwerk, Zweige und Blätter, durch Wälder, Hügel, Berge, Felsen, Höhlen oder Flüsse. Baum, Fels und Grotte bieten Schatten, bilden Schattenplätze, die in Illustrationen nicht selten mit auffälligen Linien, scharfen Konturen als Kreissegmente oder Kreise gezeichnet sind. So entstehen im Bild unterschiedliche Felder, Abschnitte, Sektoren.

Zu den Bäumen, Sträuchern, Gräsern, Felssteinen und Felsvorsprüngen – später auch Gemäuern – kommen als Versatzstücke folgende Naturzeichen hinzu: Quelle – später Brunnen –, Bach, Fluß, See, Wasserfall, sodann Kunstgegenstände – Gefäße, Vasen, Statuen, Grabmale – und später auch architektonische Anlagen, wie Stufe, Steinbank, Laube, Tempel, Brunneneinfassungen. Zu Bach und Fluß gehört auch die Brücke.

Der Raum der Idylle breitet unter einem hellen und heiteren Himmel sich aus, an dem bisweilen Abendwolken erscheinen. In der Natur herrschen Ruhe und Stille, manchmal bewegt ein leichter Wind die Blätter der Baumwipfel. Es gibt weder Sturm, Regen, Schneefall noch Gewitter. Als Tageszeit wird der Mittag oder späte Nachmittag bevorzugt, der in den frühen Abend übergeht.

Im idyllischen Kernbezirk des Bildvordergrundes oder der Bildmitte haben die von Theokrit und Vergil eingeführten Figuren ihren Platz: Hirten, Götter, Mädchen, Nymphen, badende Frauen. Dazu gesellen sich manchmal Landleute und Fischer, aber fast immer die Tiere der Herden, Schafe, Ziegen, Rinder und, über das frühe literarische Muster hinausgehend, der Hund als Begleiter des Hirten. Die Haltung der Figuren entspricht der Idyllennatur: Man steht gestützt auf den Hirtenstab, man lehnt am Baumstamm, man sitzt am Hang, auf einer Bodenstufe oder einem Felsstein, oder man lagert sich so, daß Gespräch, Liedvortrag, Flötenspiel und aufmerksames Zuhören möglich sind. Reich variiert werden Hirtenkleidung, Hirtenstab und Musikinstrumente, unter denen Panflöte und Sackpfeife vorherrschen. Auch die Tiere gehorchen dem Gesetz der Ruhe und Muße, oft lagern sie sich und hören dem Liedvortrag oder dem Spiel zu.

Nach Motiven von Theokrit und Vergil haben Kunstgegenstände mitten in der freien Natur einen Platz: Statuen, Denkmäler, Grabsteine und Gefäße. Zusammen mit den späteren Architekturelementen sind sie deutlichste Zeichen der artifiziellen Komposition, der Kunstnatur.

Was nicht zur Idylle gehört, erscheint an einen fernen Horizont gerückt, wird nur in Durchblicken sichtbar, ist ausgegrenzt und läßt den Gegensatz zur Idylle klar erkennen. Nirgends aber stört der Ausblick auf Stadt, Arbeit, Verkehr oder Krieg die Harmonie.

Für den Humanismus und das Quattrocento in der Künstlermetropole Florenz war das Harmoniekonzept der klassischen Antike und der Idylle ein entscheidendes Kriterium des Schönen, gerade auch im Blick auf die Naturdarstellung. Die Neuschöpfung der Natur im Bild hatte dem Harmonie-Prinzip zu folgen. Da Vergils Dichtungen zum Bildungswissen des Renaissance-Künstlers gehörten, lag es sehr nahe, daß Idylle und Arkadien-Entwurf das Sehen im Prozeß der Entdeckung der Landschaft mitbestimmten und der malerischen Gestaltung der Landschaft und des Landschaftsprospekts bedeutende Impulse vermittelten. Vor allem Andrea Mantegna hat, wie Erwin Panofsky und Petra Maisak mit Hinweis auch auf das Zeugnis Vasaris in seinen Künstlerviten nachdrücklich feststellen[30], die vollkommene Schönheit eher in den Werken der

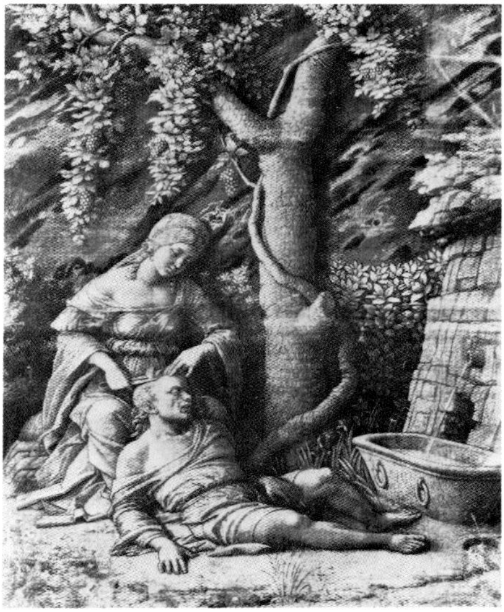

Andrea Mantegna, Samson und Dalila. Öl auf Leinwand, 47 × 37 cm. The National Gallery, London

Antike als in der realen Natur erkennen wollen und danach die Landschaftsprospekte seiner Fresken und Figurenbilder gestaltet. Ein charakteristisches Beispiel für die Aufnahme und Verwendung der Motive des idyllischen Orts bietet sein Gemälde »Samson und Dalila (Textabb.), das mit dem alttestamentarischen Inhalt – dem schlafenden Samson, dessen Haupt im Schoß der Geliebten ruht, werden die kraftspendenden Haare abgeschnitten – die Bestimmung des idyllischen Orts freilich ebenso verkehrt wie den Sinn des Lagerungsmotivs. Der Platz unter dem umrankten Baum mit Weinlaub und Reben, schützender Hecke, Brunnen und Tränke wird zur Stelle des Liebesverrats.

Anders als Leonardo, der sich entschieden an die Natur halten wollte, hat auch Raffael bei der Erfindung seiner idealen Landschaften sich immer am Harmonie-Postulat orientiert. Die bewußte Auswahl schöner Naturformen und ihre kunstmäßige Komposition öffnete bei den Nachfolgern nicht selten die Pforten für die Aufnahme von Vergils Arkadien. Programmatisch aber erfolgte das in der gleichzeitigen venezianischen Malerei, die den Schatz der schönen antiken Naturbilder gern sich aneignete und in eigenes Bildschaffen umsetzte. Aus der Vielzahl bekannter Beispiele seien Giovanni Bellinis »Madonna del Prato« und Giorgiones Landschaftshintergrund des Castelfranco-Altars genannt.

Mit den idealen Landschaftsprospekten und den symbolischen Naturzeichen geriet so das Andachtsbild in den Sog und den Bannkreis der Idylle, wenngleich sich die Bilder des christlichen Glaubens und das Arkadien Pans im Grunde ausschließen.[31] Nichtsdestoweniger tragen die antiken Topoi einen Teil ihres Sinns ins neue Bild. Ein Vergleich der Holzschnittillustration zu »Ekloge I« aus der Vergil-Edition des Jahres 1508 (Textabb. S. 49) mit Albrecht Dürers Holzschnitt »Heilige Familie unter dem Baum« (1511; Textabb.) zeigt nicht nur bei der Gruppierung der Figuren unter und um den Baum überraschende Ähnlichkeiten, sondern auch in der Kombination von Sitz- und Standposition und in der Ausführung des Baummotivs mit dem Stamm, der nur bis zu den ersten Ästen hin sichtbar ist und den Wipfel mit dem oberen Bildrand abschneidet, so daß jenes schattenspendende Blätterdach – »sub tegmine fagi« – in der Vorstellung des Betrachters vor allem durch das bekannte Vergil-Zitat präsent ist. Natürlich hat Dürer dem Andachtsbild keinen heidnischen Textsinn eingeprägt, aber er vermittelt ohne Zweifel einige Bedeutungselemente der Idylle, so das Prinzip der Harmonie, die eine Kommunikation zwischen Natur, Mensch und Gott stiftet, das Bild eines wohlbeschirmten Daseins, den Eindruck stiller Abgeschlossenheit – Fels und Haus an den Rändern im Hintergrund – und die Geste der Huldigung. Über die Brücke der wohlbekannten antiken Motive erscheint all dies in das Bild der Heiligen Familie integriert, so daß sich offenkundig eine Bereicherung des biblischen Sinns ergibt.

Nicht selten greift der Renaissance-Künstler unmittelbar auf die bukolischen Gedichte Vergils zurück oder auf die nachdichtend erweiterten und modernisierten Bilder in Sannazaros »Arcadia«. Am bekanntesten sind durch die Gemälde von Nicolas Poussin die Rückgriffe auf die fünfte Ekloge Vergils geworden mit den beiden Daphnis-Gesängen und dem Gedanken an ein künftiges Grabmal mit einer schon gedichteten Inschrift:

Albrecht Dürer, Heilige Familie unter dem Baum. 1511. Holzschnitt, 23,6 × 15,8 cm

»Daphnis ego in silvis, hinc usque ad sidera notus,
formosi pecoris custos, formosior ipse.«[32]

In seinem inhaltsreichen und wegweisenden Aufsatz »Et in Arcadia ego: Poussin und die elegische Tradition«[33] hat Panofsky die neuere Inschrift thematisiert und sowohl durch die grammatische Explikation wie die Maltradition gezeigt, daß die neuere Inschrift als Stimme des Todes zu deuten ist: »Selbst in Arkadien herrsche ich, der Tod«, oder den allgemeineren Sinn hat: »Den Tod gibt es sogar in Arkadien«.

Das ist in der Tat eine von Vergil abweichende, christlich-moderne Version der Daphnis-Vision und Daphnis-Rühmung der Hirten. Alle Bilder, auch noch das erste Gemälde mit Grabmal und Inschrift von Poussin, behalten den Sinn der Mahnung an den Tod, wenngleich dies in Poussins früher Bildkonzeption durch die engere Anlehnung an Vergil bei der Wahl der Figuren und der Gestaltung des idyllischen Orts ein wenig gedämpft erscheint (Textabb.). Doch Poussin gewinnt den antikischen Sinn des Daphnis-Grabes in der Idylle mit der zweiten Version des »Et in Arcadia ego« weitgehend zurück (Textabb.), wahrscheinlich durch das Studium Vergils und die Lektüre des Romans von Sannazaro, vielleicht auch im Zuge einer sich wandelnden Zeit. Kontemplation und fragendes Gespräch vor dem Grabmal bestimmen die Gestaltung mit den alten Idylle-Motiven. Panofsky zeigt die Beziehung zu Sannazaro, wesentlicher erscheint die Gestaltung nach dem Modell Vergils. Jene vom Hirten-Dichter geschaffene Inschrift »Daphnis ego in silvis ...« sagt nicht nur, »ich lebte einst als Hirte in den Bergen und Wäldern Arkadiens«, sondern betont die Schönheit seiner Gestalt, die zur Erhebung in den mythischen Bereich der Götter führt. Nicht nur Andenken an den Hirten, der einst hier gelebt hat, nicht nur kontemplative Vertiefung in den Gedanken der Sterblichkeit malte Poussin, sondern auch die stille Feier des Schönen und auch das dichterische Wissen um die Verewigung in Mythos und Kunst.

Das Arkadien-Bild der Neuzeit aus dem Geist Vergils hat zusammen mit Poussin, aber wirkungsreicher noch als er, Claude Lorrain geprägt. In den Hirtenbildern und Landschaften Lorrains ist das antike Arkadien als neue Kunstschöpfung und als ein neuer Bezirk des Lebens da, nicht als Wiederholung oder Erneuerung, sondern als eine neue Wirklichkeit in der Kunst, die aus der alten Dichtung freilich ihre schöpferischen Impulse erhalten hat. Seit langem hat die neuere Kunstwissenschaft die Leistung und das Werk Lorrains angemessen gewürdigt und ihn mit Recht als den Maler gefeiert, der den Begriff der Landschaft gültig ins Bild umgesetzt hat. Hier ist nur noch einmal zu sagen, daß Idylle und Arkadien-Entwurf die Landschaften Lorrains mitmodelliert haben und daß durch viele seiner arkadischen Landschaftsbilder Vergils bukolische Dichtungen vom 17. Jahrhundert bis heute lebendig geblieben sind, auch wenn die Idylle seit dem Ausgang des 18. Jahrhunderts als Dichtungsgattung und als Modell eines idyllischen Orts und eines idyllischen Lebens für die Dichter und Künstler alle Bedeutung verloren hat. Freilich schenkte die Literatur des 18. Jahrhunderts der Idylle auch als Literaturgattung noch eine späte Blütezeit, da die Naturerkundung, die Geselligkeitskultur und die Natursehnsucht des Stadtmenschen die Lust des Lesers an Schilderungen einer idyllischen Natur, anakreontischen Rokokoliedern und an erzählten Idyllen von Jahrzehnt zu Jahrzehnt steigerte.

Nicolas Poussin, Et in Arcadia ego. Um 1629–33. Öl auf Leinwand, 101 × 82 cm. The Chatsworth Settlement, Devonshire Collection

Nicolas Poussin, Et in Arcadia ego. Um 1640–45. Öl auf Leinwand, 87 × 120 cm. Musée du Louvre, Paris

Vor allem der Schweizer Dichter Salomon Geßner mit seinen reizvollen Kurzerzählungen aus der Hirtenwelt nach Mustern der alten Szenen und ihrer Figurenkonstellation vermochte ein europäisches Publikum zu fesseln und zu begeistern. Den Erfolg seiner erstmals im Jahr 1756 erschienenen »Idyllen« erreichte Geßner durch ein klar umrissenes inhaltliches Konzept. Er erzählt Geschichten mit Figuren im Hirtenkostüm oder entwirft Szenen, in denen durchgängig ein »sanftes ungestörtes Glück« herrscht. Die Schilderungen einer stillen Ländlichkeit kennen keine sozialen Spannungen und Probleme, auch nicht die Betriebsamkeit der Städte, die Emsigkeit der Arbeit, die Unrast des anwachsenden Verkehrs, die Feindschaft der Staaten. Was mit Gefühlen des Ekels verbunden ins Bewußtsein dringt von den Widrigkeiten der Zeit, wird zugedeckt mit den Schönheiten einer immer wieder sehnsüchtig aufgesuchten stadtfernen Natur. Auch das goldene Zeitalter holte er, Theokrit und Vergil verfälschend, in seine Hirtenerzählungen zurück, indem er den Figuren eine sentimentale Naivität und ein »unverdorbenes Herz« schenkte. Sehr bald auch versuchte er, sein literarisches Programm der Idylle mit Graphiken, Gemälden und Gouachen in der bildenden Kunst zu verwirklichen, da er davon überzeugt war, daß die Dichtkunst »die wahre Schwester der Mahlerey« sei. Seine Grundsätze über die wechselseitige Beziehung der Künste entwickelt er in einem »Brief über die Landschaftsmahlerey« (1770), und er behauptet an einer wichtigen Stelle: »Beyde spüren das Schöne und Grosse in der Natur auf«[34]. Mit dieser Behauptung beruft er sich auf die Dichter der Antike und in seiner Zeit auf die Gedichte von Barthold Heinrich Brockes, »Irdisches Vergnügen in Gott« (die Gedichtsammlung erschien in neun Teilen 1721–48), die er zum Vorbild wählte, während in der Malerei James Thomson (1700–1748) und Jakob Philipp Hackert (1737–1807) als Zeitgenossen, Claude Lorrain, Salvator Rosa, Philips Wouverman, Paulus Potter, Johann Heinrich Roos, Johann Franziscus Ermels und Felix Meyer als Maler des 17. Jahrhunderts ihm Muster der Landschaftsmalerei boten. Solche ausgebreiteten Studien zeigen Geßner aber fast immer nur als Nachahmer, der freilich durch sein einfaches und klares Idyllen-Konzept und durch seine zeichnerisch-graphische Begabung zu einigen bemerkenswerten Bildern die Kraft fand.

Seine gemalten oder graphischen Idyllen konzentrieren sich auf den idyllischen Platz und seine nächste Umgebung (Kat.-Abb. 1–12). Immer bilden Bäume, Felsen, Grotten oder Lauben einen Schattenbezirk an abgelegenem Ort. Bodenstufen und sanfte Hänge geben den Figuren angenehme Möglichkeiten des Sich-Lagerns. Durch Mauer- und Bauwerk wird das architektonische Moment der Idyllenkomposition entschieden betont und der Zusammenhang von Natur und Kunst programmatisch verdeutlicht. Quellen, Bäche und Wasserfälle erscheinen wie angelegt, Bäume werden zu Portalen und bilden Lauben, Seen laden im Schutz hoher Felsen zum Baden ein. Unter die Hirten und Nymphen mischen sich auch mythische Figuren, die freilich wie aus der Antike herzitiert wirken. In allen Bildern spiegelt sich das Schönheits- und Geselligkeitsideal der Zeit um 1750, wobei freilich die Naturaspekte oft auf einige der genannten Vorbilder zurückweisen und den Eklektizismus der idyllischen Landschaftsmalerei erkennen lassen. Die Wiederentdeckung und Neuwertung Salomon Geßners vor allem durch Martin Bircher hat seine Bedeutung für das 18. Jahrhundert in ein helleres Licht gerückt, aber zugleich gezeigt, wie wenig er den Geist Theokrits oder Vergils in seinen erzählten und gemalten Idyllen zu erneuern vermochte.[35]

Auch Tischbein, dessen Idyllen-Bilder Goethe so sehr gefielen, hat mit seinen tanzenden und schwebenden Nymphen und mit den Tieren am idyllischen Ort sich weit aus der arkadischen Welt entfernt.[36] Nur sein Bild »Drei Schäfer im Gespräch« (1787; Textabb.)[37] bildet eine bemerkenswerte Ausnahme, weil er vom Modell Vergils und von der Tradition der Vergil-Illustration sich inspirieren ließ. Sein Bild kann man auch zeitlich als den Schlußpunkt der an Theokrit und Vergil sich anschließenden deutschen Idyllen-Kunst in Malerei und Dichtung betrachten.

Das idyllische Epos, das durch Goethes Dichtung »Herrmann und Dorothea« (1797) und durch das Hexameter-Gedicht »Luise« (1795) von Johann Heinrich Voß ein großes Echo bei den Lesern in der Zeit vor und um 1800 fand, ist ein neues Genre mit anderer Intention: Da Arkadien verloren ist, soll das einfache bürgerliche Leben an seine Stelle treten.[38] Von Vergil freilich überliefert die neue Gattung nur das Harmonie-Ideal; denn die Ansichten des Dorflebens, die ländlichen Szenerien und das Motiv des Festes zeigen Plätze und Formen bürgerlicher Beschränktheit. Durch die realistischen Idyllen von Friedrich Müller, genannt Maler Müller, und die Anti-Idyllen von Johann Heinrich Voß war die Aufnahme der sozialen Zeitproblematik in das kleine Hexameter-Epos vorbereitet. Obwohl beide Autoren Formelemente der antiken Idylle fast pedantisch beibehalten und sich bisweilen bewußt an Theokrit anlehnen[39], sprengen sie den Rahmen der Gattung durch eine parodistische Tendenz und durch den Inhalt, so mit Momenten einer heftigen Bewegung, mit der Sinnlichkeit und Subjektivierung des Sturm und Drang, mit der Darstellung von Disharmonie, mit sozialpädagogischen und ökonomischen Themen, aber auch durch Mittel der Ironie und Satire.

Johann Heinrich Wilhelm Tischbein, Drei Schäfer im Gespräch. Öl auf Eichenholz, 33×33 cm (Entwurf 1787). Aus dem »Idyllen-Zyklus«. 1819–20. Landesmuseum Oldenburg

Friedrich Schillers scharfe Kritik an Geßner, die ihn mit den realistischen Idyllikern verbindet, veranlaßt ihn, in der Abhandlung »Über naive und sentimentalische Dichtung« (1795) das Ende der Arkadien-Periode anzukündigen und den Gedanken einer utopischen Idylle zu exponieren, die in das Land Elysium führen soll:

»Er [der moderne Dichter] führe uns nicht rückwärts in unsre Kindheit, um uns mit den kostbarsten Erwerbungen des Verstandes eine Ruhe erkaufen zu lassen, die nicht länger dauren kann, als der Schlaf unsrer Geisteskräfte, sondern führe uns vorwärts zu unsrer Mündigkeit, um uns die höhere Harmonie zu empfinden zu geben, die den Kämpfer belohnet, die den Überwinder beglückt. Er mache sich die Aufgabe einer Idylle, welche jene Hirtenunschuld auch in Subjekten der Kultur und unter allen Bedingungen des rüstigsten, feurigsten Lebens, des ausgebreitetsten Denkens, der raffinirtesten Kunst, der höchsten gesellschaftlichen Verfeinerung ausführt, welche mit einem Wort den Menschen, der nun einmal nicht mehr nach Arkadien zurück kann, bis nach Elysium führt.
Der Begriff dieser Idylle ist der Begriff eines völlig aufgelösten Kampfes sowohl in dem einzelnen Menschen als in der Gesellschaft ...«[40]

Dies Konzept lenkt ausdrücklich weg vom Modell der antiken Idylle und hin zu einer Form der dichterischen Sozialutopie.

Jean Paul ist es gelungen, einiges von der poetischen Substanz der alten Idylle zu erhalten, wenn er, wohl inspiriert durch die erste Ekloge, die Darstellung der Beschränktheit menschlicher Verhältnisse im kleinen Lebensbezirk mit dem subjektiven Bewußtsein des Glücks verbindet, so in »Leben des vergnügten Schulmeisterlein Maria Wutz« (1793), »Leben des Quintus Fixlein« (1796) und »Leben Fibels« (1811). »Vollglück in der Beschränkung« lautet Jean Pauls Definition für die erzählende Idylle.[41] Wie weit er sich damit dennoch von Theokrit und Vergil entfernt, macht der Sachverhalt erkennbar, daß immer erst das subjektive Bewußtsein der Figuren die Idylle begründet und verwirklicht.

Ludwig Tieck hat das Vorbild Jean Pauls in seiner Novelle »Des Lebens Überfluß« (1838) dadurch ein wenig näher an Vergil und die Tradition herangeführt, daß er die beiden Figuren seiner Erzählung statt unter das beschirmende Dach der Buche in den schützenden Raum einer Dachkammer versetzt, wobei es jedoch nur eine Zeitlang gelingt, sich ganz von der Gesellschaft abzuschotten und mit der Kraft der Phantasie die reale Bedürftigkeit in Überfluß zu verwandeln. Es bedarf des glücklichen Zufalls, um das Lebensglück auf Dauer zu sichern.

Wie bei Jean Paul so wirkt auch bei Tieck die Idylle nur als Idee werkbestimmend. Wenn Elemente der alten Struktur oder Motive übernommen werden, verändern sich Bild und Funktion. Indessen ist der Sprung vom idyllischen Ort unter der breitästigen Buche zum Platz unter dem Dach des Hauses nicht gar so weit, wie es den Anschein hat, da auch das Dach des Baumes im Gedicht seine Architektur erweist und sicheren Schutz im Schattenbezirk gewährt. Nur der Faktor des Subjektiven und das Moment der Innerlichkeit bewirken den großen Abstand.

Funktionswechsel, Intimität und Innerlichkeit charakterisieren auch in der Landschaftsmalerei der Romantik und der Biedermeierzeit die Tradition der Idylle. So bleibt nicht selten das Strukturmodell des idyllischen Orts mit vielen Details bewahrt, aber der Platz in der Natur dient vornehmlich dem Einzelnen als Stelle, die einen weiten Ausblick in die schöne Landschaft schenkt (Simon Warnberger, »Isartal bei Pullach«, 1832), oder als Raum eines schönen Umschlossenseins, der die ungestörte poetische Hingabe an die eigene Innerlichkeit ermöglicht (Moritz von Schwind, »Des Knaben Wunderhorn«, 1848).

Adalbert Stifter und Eduard Mörike aber gelingt es in einzelnen Werken, die romantische Subjektivität zurückzudrängen und die Idee der Idylle im Objektiven der Natur und der Dinge zu verwirklichen. Stifter macht in seiner Erzählung »Der Hochwald« (1842) die unbetretene Natur für eine Zeitlang zum idyllischen Fluchtraum einer kleinen Figurengruppe, und in »Der Nachsommer« (1857) entwirft er einen kunstvollen Gartenbezirk des Lebens für Muße und schöne menschliche Verknüpfungen. Mörikes Mozart findet in Garten und Schloß einen Ort, der schöpferische Impulse vermittelt und die schöne Möglichkeit zum Vortrag seiner Komposition im Kreis von Zuhörern, die wie in der Idylle sachverständig sind und Lob spenden können. Auch der Tod ist im Blick, und wie im alten Gedicht ist der Gedanke an ihn mit der schönen Natur, mit Baum und Wald, und mit dem Künstlertum verknüpft (»Mozart auf der Reise nach Prag«, 1856). In einigen Gedichten Eduard Mörikes erneuert die Idee der Idylle den Zauber des antiken Modells. Auch ungerufen kehrt Pan auf seinen Platz zurück, und seine Natur erleuchtet das Licht des Mythos:

»Jetzo gelehnt an den Stamm (er trägt sein breites Gewölbe
  Nicht zu hoch), ließ ich rundum die Augen ergehn,
Wo den beschatteten Kreis die feurig strahlende Sonne,
  Fast gleich messend umher, säumte mit blendendem Rand.«
(»Die schöne Buche«)

Indem der abgeschirmte Naturbezirk sich in einen magischen Kreis aus Märchen und Mythos verwandelt, wird er in Mörikes Gedicht zum Wunschort der Idylle.

Anmerkungen

1 Theokrit, Die echten Gedichte. Deutsch von Emil Staiger. Zürich und Stuttgart 1970, S. 29 (Abk.: Theokrit-Staiger)

2 Theokrit-Staiger, S. 30

3 Auf diese Differenz und Gegenbildlichkeit hat in seiner Interpretation der ersten Idylle Theokrits Gary B. Miles hingewiesen. Seine Befunde sind im folgenden berücksichtigt; freilich gelangt er im einzelnen auch zu anderer Auslegung, vgl. Gary B. Miles, Characterization and the Ideal of Innocence in Theocritus' Idylls, in: Bernd Effe (Hrsg.), Theokrit und die griechische Bukolik. Wege der Forschung, Bd. 580. Darmstadt 1986, S. 138–167, bes. S. 147ff. – Vgl. auch die Einleitung von B. Effe, S. 1–12

4 Eduard Mörike, Werke und Briefe. Bd. 8 (erster Teil). Hrsg. v. U. Hötzer. Historisch-kritische Gesamtausgabe. Hrsg. v. H.-H. Krummacher/Herbert Meyer/Bernhard Zeller. Stuttgart 1976, S. 292f. (Abk.: Theokrit-Mörike)

5 Theokrit-Mörike, S. 294/295

6 Vgl. hier und im folgenden das grundlegende Buch von Renate Böschenstein-Schäfer, Idylle. 2. Aufl., Stuttgart 1977, S. 7ff.

7 Theokrit-Staiger, S. 66

8 Theokrit-Staiger, S. 59

9 Homer, Ilias/Odyssee. In der Übertragung von Johann Heinrich Voß. Darmstadt 1962, S. 503f.

10 Erwin Panofsky, Et in Arcadia ego: Poussin und die elegische Tradition, in: Klaus Garber (Hrsg.), Europäische Bukolik und Georgik. Wege der Forschung, Bd. CCCLV. Darmstadt 1976, S. 271–305 (Abk.: Panofsky, Poussin) – Bruno Snell, Arkadien. Die Entdeckung einer geistigen Landschaft, in: Bukolik und Georgik (s. o.), S. 14–43 – David M. Halperin, Before Pastoral: Theocritus and the Ancient Tradition of Bucolic Poetry. New Haven and London 1983, S. 6ff.

11 P. Vergili Maronis Opera. Post Remigium Sabbadini et Aloisium Castiglioni recensit Marius Geymonat. Torino 1973, S. 23 (Abk.: Vergil-Geymonat) – Vergil, Landleben. Bucolica, Georgica, Catalepton. Lateinisch und deutsch. Hrsg. v. Johannes Götte. Ansbach 1949, S. 25 (Abk.: Vergil-Götte)

12 Vergil-Götte, S. 41

13 Vergil-Geymonat, S. 39

14 Vergil-Geymonat, S. 3

15 Ernst Robert Curtius, Europäische Literatur und lateinisches Mittelalter. 6. Aufl., Bern und München 1967

16 Vergil-Geymonat, S. 5 – Vergil, Hirtengedichte (Eklogen). Übersetzt und erläutert von Harry C. Schnur. Stuttgart 1976 (Reclam 637), S. 5 (Abk.: Vergil-Schnur)

17 Vergil-Geymonat, S. 5f. – Vergil-Schnur, S. 5

18 Vergil-Schnur, S. 6

19 Bertolt Brecht, Gesammelte Werke, Bd. 10, Gedichte, Bd. 3. Frankfurt/M. 1967, S. 1012

20 Vergil-Götte, S. 29

21 Vergil-Geymonat, S. 41 – Vergil-Schnur, S. 29

22 vgl. Böschenstein-Schäfer (Anm. 6), S. 9 und 13

23 Zur Frage der Muße in der Idylle vgl. Renate Böschenstein-Schäfer, Arbeit und Muße in der Idyllendichtung des 18. Jahrhunderts, in: Goethezeit. Festschrift für Stuart Atkins. Hrsg. v. G. Hoffmeister. Bern und München 1981, S. 9–30

24 Virgilius, Opera. Bucolica Georgica Aeneis. Manoscritto 492 della Biblioteca Riccardiana di Firenze. Firenze 1969 – Vgl. dazu Bernd Schneider, Vergil. Handschriften und Drucke der Herzog August Bibliothek Wolfenbüttel. Braunschweig 1982, S. 24 (Abk.: Vergil, Handschriften und Drucke)

25 Vgl. dazu und zur Vergil-Illustration Werner Suerbaum, Ein neuer Aeneis-Zyklus: darkness visible, in: Anregung, Zeitschrift für Gymasialpädagogik, 29, 1983, S. 1–25

26 Vergil, Handschriften und Drucke, D6, S. 67

27 Vergil, Handschriften und Drucke, D32, S. 87 und 90

28 Vergil, Handschriften und Drucke, D40, S. 94

29 Vgl. dazu Hellmuth Petriconi, Das neue Arkadien, in: Europäische Bukolik und Georgik (Anm. 10), S. 181–201

30 Petra Maisak, Arkadien. Genese und Typologie einer idyllischen Wunschwelt. Frankfurt/M. und Bern 1981, S. 75 und Anm. 319 (Abk.: Maisak, Arkadien)
31 Maisak, Arkadien. S. 76–90
32 Vergil-Geymonat, S. 26
33 Panofsky, Poussin, S. 271 ff., bes. S. 293 ff.
34 Salomon Geßner, Idyllen. Kritische Ausgabe. Hrsg. v. E. Theodor Voss. Stuttgart 1973 (Reclam 9431–35), S. 177 ff., bes. S. 190
35 Maler und Dichter der Idylle. Salomon Geßner. 1730–1788. Ausstellungskatalog der Herzog August Bibliothek Wolfenbüttel. Braunschweig 1980 – Martin Bircher/Bruno Weber, Salomon Geßner. Zürich 1982
36 Johann Heinrich Wilhelm Tischbein, Idyllen. Hrsg. v. P. Reindl. Dortmund 1982. Darin auch: Johann Wolfgang Goethe, Wilhelm Tischbeins Idyllen, S. 129 ff. In seinen Bemerkungen über Tischbein erklärt Goethe, und das gilt für seine Ansicht und Wertung der Idylle überhaupt: »Alle kunstreichen idyllischen Darstellungen erwerben sich deshalb die größte Gunst, weil menschlich-natürliche, ewig wiederkehrende, erfreuliche Lebenszustände einfach-wahrhaft vorgetragen werden, freilich abgesondert von allem Lästigen, Unreinen, Widerwärtigen, worein wir sie auf Erden gehüllt sehn.« (S. 136)
37 Tischbein, Idyllen (Anm. 36), S. 78/79
38 Vgl. dazu Helmut J. Schneider, Gesellschaftliche Modernität und ästhetischer Anachronismus. Zur geschichtsphilosophischen und gattungsgeschichtlichen Grundlage des idyllischen Epos, in: Hans Ulrich Seeber/Paul Gerhard Klussmann (Hrsg.) Idylle und Modernisierung in der europäischen Literatur des 19. Jahrhunderts. Bonn 1986, S. 13–24
39 Böschenstein-Schäfer (Anm. 6), S. 95 ff.
40 Schillers Werke. Nationalausgabe, Bd. 20. Unter Mitwirkung von Helmut Koopmann hrsg. v. Benno von Wiese. Weimar 1962, S. 472
41 Jean Paul, Werke. Bd. 5. Darmstadt 1973. Vorschule der Ästhetik, § 73, Die Idylle, S. 257 f.: »Wenigstens eine kleine epische Gattung haben wir, nämlich die Idylle. Diese ist nämlich epische Darstellung des Vollglücks in der Beschränkung.«

Bernhard Kerber

Zyklisch-ungeschichtliche und teleologisch-geschichtliche Geschichtsauffassung in Nicolas Poussins »Jahreszeiten«

Zu den großen Leistungen Nicolas Poussins und Claude Lorrains, der Exponenten des französisch-römischen Seicento, zählt die Kunstgeschichte die »religiöse Pastorale«. »Das biblische Sujet wird [so] vollkommen in ein pastorales Ambiente eingebunden« und mit arkadischen Elementen durchdrungen, daß schließlich »das eigentliche Thema zum Nebenmotiv und Arkadien zum bildbestimmenden Faktor wird«[1]. Der in der Thematik schon manifestierte Widerspruch zwischen paganer Naturgeschichte und christlicher Heilsgeschichte ist aber in der Forschung nicht gesehen, geschweige denn ausgetragen worden, vielmehr hat man diese Legierung entgegengesetzter Bedeutungen ohne Frage akzeptiert. So erklärt beispielsweise – und zunächst durchaus zutreffend – Petra Maisak[2], es handele sich bei Claude um eine *belle nature,* »in der das szenische Geschehen auf reine Zuständlichkeit reduziert ist, auf ein zeitloses, ereignisarmes Sein, in einer friedlichen, stimmungsvollen und poetischen Welt«. »Von dieser Thematik aus ergibt sich notwendig wieder das Postulat einer idyllischen Naturauffassung und Bildkonzeption, die Claude demnach mit einer solchen Vollkommenheit gestaltet, daß die Folgezeit ihn als mustergültiges Vorbild betrachtet.« Vergleichbar formuliert Steingräber[3]: »Claudes Landschaften sind Abglanz der vom Schöpfer durchwirkten und in sich vollkommenen Welt.« Ist diese »signifikante Verbindung von Wunschraum und Wunschzeit zu einer totalen Wunschwelt« (Maisak) wirklich so nahtlos? Verstellt das Verharren in der glückhaften Anschauung der Konstanz im Wandel die Antagonismen zwischen christlich-linearer und zyklisch-paganer Geschichtsvorstellung?

In einem berühmt gewordenen Aufsatz hat Willibald Sauerländer 1956 aufzeigen können, daß der zwischen 1660 und 1664 entstandenen Bilderfolge der »Jahreszeiten« von Nicolas Poussin, die man bis dahin »als reine Naturdarstellung hingenommen hatte«[4], ein allegorischer Sinn innewohnt.

Um zu einer neuen Fragestellung zu gelangen, ist es notwendig, Sauerländers Ergebnisse möglichst mit seinen Worten zusammenzufassen. Poussins arkadisch-heroische Landschaften werden durch Staffagefiguren als biblische Historienbilder benennbar. Es sind: »Der Frühling, oder: Das Irdische Paradies«, »Der Sommer, oder: Ruth und Boas auf dem Felde«, »Der Herbst, oder: Die Heimkehr der Kundschafter aus dem Gelobten Lande« und »Der Winter, oder: Die Sintflut« (Textabb.). Indem Sauerländer die alttestamentlichen, mit Ausnahme des »Winters«, idyllisch gefaßten Themen typologisch liest, gelingt es ihm, ihren eigentlichen Sinn zu entziffern. Für den »Frühling« verbirgt sich »in der Stellung Adams unter dem Stamm des Erkenntnisbaumes [...] der Hinweis auf Adam und Christus, den Baum der Erkenntnis und den Baum des Lebens. Im Bilde des Paradieses aber liegt als Verheißung einbeschlossen das Bild der kommenden Kirche«. Das Gemälde meint »den Anbruch der Heilsgeschichte: den Stand des Menschen

›ante Legem‹«. Für den bukolischen »Sommer« kommt Sauerländer zu folgender Auslegung[5]: »Zur Rechten der Stein, der an jenes ›Petra Deserti‹ erinnert, von welchem Ruth zu ihrer verheißungsvollen Wanderung aufgebrochen war. Es folgt der über die Schnitter gesetzte Knabe, der die ›praepositi Ecclesiae‹ vorbildet und mit einer von Musik begleiteten Verneigung die feierliche Sprache der Liturgie aufnimmt. In der Mitte kniet Ruth, die Sponsa, die am Ziel ihrer Wanderung angekommen ist, vor ihrem neuen Herrn, vor Boas-Christus. Über ihr erscheint als Krönung der Gipfel des Mons Sion, und die ganze Gruppe wird schließlich überschattet von dem Wipfel eines Baumes, dessen kräftiges Wachstum dem mächtigen Geschlechte Davids gleicht, aus welchem einst der Erlöser erstehen wird. [...] Die Ähren, welche Ruth, die Sponsa, aus dem Acker des Boas gesammelt hat, sind nicht nur die Früchte des natürlichen Sommers, sondern Opfergabe der Kirche: Leib Christi unter der Gestalt des Brotes.« »Die beiden ersten Bilder [...] wollen also sichtbar werden lassen, daß [...] in der Heilsgeschichte auf das Paradies die Kirche folgt, auf die Ursünde Adams und Evas der Bund des Neuen Adam mit der aus den Heiden erwählten Ecclesia: Der Sommer aber [...] meint ein Besonderes: jetzt, sub gratia, ist das Heil des gefallenen Menschen auf die Kirche gegründet.« Im Herbst-Bilde ist »die Traube, welche von den Kundschaftern an einem Stock aus dem gelobten Lande heimgetragen wird, ein Typus für den am Kreuzesholze hängenden Christus«[6]. »Leitete der Sommer unter den Bildern von Korn und Brot den Hinweis auf das eucharistische Opfer ein, so bringt der Herbst die Erfüllung. Zum Brote als dem Bilde des Leibes Christi gesellt sich die Traube als Bild seines am Kreuze vergossenen Blutes.« »In dem kahlen Baum am linken Bildrand und dem fruchttragenden über der Traube sind der Baum der Erkenntnis auf dem in der Stunde von Golgatha gerissenen Felsen und der Baum des Lebens einander entgegengesetzt. An die Stelle des verlorenen Ersten Paradieses im Frühlingsbild tritt nun im Erlösungsopfer Christi das Neue Paradies mit dem Baum des Lebens, dem mystischen Apfelbaum des Hohen Liedes. In der Frau auf der Leiter und der Korbträgerin wird auf ›populus gentium‹ und ›populus judaicus‹ angespielt.«[7] »Die Sintflut im Winterbild öffnet eschatologische Horizonte.« »[...] jene Figuren, die [...] sich aus eigener Kraft zu retten suchen«, sind die »Haeretici et infideles«, die Arche ist die »Ecclesia triumphans«. »Als sakramentales Zeichen« erscheint »der allein in der abgestorbenen Natur noch grünende Ölbaum«. »Poussins Jahreszeitenzyklus, der unter dem Gleichnis der sich wandelnden Natur die ganze Heilsgeschichte umspannt, schließt also mit dem Thema: ›Extra ecclesia nulla salus‹.«[8] Paradies und Hölle werden – so könnte man sagen – prä- und posthistorisch austauschbar.

Nun hat allein Kurt Badt sich ausführlicher mit Sauerländers Thesen auseinandergesetzt und sie entschieden abgelehnt. Badt versteht seine Methode als Ätiologie und setzt sie in Gegensatz zur bisher von der Kunstwissenschaft angeblich praktizierten Symptomatik. Er erhebt die an sich zu bejahende Forderung, Kunstwerke zu erklären aus der »seelisch-geistigen Verfassung des Künstlers« und »seiner Interpretation der ihn umgebenden Umstände«. Den »spontanen Quellgrund« Poussins erklärt Badt zu einem gänzlich paganen: »Für auserwählte Naturen späterer Jahrhunderte ist das Sein der Götter aufs neue ansichtig und in seiner Göttlichkeit darstellbar

Nicolas Poussin, Vier Jahreszeiten. 1660–64. Öl auf Leinwand, jeweils 118 × 160 cm. Musée du Louvre, Paris ▷

Der Frühling, oder: Das Irdische Paradies

Der Sommer, oder: Ruth und Boas auf dem Felde

Der Herbst, oder: Die Heimkehr der Kundschafter aus dem Gelobten Lande

Der Winter, oder: Die Sintflut

geworden. Poussin gehörte zu ihnen.« In einer schönen Wendung definiert Badt Poussins besondere Auffassung der Antike als »Identität von Natur und Geist« und damit als Schau einer »intakten Natur«. Nach Badt ist die Grundproblematik der Kunst Poussins »seine Stellungnahme zum Problem des Verhältnisses von Christentum und antiker Religiosität«. Poussin habe Christus »als einen Gott unter anderen Göttern verstanden und dargestellt«. »In der Person Poussins hatte [. . .] eine Begegnung zweier Kulturen stattgefunden, und sie hat es nicht nur ermöglicht, sondern wohl auch erzwungen, daß seine Kunst auf dem Niveau einer höheren Religion sich hat ausbilden können. Sie konnte sich nicht mit der Fortsetzung, nicht mit der literarischen Umdeutung und Assoziation einer religiösen Richtung ins Extreme begnügen wie der römische Barock. Sie bedurfte als Begegnung einer echten originalen Schau des Religiösen, die sie hervorbrachte, um sich zu verwirklichen.« Für Badt ergibt sich aus dieser Position die Notwendigkeit, theologische Themen bei Poussin jeweils dem Auftraggeber oder einem Berater, nicht aber dem Künstler zuzuordnen. »Wie er die ihm aufgegebenen Themen gestaltete, das allein ist sein künstlerisches Eigentum.« Im Falle der »Jahreszeiten« ist der Auftraggeber der Herzog von Richelieu, ein Neffe des Kardinals; wir wissen nichts über seine religiöse Haltung. Badt interpretiert den Gott der »Jahreszeiten« als »Jahwe nach der Idee Jupiters als innerweltlich wirkenden Herrschers, Ordners und Stifters« und setzt sie damit in einen totalen Gegensatz zur christlichen Kunst der Zeit, die sich nach Badt – doch wohl zu einseitig – durch ein »laut oder leise vorgetragenes Leidens- oder Erlösungspathos« definiert.[9]

Man wird Badt einen gewissen Widerspruch zu seiner eigenen Methode nicht abnehmen können. Die Identitätssetzung zwischen Poussins Denkweise und antiken Vorstellungen wird man in ihrer unproblematischen Fraglosigkeit ablehnen müssen. Badt sieht sicher zu einseitig den Wesensgrund Poussins als einen unverändert-paganen und Poussins Verhältnis zu den Zeitumständen als ein zu einseitig von ihm aus auf Umschmelzung gerichtetes. Es wäre sehr merkwürdig, wenn die christlichen Zeitumstände die antikische Denkweise nicht modifiziert haben sollten. Jene zwiespältige Formulierung, »Poussin, als Mensch und Bürger ein Christ, als Künstler ein gläubiger Heide«, werden wir nicht bejahen können.

Wir müssen von neuem ansetzen, um von Badts antagonistischer zu einer mehr bipolaren Vorstellung zu gelangen.

Die Einmaligkeit des »Jahreszeiten«-Zyklus schränkt Sauerländer insofern ein, als er mittels zahlreicher Belege feststellt: »Die allegorischen Bildinhalte, von denen hier gesprochen wurde, waren zumal in der ersten Hälfte des siebzehnten Jahrhunderts weithin zuhanden.«[10] Man mag sich in diesem Zusammenhang erinnern, daß Bossuet 1681 zum letzten Male eine heilsgeschichtliche Deutung des Weltgeschehens gab (»Discours sur l'histoire universelle«).

Hinzufügen darf man, daß auch die Integration emblematischer Anspielungen in einen ganz und gar anschaulichen Charakter, daß die *Allégorie réelle* ein zentrales Anliegen fast aller großer Meister des 17. Jahrhunderts war. Unter diesem Aspekt stellt sich Poussin völlig in den Horizont der Zeitintentionen. Festzuhalten bleibt, daß Poussin mittels komplexer Sinnbezüge und formaler Vollendung ein besonders hochrangiges Beispiel dieser *Allégorie réelle* schafft.

Doch selbst die von Sauerländer als »das Einzigartige« behauptete Verbindung von »geschichtlich zurückliegender transzendenter Weltvorstellung mit dem neuzeitlichen Bild der

Landschaft« wurde vielleicht bereits kurz zuvor in Lorrains »Tageszeiten« geleistet. Lorrain bettet dort in die zyklische Abfolge von Landschaften biblische Themen ein (Morgen: Jakob und Rahel, Mittag: Ruhe auf der Flucht, Abend: Tobias und der Engel, Nacht: Jakob und der Engel). Allerdings fehlt diesen Themen ein zur Geschichtsvorstellung zusammenschließendes *Tertium comparationis.*[11] In ihrer betonten Zuständlichkeit sind sie deutlicher Idyllen als Poussins Arbeiten.

Es ist sicher zu einfach, wenn Badt gegen Sauerländer polemisiert, man verliere »den Boden unter den Füßen«, wenn man beginne, »jenseits der in der sinnlichen Wahrnehmung sofort erschaubaren Schicht« zu suchen. Gewiß ist Poussins Größe »durchaus für die Augen faßbar«, allein man wird sich fragen müssen, ob sie vollgültig verbalisierbar ist, wenn man sich auf die Anschauung beschränkt. Bleibt man mit Badt bei den durch den anschaulichen Charakter abgesteckten Interpretationsgrenzen stehen, so bleiben der Formanalyse und ihrer Projektion auf den »Wesensgrund des Künstlers« gewiß große Aufgaben, doch wird man im Falle der »Jahreszeiten« nicht darüber hinaus kommen, eine »Übereinstimmung von menschlicher Gestalt und Landschaft« aufzuweisen, die »allein auf einer griechisch-römischen Auffassung der Welt, des schön geordneten Kosmos und von der Vorstellung des in der Weltseins einer von Göttern belebten Welt beruht«[12]. Man wird sich – im Gegensatz zu Badts Methodik – einer transanschaulichen Sinnschicht der »Jahreszeiten« zuwenden müssen, um dann Anschauung nicht nur auf ihre Leistung, sondern auf ihren Sinn hinterfragen zu können. Es fällt dem Leser auf, daß Sauerländer nach seiner tiefgreifenden Untersuchung der heilsgeschichtlichen Typologie der alttestamentlichen Historien Halt macht. Für die »Jahreszeiten« nimmt er lediglich die rein anschauliche Bedeutung »Natur« an. Die Frage nach einem besonderen Sinn auch dieser zweiten Problemhälfte, der biblischen Historien, wird nicht gestellt. Nach Sauerländer leisten die »Jahreszeiten« als »Natur« lediglich die Überführung der Allegorie aus der emblematischen Sphäre in die Anschaulichkeit.

Den »Jahreszeiten« einen transanschaulichen Sinn zu geben, hat kurz vor Badt Anthony Blunt versucht[13]: »Der Künstler ist allein mit der Natur und versteht ihren tiefsten Sinn. [...] Durch seine vollkommene Humilitas, durch seine Selbstauslöschung, durch seine Weigerung, irgendwelche Tricks anzuwenden oder irgend etwas überzubetonen, ist es Poussin gelungen, sich selbst mit der Natur zu identifizieren, der Natur als Manifestation göttlicher Vernunft. Die ›Jahreszeiten‹ gehören zu den hervorragendsten Beispielen pantheistischer Landschaftsmalerei.« Ist diese Deutung präzise genug? Muß nicht wie für die biblischen Historien so auch für die »Jahreszeiten« die Frage gestellt werden: Welcher allegorische Sinn kommt ihnen zu?

Die Geschichte der Jahreszeiten-Darstellungen in der Antike haben Hanfmann[14] und Matz[15] untersucht. Neben den vielfältigen, meist durch Eroten vertretenen Personifikationen ist in unserem Zusammenhang allein wichtig der von Hanfmann so genannte »Panoramatyp«, welcher die Jahreszeiten durch typische Beschäftigungen[16], wie zum Beispiel Jagd und Ernte, im Naturrahmen darstellt und somit eine Vorform der Verkörperung der Jahreszeiten durch Landschaften darstellt. Im Mittelalter wird dann der Landschaftsrahmen eliminiert und findet erst im 17. Jahrhundert, besonders in den Niederlanden, wieder Eingang in die Ikonographie der Jahreszeiten, obwohl er für Monatsbilder seit dem 15. Jahrhundert benutzt wurde.

Wie Hanfmann und Matz nachgewiesen haben, sind bereits in ihrer Entstehung die Jahreszeiten verknüpft mit dem Gedanken der ewigen Wiederkehr des Gleichen, der Konstanz im Wandel und bieten sich daher als Allegorien der Unsterblichkeit an. Hier manifestiert sich der für die Idylle spezifische unreflektierte Zeitstillstand.

In dem von Matz als Urform angesprochenen Typ bringen Jahreszeiten als Eroten ein Totenopfer einem apotheosierten Fürsten (ab Ende 2. Jh. v. Chr.). Auch die frühchristliche Literatur und Kunst bedient sich dieser Idee als Hinweis auf das ewige Leben und die Auferstehung. Voraussetzung für die Überführung der auf immer neue Wiedergeburt gerichteten zyklischen Vorstellung der Antike in christliches Gedankengut ist dabei die Ablösung des Erneuerungsgedankens von der zyklischen Wiederkehr und seine in eben dieser Ablösung perspektivische Fruktifizierung für die Erlösungsvorstellung, worüber zum Beispiel Tertullian handelt (»De resurr. carn.«, XII, Pl II 810–811).

Damit kann die Jahreszeiten-Allegorie nicht nur für den Übergang ins Ewige Leben, sondern auch für die Geburt zum Neuen Leben in der Taufe nutzbar gemacht werden. Selbstverständlich werden die Jahreszeiten als Bestandteil der Schöpfung den großen eschatologischen Programmen des Mittelalters integriert. Peter Springer hat diese Synthese mit schönen Formulierungen bedacht[17]: »Die Erkenntnis des geordneten Weltganzen [...] in einer kosmologischen Gesamtschau mit der in dem alles umfassenden planvollen Schöpfungswerk vollzogenen Selbstoffenbarung des Logos-Creators in seiner Weisheit zu verbinden, berührt ein zentrales Interesse der christlichen Spekulation.« »Der ordo als ontologischer Relationsbegriff bezeichnet das im-Wirken-Gottes-Stehen, sofern alles Geschaffene von Gott ausgeht und zu Gott hinführt.« »Die Jahres-Zeiten als ein Medium der Selbstoffenbarung des Schöpfers ist die für den Menschen überschaubare, übergreifende Einheit der Erscheinung des zeitlichen Wandels per circulum anni in seiner konstanten Inkonstanz und Annus seine Personifikation. In einem christozentrischen Weltbild kann das Verhältnis Christus/Annus ... als eine komplementäre Identität umschrieben werden.«

Indem wir andere Bedeutungen übergehen, wenden wir uns jenen ikonologischen Gehalten zu, die eine Analogiestruktur zum heilsgeschichtlichen Verständnis der biblischen Themen in Poussins Jahreszeiten-Bildern aufweisen. Poussin am nächsten kommen die Formulierungen des Zeno von Verona (PL 11, 500–502): »Ver sacrum fontem debemus accipere«, »Aestas autem fidelis est populus«, »Autumnus quoque martyrii locus est« und »Hiems ad eos pertinet qui idolatriae deservientes«.

In Zenos unproblematischer Verbindung der zyklischen Jahreszeiten und teleologisch-utopisch orientierter Entwicklung, also in der noch unreflektierten und undialektischen Gleichsetzung von Naturgeschichte und Heilsgeschichte, werden zwei Vorstellungen verknüpft, die kurz darauf Augustinus in der Polemik gegen die antike Philosophie mit durchdringender Blickschärfe als unvereinbar erkannte. Seine Ideologie des absoluten Neubeginns lautet (»De civitate Dei«, XII, 20): »Die Philosophen dieser Welt glaubten, die Streitfrage [über den Ursprung der Welt] nicht anders auflösen zu können oder zu wollen, als daß sie Zeitumläufe einführten und behaupteten, daß sich in der Natur der Dinge stets das Gleiche erneuert und wiederholt habe und daß auch fernerhin die kommenden und vergehenden Weltperioden unaufhörlich ihre Kreise ziehen würden, sei es, daß diese Umläufe sich bei fortbestehender Welt abspielen, sei es auch, daß die in gewissen Zwischenräumen entstehende und vergehende Welt immer wieder dasselbe, als wäre es neu, hervorbringt, was längst schon war und auch künftig sein wird. An diesem Possenspiel lassen sie auch die unsterbliche Seele teilhaben, selbst wenn sie die Weisheit in sich aufgenommen. [...] Ausgeschlossen, so etwas zu glauben. Denn einmal nur ist Christus für unsere Sünden gestorben. [...] Auf jene aber treffen, wie ich meine, die [...] Worte zu: ›Im Kreise laufen die Gottlosen herum‹, nicht als ob ihr Leben in jenen vermeintlichen Kreisläufen sich künftig wiederholen würde, sondern weil schon jetzt ihr Irrtumspfad, das ist ihre falsche Lehre, sich im Kreise dreht. [...] So wollen wir denn den rechten Weg erwählen, den einzigen, den es für uns gibt: Christus. Ist er unser Führer und Heiland, werden wir den Glaubenspfad nicht verlassen und unseren Geist abwenden von der eitlen und törichten Kreisbewegung der Gottlosen. [...] Wenn nämlich die Seele erlöst, und zwar zum ersten und einzigen Male erlöst wird, ohne noch einmal in das Elend zurück zu müssen, geschieht ihr etwas Neues, was es noch nie zuvor gab, etwas gewaltig Großes: Die ewige Glückseligkeit, die kein Ende nimmt, wird ihr zuteil.« Augustinus sieht hier also in großartig klaren Metaphern die zyklisch kreisende, im Seins-Denken gebundene Geschichtsvorstellung der Antike, welche aus der Naturbeobachtung der ewigen Wiederkehr der Jahreszeitenfolge, letztlich einem idyllenspezifischen raum-zeitlichen Stillstand, resultiert und deren Gottesvorstellung also eine animistisch-epiphanische ist, aufgebrochen durch die einmalige Erlösungstat Christi und personalapokalyptisch und vor allem teleologisch in Verheißungsdenken linear gewendet auf die ewige Glückseligkeit hin.[18]

Anachronistisch argumentiert, verleiht Poussin der jahreszeitlichen Idylle genau jene Dimension Hoffnung, die Schiller[19] an ihr vermißte. Die »[Idyllen] führen uns [...] theoretisch rückwärts, indem sie uns praktisch vorwärts führen und veredeln. Sie stellen unglücklicherweise das Ziel hinter uns, dem sie uns doch entgegenführen sollten, und können uns daher bloß das traurige Gefühl eines Verlustes, nicht das fröhliche der Hoffnung, einflößen«.

Die Idylle wird zu ihrer Liquidierung erlöst. Verstand man die Idylle seit Theokrit als irdisches Paradies, so erlaubt die »ewige Glückseligkeit« die partielle Interferenz von profaner und religiöser Idylle.[20]

Angewandt auf Poussins »Jahreszeiten«, heißt dies: In der Unterlegung der »Jahreszeiten«-Folge mit einem heilsgeschichtlichen Sinn werden ursprünglich diametral entgegengesetzte Bedeutungsinhalte legiert. Voraussetzung für die ideelle Verschmelzung ist die Nutzbarmachung der antiken Idee für die Heilsgeschichte in der frühchristlich-mittelalterlichen Uminterpretation. Wir müssen uns fragen: Wie verhält sich in Poussins Intentionen der *circuitus rerum* zur Teleologie der Heilsgeschichte?

Bedeutsam und spezifisch für die Höhe Poussinschen Denkens ist die Tatsache, daß hier nicht die Ablösung eines Systems durch ein anderes gemeint ist. Es handelt sich bei Poussin auch nicht einfach um Seins-Negation unter dem Horizont der Apokalyptik. Vielmehr rückt das zyklische Geschehen unter den Aspekt der Erlösung. Im Sinne Augustins wird die Erfüllung der Geschichte in der durch Natur bestimmten Welt als Inkarnation ausgetragen. Die geschichtskonstituierende Dichotomie von Zyklus und Teleologie ist überwunden.

Deshalb muß darauf geachtet werden, daß eine Sinndeutung der alttestamentlichen Historien Poussins nicht bei ihrem allegorisch-typologischen Sinn stehenbleibt, also etwa auf der Stufe mittelalterlicher Konkordanzen wie der »Biblia pauperum«, vielmehr sind diese Geschehnisse ganzheitlich unter heilsgeschichtlichem Aspekt zu betrachten. Als Zitat in Poussins Bildern haben sie nicht nur einen Verweisungscharakter, sondern der heilsgeschichtliche Sinn ist ihnen unter dem Horizont der Erlösung immanent. Mittels dieser Immanenz aber werden die Metaphern konkret. Selbstverständlich erleichtert dies ihr Aufgehen in der *Allégorie réelle.*

Das gleiche gilt für die »Jahreszeiten«. Indem sie aus der idyllischen Zuständlichkeit (Stabilität) zur Heilsgeschichte gerückt werden, sind sie nicht mehr die bloßen Symbole frühchristlicher Zeit. Poussins Denken ist nicht restaurativ. In der Verschränkung mit heilsgeschichtlichen Aspekten wird auch die Natur auf die Erlösung hin geöffnet. Damit wird der der Allegorie sonst innewohnende Zwiespalt zwischen Gestalt und Symbolgehalt versöhnt. Die Analogiestruktur der Bildwelt wird in ihrer Realstruktur aufgehoben. Dies wird verständlich, wenn man mit Rolf Wedewer annimmt, daß »eine Voraussetzung utopischer Momente die über die Korrelation geleistete Vermittlung der Idylle an die Gegenwart« sein dürfte. Das heißt: Die Ausblendung des Geschichtlichen im idyllischen Stillstand, die selbst geschichtsbedingt ist, ist zwar im Motiv evident, nicht aber im absoluten Sinne thematisch.[21] Der Idylle als retrospektive Utopie kontrastiert Heilsgeschichte als utopische Möglichkeit.

Hier müssen wir anmerken, daß diesem heilsgeschichtlichen Verständnis der »Jahreszeiten« von französischer Seite scharf widersprochen worden ist. Besonders Jacques Vanuxem[22] wendet sich, auf Sauerländer Bezug nehmend, gegen die allegorische Auslegung der »Jahreszeiten« und ebenso auch gegen die von uns vorgenommene Parallelsetzung zu Bossuet. Er hält Poussin für einen säkularisierten Humanisten, dem es in seinen Werken um Verschmelzung christlicher Ideengehalte mit antikem Gedankengut gegangen sei.

Weiterhin darf ein Hinweis eingefügt werden, der auf einer Erkenntnis von Jauss[23] basiert. Bekanntlich kann man den Gedanken historischen Fortschritts als Säkularisierung linear gedachter Heilsgeschichte verstehen.[24] Jauss hat nun auf das schon 1575 erschienene Buch »De la Vicissitude au Variété des Choses« von Le Roy »als großartigstes Beispiel einer [. . .] Verbindung von zyklischer Geschichtsvorstellung und humanistischer Fortschrittsidee« hingewiesen. »Perfection erscheint hier als Konvergenzpunkt zwischen Naturbild und Geschichtsauffassung: der Prozeß des organischen Wachstums und die Erfahrung von Aufstieg und Niedergang der Kulturen treffen sich in der gemeinsamen Vorstellung eines Gipfelpunktes der Vollendung, der dem natürlichen wie dem geschichtlichen Ablauf Ziel und Sinnerfüllung gibt.« »Es ist also keineswegs so, daß die neue, von den ›Modernes‹ verfochtene Theorie des geschichtlichen Fortschritts der Menschheit mit einem Mal das alte, zyklisch geordnete Geschichtsbild des Humanismus abgelöst hätte.«

Wir haben hoffentlich zeigen können, daß transanschauliche »Symbolfigur« und anschauliche »Bildfigur« identisch sind. Somit wird Inhalt in reine Natur eingeschmolzen, nicht aber aufgelöst, wie Vanuxem behauptet. Die Integration anschaulicher Natur und unanschaulicher Inhalte ist erreicht. Inhalt und Natur werden einheitliche Welt, oder mit Günter Fiensch zu reden: »Sinn und Wesen der heilsweisenden verschlüsselten Dinge« wird »Sinn und Wesen der gesamten Welt«[25]. Die Analogiestruktur der Bildwelt wird in ihren Realstrukturen aufgehoben. Auf der Ebene der Sinndimension wird Natur als Austragungsort für die Erfüllung der Geschichte manifest. Der zielorientierte Glaubenspfad der Heilsgeschichte durchkreuzt die zyklische Kreisfigur der Idylle.

Abschließend soll versucht werden, Anschauung und transanschaulichen Sinn in ihrem Verhältnis noch einmal zu präzisieren.

I. Im anschaulichen Charakter treffen zwei Seinsschichten der Bilder zusammen:
   1. das einzelne Landschaftsbild als Natur,
   2. die Darstellung der Jahreszeiten in zyklischem Zusammenhang der vier Landschaftsbilder.

II. 1. Daß die Staffagefiguren biblische Szenen darstellen, muß vorgewußt werden, gehört also bereits einer überanschaulichen Sinnschicht an (Lorrain).
   2. Mit dieser ersten überanschaulichen, die Malerei übersteigenden Sinnschicht interferiert in einer zweiten Stufe der typologische Bildsinn. Er integriert die vier Bilder in ihrer überanschaulichen Sinndimension zu einer teleologisch, nicht zyklisch orientierten Einheit (Sauerländers Deutung).
   3. Parallel dazu läuft der allegorisch-zyklische Sinn der »Jahreszeiten«-Folge.

III. Auf einer dritten Ebene werden die Bildfiguren des anschaulichen Charakters (I) und die Symbolfiguren des überanschaulichen Sinns (II), werden Zyklus und Teleologie in konkreten Metaphern legiert. Ich darf wiederholen: Die Analogiestruktur (II) der Bildwelt wird in ihrer Realstruktur (I) aufgehoben. Auf der Ebene der Sinndimension wird Natur als Austragungsort für die Erfüllung der Geschichte manifest.

Das eigentlich künstlerische, über das rein gedanklich hinausgehende Problem liegt auf der Ebene der Interferenz zwischen anschaulichem und transanschaulichem Sinn. Dieses Integral setzt Malerei als zeitindifferentes Medium voraus. Anschaulicher und überanschaulicher Sinn sind als jeweils einzelne denkbar. Dagegen leistet erst die Legierung von Bild- und Symbolfigur in der Anschauung zyklischer komponierter Landschaften die Realisierung der Interferenz zwischen heilsgeschichtlich-linearem und naturgeschichtlich-zyklischem Geschichtsbild. In der Eingrenzung der Leistung auf dieses Medium erhält Anschauung als Anschauung ihren Sinn. Zusätzlich darf man sagen, daß die im ästhetischen Medium geleistete Einschmelzung der Sinndimension in die Anschauung dem Betrachter die Begrenzung auf eben diese Anschauung erlaubt. Corots Ausruf vor den »Jahreszeiten«, »voilà la nature«, ist möglich, da er die Sinndimension nicht belastet.

Auch Philipp Otto Runges vier »Tageszeiten« verbinden den Naturzyklus mit dem linear strukturierten Thema der Heilsgeschichte. Nach Runges Bruder Daniel[26] charakterisiert sie eine fünffache Sinnschichtung: »Tageszeiten und Jahreszeiten; die Lebenszeiten des Menschen von der Geburt bis zum Tod; die Weltzeiten, d.h. Entstehung, Wachstum, Verfall und Untergang der Völker, Jugend, Blüte, Reife, Versinken und Verklärung der Menschheit«, endlich Zeit und Ewigkeit, der »religiöse Standpunkt für das Ganze« (I. 50). »Nach Milarch setzen die Rahmenkompositionen« mit ihren christlichen Symbolen »den dargestellten Lebensmoment in Beziehung zum Ewigen und Unwandelbaren. Dadurch gewinne alles in Erscheinung Tretende seine Bedeutung.« »Genau in der Mitte der oberen Querleiste sind Schöpfergott, Vater, Sohn und Heiliger Geist symbolisiert.« (I. 50) »Mit den Worten des Novalis: die Mittelwelt des Pantheismus wurde dem Mittler des Monotheismus zentriert.« Relatives und Absolutes werden also gleichgesetzt.

Nun erstrebt aber Runge im Gegensatz zu Poussin eine Versöhnung zyklischer und linearer Momente. Traeger[27] stellt fest: »Indem die ›Nacht‹ den Aufstieg der Seele im Tod beschließt, müßte sie ihr – verbunden zumal mit dem Gedanken des Jüngsten Gerichts – den jenseitigen Morgen des ewigen Lebens eröffnen. [...] In der unvertilgten Existenz in Gott nimmt jedoch die Seele wiederum teil an seiner Entäußerung, kehrt zurück in die Schöpfung, und der Aufstieg beginnt erneut. Statt des himmlischen Paradieses der Zukunft stellt der Morgen abermals das stets verlorene der Schöpfung dar. Die christliche Typologie ist in Drehung geraten. Die Präfiguration weist auf sich selbst zurück. Die Sternenlichter der Nacht sind diesseitige kosmische Geister. Ihr Jüngstes Gericht verkündet einen neuen Ersten Tag. Man könnte eine Heilsgeschichte, die im Ziel von vorne beginnt, einen Teufelskreis nennen. Runge jedoch mag in der Aufhebung christlicher Eschatalogie in der Biologie des Alls keinen Widerspruch gesehen haben. Runge formuliert also in der Entfaltung der vier Blätter unmittelbar zeitliche Abfolge. Daß sie im letzten Blatt nicht zum Abschluß kommt, wird ›weiterhin‹ durch eine rhythmische Verschränkung bewirkt.« Morgen und Abend, Tag und Nacht sind jeweils Gegenstücke. »Im Morgen entäußert sich Gott in seiner lebendigen Schöpfung, der Abend ist der menschlichen Entäußerung in Christus gewidmet. Dem stehen der verborgen bleibende Gottvater im Tage und der Heilige Geist in der Nacht gegenüber. Alternierend greifen die beiden Bildpaare ineinander. Der Tagesablauf wird so mit einem an Beginn und Enden offenen Rhythmus durchsetzt, gewissermaßen mit dem Pulsschlag des Universums.«

Dieser unanschauliche Bildsinn bei Runge entspricht der gleichen Stufe bei Poussin. Im Gegensatz zu dem Franzosen aber vermag der Romantiker ein anschauliches Äquivalent für die unanschauliche Denkform in der formalen Durchbildung der Einzelstiche und ihrem zyklischen Zusammenschluß zu finden. Ich zitiere Traeger: »Die zentrierende Spiegelgleichheit bedeutet nur scheinbar einen Abschluß nach außen. Nur scheinbar entstehen dadurch sich selbst genügende, abgerundete Bildeinheiten. Da die Symetrie allen vier Blättern als Kompositionsprinzip zugrunde liegt, stellt sie das Element der Wiederholung dar und weist so über die jeweilige Tageszeit hinaus auf die vergangene und kommende. [...] Sie ist die Bedingung des zyklischen Gedankens im Formalen, und zwar im Sinne des unendlichen Kreislaufes. [...] Bei Runge bewirkt die übertragbare kompositionelle Einheit ein gleichförmiges Nebeneinander, das sich nicht definitiv zur Summe fügt, sondern den Neubeginn der Addition immer schon mitleistet.« Diese – wir dürfen sagen: serielle Struktur – bringt anschaulich die Vorstellung linearer Unendlichkeit (allerdings nicht zielgerichteter Finalität) in den Zyklus ein.

In Joseph Anton Kochs Variationen auf Poussins »Sommer« löst die Vereinzelung des Bildes den zyklischen wie teleologischen Kontext. Zwar gilt noch immer, was Erich Steingräber betont: »Die gebaute Landschaft mit Bäumen, Feld, Flur und Stadt und die dargestellte Szene erlaubten jene Verbindung von Natur und Geschichte, die den sittlich-moralischen, mithin heroischen Charakter im Geiste Poussins betont. Noch bedarf es der Historien- und Landschaftsmalerei, um einen bedeutenden Stoff ideal ins Werk zu setzen.« Doch er stellt auch fest: »Der naturphilosopische und allegorische Rang Poussins im Pariser Zyklus geht den [...] Deutschen freilich ab. Spricht Rehfuss vom idyllischen Charakter des Buches Ruth, so folgt ihm Koch darin im heiteren Kolorit und in der ländlichen Szene.«[28] Die »Schwundstufe« (Wedewer) ist also erreicht.

Anmerkungen

Ich greife zurück auf meinen Aufsatz »Zyklische und teleologische Geschichtsauffassung in Nicolas Poussins ›Jahreszeiten‹«, in: Gerhard Charles Rump (Hrsg.), Geschichte als Paradigma. Zur Reflexion des Historischen in der Kunst. Bonn 1982

1 Petra Maisak, Arkadien. Genesis und Typologie einer idyllischen Wunschwelt, in: Europäische Hochschulschriften, Reihe XXVIII, Bd. 17. Bern 1981, S. 140–152

2 Maisak (Anm. 1), S. 142 und 150

3 Erich Steingräber, S. 23

4 Willibald Sauerländer, Die Jahreszeiten. Ein Beitrag zur allegorischen Landschaft bei Poussin, in: Münchener Jahrbuch der bildenden Kunst, 3. F., Bd. 7, 1956, S. 169–184 – Vgl. ähnlich Paola Santucci, Poussin. Tradizione Ermetica e Classicismo Gesuitico. Arte d'Occidente, 2, Salerno 1985

5 Sauerländer (Anm. 4), S. 176–177

6 Sauerländer (Anm. 4), S. 177

7 Sauerländer (Anm. 4), S. 178

8 Sauerländer (Anm. 4), S. 183

9 Kurt Badt, Die Kunst des Nicolas Poussin. Köln 1969, S. 18, 19, 25, 44, 560, 556

10 Sauerländer (Anm. 4)

11 Marcel Röthlisberger, Claude Lorrain. Vol. I. New Haven 1961, S. 361

12 Badt (Anm. 9), S. 559

13 Anthony Blunt, Nicolas Poussin. London 1967, S. 336

14 George M. Hanfmann, The Season Sarcophagus in Dumbarton Oaks. Vol. II. Cambridge/Mass. 1951

15 Friedrich Matz, Ein römisches Meisterwerk. Der Jahreszeitensarkophag in Badminton. New York und Berlin 1958

16 Vgl. Klaus Bernhard, Idylle – Theorie, Geschichte, Darstellung in der Malerei 1750–1850. Zur Anthropologie deutscher Seligkeitsvorstellungen. Köln und Wien 1977, S. 55: »Die Idylle beschreibt Zustände ... und stellt nur insofern Handlungen dar, als diese zyklisch sind.«

17 Peter Springer, Trinitas – Creator – Annus, in: Wallraf-Richartz-Jahrbuch, 38, 1976, S. 17ff.

18 Es darf hier angemerkt werden, wie in Nietzsches »Zarathustra« diese Metaphern genau umgekehrt werden: »Ewig läuft das Jahr des Seins [...], ewig bleibt [...] der Ring des Seins [...], krumm ist der Pfad der Ewigkeit.«

19 Friedrich Schiller, Über naive und sentimentalische Dichtung (1795). in: Schillers Werke. Nationalausgabe, Bd. 20. Hrsg. v. Benno von Wiese. Weimar 1962, S. 469

20 Vgl. Bernhard (Anm. 16), S. 60

21 Rolf Wedewer, Ursprünglichkeit als radikalisierte Idylle in: Hans Ulrich Seeber/Paul Gerhard Klussmann (Hrsg.), Idylle und Modernisierung in der europäischen Literatur des 19. Jahrhunderts. Bonn 1986

22 Jacques Vanuxem, Les tableaux sacrés de Richeome et l'iconographie de l'eucharistie chez

Poussin, in: André Chastel (Hrsg.), Nicolas Poussin. Bd. 1. Paris 1960, S. 151–162

23 Jauss, Ästhetische Normen und geschichtliche Reflexion in der Querelle des Anciens et des Modernes, in: Theorie und Geschichte der Literatur und der schönen Künste, Bd. 2, S. 24, 25, 28

24 Vgl. bes. Funke, in: Wilhelm Voßkamp (Hrsg.), Utopieforschung. Interdisziplinäre Studien zur neuzeitlichen Utopie. Bd. 2. Stuttgart 1982

25 Günter Fiensch, Form und Gegenstand. Studien zur niederländischen Malerei des 15. Jahrhunderts, in: Münstersche Forschungen, Heft 13, Köln und Graz 1961, S. 86

26 Philipp Otto Runge, Hinterlassene Schriften. Hrsg. v. Daniel Runge. 2 Bde. Hamburg 1840 und 1841

27 Jörg Traeger, Philipp Otto Runge und sein Werk. Monographie und kritischer Katalog. München (1975)

28 Erich Steingräber, in: Heroismus und Idylle. Formen der Landschaft um 1800. Ausstellungskatalog. Köln 1984, S. 132 – Vgl. Otto von Lutterotti, Joseph Anton Koch, 1768–1839. Leben und Werk. Wien und München 1985

P. S.

Auf eine sehr frühe Form der Landschaft als *Allégorie réelle* hat Kurt Bauch aufmerksam gemacht (Der frühe Rembrandt und seine Zeit. Berlin 1960, S. 18) – Vgl. auch Heinrich Schlier, Die Zeit der Kirche. Exegetische Aufsätze und Vorträge. Freiburg 1956, S. 264–274 – Zum Verständnis der Geschichte: Peter Rautmann, Der Hamburger Sepiazyklus. Natur und bürgerliche Emanzipation bei Caspar David Friedrich, in: Berthold Hinz/Hans-Joachim Kunst/Norbert Schneider, Bürgerliche Revolution und Romantik. Natur und Gesellschaft bei Caspar David Friedrich. Gießen 1976

Marianne Kesting

Watteau und Baudelaire
Konstruktion und Zusammenbruch der späten Idylle

Nicht lange vor Ausbruch der Französischen Revolution versuchten Salomon Geßner in der Schweiz und Johann Heinrich Voß in Deutschland, der erste mit seinen »Idyllen« (1756), der zweite mit »Der 70. Geburtstag« (1782) und »Luise« (1783), noch einmal eine publikumswirksame Wiederbelebung der Theokritschen Idylle, eine Wiederbelebung, die bereits Herder, dann Jean Paul, Schiller und Hegel einer hoffnungslosen Künstlichkeit und Provinzialisierung anheimgefallen sahen. Herder bezeichnete sie als »schöne Grille« und »abgezogenes Ideal«:

> »Der Trank der Griechen ist noch ein klarer Wassertrunk [...], der Trank der Deutschen ist verzuckert. Jenes Naivität ist eine Tochter der einfältigen Natur, die Naivität im Geßner ist von der idealistischen Kunst geboren. [...] Seine Schäferspiele, man führe sie auf, man wird Puppen sehen.«[1]

Jean Paul mokierte sich über die »duftigen unbestimmten Allgemeinheiten« Geßners, »in welchen höchstens etwan Schaf und Bock aus den Wasserfarben auftauchen, aber die Menschen verschwimmen«[2].

Schiller klagte, die Idyllendichter der Neuzeit hätten »bei dem höchsten Gehalt für das Herz, allzuwenig für den Geist«, und ihr einförmiger Kreis sei »zu schnell geendigt«. Den Geßnerschen Hirten bezeichnete er als »dürftiges Geschöpf« und geißelte seine »ästhetische Halbheit«[3].

Schärfer noch ging Hegel gegen Voß vor, dessen Idyllen, »alle Weltverhältnisse ignorierend«, sich auf »Landpastor, Tabackspfeife, Schlafrock, Lehnsessel und Kaffeetopf« beschränkten, wobei er darauf hinweist, daß Kaffee und Zucker in diesem Kreis nicht entstanden sein könnten. Geßner betreffend, merkt Hegel ironisch an, daß die Beschäftigung seiner Schäfer darin bestehe,

> »diesem lieben Vieh mit dem treuen Hunde den ganzen lieben Tag lang aufzupassen, für Speise und Trank zu sorgen und nebenher mit so viel Sentimentalität wie möglich solche Empfindungen zu hegen und zu pflegen, welche diesen Zustand der Ruhe und Zufriedenheit nicht stören, d. h. in ihrer Art fromm und zahm zu sein auf der Schalmei, der Rohrpfeife usf. zu blasen oder sich etwas vorzusingen und vornehmlich einander in größter Zartheit und Unschuld liebzuhaben«[4].

Jean Starobinski sieht generell die idyllische Erfüllung auch im 18. Jahrhundert nur um den Preis der Absonderung erreichbar – »man muß den Städten und den Bewohnern der Städte den Rücken kehren« – und weist auf die antithetische Ergänzung zur Idylle in der Karikatur städtischen Gebarens hin, so bei Hogarth (Textabb.) oder in der Newgate-Pastorale von John Gays »Beggar's Opera« (1728).

William Hogarth, Gin Lane. 1750–51. Kupferstich, 3. Zustand

Auch das Landleben der damaligen Zeit mit seiner auf Ertrag versessenen Besitzer-Agronomie oder der hoffnungslosen Verarmung der Bauern widersetze sich der idyllischen Verklärung.

»Nun muß man das ›Malerische‹ jenseits der zu gut bestellten Felder und auch jenseits der Gegenden aufsuchen, in denen sich die Industrie festsetzt. Denn der Eroberungsdrang des Menschen, seine Schmieden, seine Maschinen verwunden und entstellen die natürliche Landschaft. Der traditionelle Ort der Idylle wird von einem Schauplatz der Harmonie zu dem des Konflikts. Der Rauch der Manufakturen zeigt an, daß der Mensch gegen die Natur Krieg führt.«[5]

Wenn Starobinski zu Recht andeutet, daß die Entdeckung der wilden menschenleeren Natur der Gebirge nun bevorstand, worin Einsamkeit und Schrecken die Idylle unmöglich machten, andererseits der Einbruch des Todes in die Idylle auch den Tod der Idylle anzeige und sie zur »Elegie« gemacht habe, zum sentimentalen Gedenken einer Vergangenheit oder zur herbeigewünschten Zukunftsutopie, so erlebte doch, in einem künstlerischen Triumph ohnegleichen, unter Ausklammerung aller Konflikte, die Idylle unter Watteau noch in einer höchst künstlichen Formulierung unter höfischen Aspekten eine Art Summierung und letztes Aufleuchten der Tradition, deren Negierung und Zusammensturz, nach einem ebenfalls hochartifiziellen Wiederbelebungsversuch, durch Baudelaire vollzogen wurde, so daß man im 19. Jahrhundert von Bewußtseinsschüben der Idyllen-Liquidierung sprechen kann. Sowohl die Vorgeschichte Watteaus wie seine Nachgeschichte ist exemplarisch für die geschichtliche wie geistesgeschichtliche Situation der Gattung.

Baudelaires Gedicht »Un Voyage à Cythère« aus den »Fleurs du Mal« (1857) nimmt Bezug auf Antoine Watteaus »Embarquement pour l'Ile de Cythère« (vgl. Textabb. S. 87), mit dem Watteau 1717 die Aufnahme in die Académie Royale erreichte.

Das Bild hängt bis heute im Louvre, und Baudelaire, ein eifriger Besucher des Louvre, hat es genau gekannt. Er erwähnt Watteau in seinem Werke dreizehn mal, unter anderem auch Watteaus Kythera-Bild, dessen Titel er im übrigen falsch zitiert: »Le départ pour l'île de Cythère«. Baudelaire zählt Watteau im »Salon« von 1846 neben Ingres, Rubens und Delacroix zu den »reinsten« und, an späterer Stelle, neben Rembrandt und Rubens zu den großen Malern von Phantasielandschaften; im »Salon« von 1859 zu den »Historikern der schönen Nachmittagsfeste in den großen italienischen Parks«.

Im Kapitel »L'Art mnémotechnique« des »Peintre de la Vie moderne« reiht er Watteau in die »guten und wahrhaften Zeichner« ein, die »nach dem Bild in ihrem Kopf zeichnen und nicht nach der Natur«[6]. Und endlich: In seinem Gedicht »Les Phares«, in dem er die ihm nahestehenden Maler meist der vergangenen Jahrhunderte als »Leuchttürme« und »beste Zeugnisse unserer Würde« aufzählt, nimmt Watteau einen Ehrenplatz unter Rubens, Leonardo, Rembrandt, Michelangelo, Goya und Delacroix ein:

»Watteau, ein Fest, wo Herzen leuchtend irren,
Den Schmetterlingen gleich, ein Faschingsball,
Lieblicher Zierrat, Glanz und Lichterschwirren
Und Tollheit wirbelnd durch den Karneval.«

Diese mehr zusammenfassende Beschreibung der »Fêtes galantes« des Watteau kann zwar auf mehrere Bilder Bezug nehmen, mit Sicherheit aber trifft sie auch auf den »Embarquement pour l'Ile de Cythère« zu.

Watteaus Bild umgreift und verwandelt drei große mythisch-poetische Traditionsstränge, welche die historischen Dimensionen des Themas deutlich machen:

1. den Mythos der Liebesinsel,
2. den Mythos des Bukolischen und Arkadischen, also der Idylle,
3. den Mythos des Liebesgartens.

Nach der vielfältigen Überlieferung der Antike, die im »Pauly/Wissowa«[7] 115 enggedruckte Spalten ausmacht, ist Aphrodite/Venus, die unter anderen den Beinamen Kythreia und Cypris mit sich führte, bei der dorischen Insel Kythera aus dem Meeresschaum geboren. In der Tat war der Aphrodite-Kult, sogar der Kult mehrfacher Aphroditen, auf dieser Insel besonders ausgeprägt, wenngleich auch die Insel Zypern den Anspruch erhebt, Geburtsstätte der Aphrodite/Venus zu sein, die bei Paphos dem Meer entstiegen sein soll.

Für die spätere Interpretation Baudelaires von Belang ist, daß unter dem Einfluß der kleinasiatischen Mythentradition sich eine Sonderform der Aphrodite als Liebes- und Todesgottheit ergab, die als »Venus Urania« auch auf Kythera verehrt wurde, wie noch Gérard de Nerval in seinem »Voyage en Orient« berichtet. Aus der insularen Geburts- und Kultstätte der Aphrodite/Venus wurde, durch eine leichte Rückung des Mythos, die Liebesinsel.

Den antiken Mythos belebte wieder Francesco Colonna in seiner »Hypnerotomachia Poliphili« (1499), einem phantastisch-allegorischen Traum, in dem Poliphilos sich nicht für himmlischen Ruhm, nicht für irdische Ehren, sondern für die Liebe entscheidet, im Tempel der Venus mit seiner geliebten Polia sich verlobt und schließlich von Amor zu Schiff nach der Liebesinsel Kythera gebracht wird.

Nachdem der Franziskanerpater André Thévet in seiner »Cosmographie universelle« (1575) nicht der, aber einer Liebesinsel realen Charakter zu geben versuchte, war es der Abbé de Tallement, der in seinem »Voyage et second voyage de l'îsle d'amour« (1663) den Mythos fortführte. In La Fontaines Roman »Amours de Psyché et de Cupidon« (1669) fährt Venus selbst mit einem Schiff nach Kythera.

Von Bedeutung ist, daß Mythos und Literatur in höfische Feste, theatralische Selbstinszenierungen der aristokratischen Gesellschaft und Theateraufführungen übertragen wurden und damit das mythisch-poetische Genre eine Art artifizieller Realität gewann. Bereits unter Henri IV gab es ein Pastorale »Le Voyage à Cythère«. Am Hofe der Katharina von Medici, seiner Mutter, wurde ein Ballett über die »Isle enchantée« aufgeführt und bald darauf in ein Fest umgewandelt, bei dem die Hofdamen, als Nymphen und Najaden verkleidet, auf einer Insel an der königlichen Tafel saßen, von Satyrn bedient wurden und sich bäuerliche Tänze aus allen Provinzen vorführen ließen, der Mythos der Liebesinsel sich also mit dem des Arkadischen verband.

Der zweite Traditionsstrang des Arkadischen und Bukolischen wurde durch die hellenistischen Dichter Theokrit und Vergil gestiftet. Theokrits »Idyllen« und Vergils »Eklogen« in der »Bucolica« (42–37 v. Chr.) führten eine mythisch-phantastische Kultur von dichtenden, singenden, liebenden und Flöte spielenden Hirten herauf (vgl. Textabb. S. 52, 53), die im Mittelalter durch die Hirtentradition des Alten und Neuen Testaments christlich umgedeutet, sich in der Renaissance seit Dante, Boccaccio, Petrarca und den Kreisen des Medici-Hofes in Florenz wiederbelebte. Den »Arcadia« von Jacopo Sannazaro (1544 in französischer Übersetzung erschienen) und Honoré d'Urfés Schäferroman »L' Astrée« (1607) nahmen wiederum auch auf das Festgebaren der höfischen Gesellschaft unter Louis XIV Einfluß, indem die Hofleute sich als Schäfer und Schäferinnen verkleideten und in Festen nachspielten, was ihnen die Dichtungen suggeriert hatten. Die antike Götterwelt erschien auf ihre bacchantischen und erotischen Verführungskünste verkürzt. Vor allem konzentrierte man sich auf die niederen Götter: Pan mit Nymphen und Satyrn. Auch hier ergab sich eine innige Verbindung höfischer Feste mit Oper, Schauspiel und Ballett, eine artifizielle Welt höfischer Selbstdarstellung.

Der dritte Traditionsstrang, der des Liebesgartens, ein uraltes nordisches Motiv – von Gottfried von Straßburgs Schilderung der Minnegrotte im »Tristan« (1205–15) über den Liebesgarten des »Roman de la Rose« (1212) bis hin zu Boccaccios »Decamerone« (1349–53), in der bildenden Kunst den »Meister der Liebesgärten« (um 1440), schließlich Rubens' »Liebesgarten« (um 1633) –, fand ebenso seine höfisch-festliche Entsprechung. In der »Astrée«-Nachfolge bildete sich eine »Académie galante« mit Statuten, einem »Code de Cythère«, heraus, die sich bis hin zur Régence-Zeit unter Philipp von Orléans fortsetzte, der Zeit Watteaus also, dessen Bilder sogar eine verklärte Darstellung der geheimen Liebeszirkel sein sollen. Für diese These spricht, daß der Regent Watteau zum Hofmaler ernannte und ihn beauftragte, das Schloß seiner Tochter zu dekorieren.

Peter Paul Rubens, Der Liebesgarten. Um 1633. Öl auf Leinwand, 198 × 283 cm. Museo del Prado, Madrid

Die drei Traditionsstränge der Liebesinsel, Arkadiens und des Liebesgartens überblenden sich in Watteaus »Fêtes galantes«, nachdem sie seit 1550 schon selten gesondert erschienen waren. Sie erfahren aber eine spezifische Umdeutung.

Unmittelbarer Anstoß zu Watteaus »Embarquement pour l'Île de Cythère« war das Singspiel »Les trois cousines« von F. C. Dancourt (Uraufführung 1700, Wiederholung 1709), worin ein ländliches Hochzeitsfest stattfindet mit Pierrots und Musikanten und schließlich das Hochzeitspaar zur Insel der Venus und ihrem Tempel eine Pilgerfahrt unternimmt. Dancourt war neben Marivaux und Molière der prominenteste Komödiendichter der damaligen Zeit. Er verband in den »Trois cousines« den Kythera-Mythos mit dem der christlichen Pilgerfahrt und aktualisierte das Genre, indem er es in die Umgebung von Paris versetzte, wobei ihm, wie Watteau, bekannt gewesen sein muß, daß nicht die einfachen Landleute, aber die *jeunesse dorée* zu Park und Insel St. Cloud amouröse Landpartien unternahm, der Regent Philipp von Orléans dort jeweils im September regelrechte Volksfeste inszenierte. Im Singspiel von Dancourt ergeht die ganz unexklusive, allgemeine Aufforderung an Bühne und Theaterpublikum:

»Kommt zur Pilgerfahrt mit uns
Zur Kythera-Insel.«

In welcher Weise Watteau die Tradition aufgreift und verwandelt, sei anhand einiger Bilder aufgezeigt.

Eines der großen Vorbilder Watteaus, Peter Paul Rubens' »Liebesgarten« (um 1633; Textabb.), läßt höfisch gekleidete Damen mit ihren Kavalieren vor einer Grotte von Amoretten umschweben. Die höchst lebendige Nacktheit ist der Statue eines Venusbrunnens vorbehalten.

Antoine Watteau, Le Plaisir pastoral (Ländliches Vergnügen). Öl auf Holz, 31 × 44 cm. Musée Condé, Chantilly

Antoine Watteau, L'Accordée de Village (Die Dorfbraut). Öl auf Leinwand, 63 × 92 cm. Sir John Soane's Museum, London

Antoine Watteau, Jupiter und Antiope. Um 1713–16. Öl auf Leinwand, 73 × 107 cm. Musée du Louvre, Paris

Antoine Watteau, Les Champs élysées (Die Elysischen Gefilde). 1717. Öl auf Leinwand, 33 × 43 cm. Wallace Collection, London

Antoine Watteau, L'Île de Cythère (Die Insel Kythera). 1710. Öl auf Leinwand, 46 × 55 cm. Städelsches Kunstinstitut, Frankfurt/M.

Watteau war kurze Zeit Schüler des Claude Gillot, eines Malers, der hauptsächlich komische Theaterszenen malte, oft mit den Figuren der Commedia dell'Arte. Der Kupferstich nach Watteaus Gemälde »Fêtes au Dieu Pan« (das Gemälde ist verschollen) läßt vor einer kulissenhaft aufgebauten Felsenlandschaft ein höfisches Paar, musizierende Figuren der Commedia dell'Arte, erscheinen, denen Pan, umgeben von Nymphen und Najaden, lauscht – ein für Watteau typisches Ineinander von Höfischem, Mythisch-Idyllischem und Theatralischem.

Watteaus »Le Plaisir pastoral« (Textabb.; 1729 von Tardieu in Kupfer gestochen) zeigt eine ländliche Tanzszene, nimmt also die idyllische Tradition auf in zeitgenössischer Kostümierung. Auch der dazugehörige Schäfer mit seiner Herde, das Dorf im Hintergrund weisen auf die arkadische und bukolische Überlieferung.

Watteaus Gemälde »L'Accordée de Village« (Textabb.; 1735 von Larmessin in Kupfer gestochen) nimmt sich wie eine Illustration zu Dancourts Singspiel »Les trois cousines« aus, schildert ein ländliches Fest ohne mythisches Beiwerk.

Die rein mythische Szene des Gemäldes »Jupiter et Antiope« (um 1713–16; Textabb.) ist darum von Bedeutung, weil die Figur der entblößten Antiope in Watteaus Gemälde »Les

Antoine Watteau, Embarquement pour Cythère (Einschiffung nach Kythera). 1718. Öl auf Leinwand, 130 × 192 cm. Berlin (West), Schloß Charlottenburg

Antoine Watteau, Embarquement pour l'Île de Cythère (Einschiffung zur Insel Kythera). 1717. Öl auf Leinwand, 129 × 194 cm. Musée du Louvre, Paris

Champs élysées« (1717; Textabb.) als Brunnenfigur in anmutiger Nacktheit wieder auftaucht. Die müßig hingelagerten, durchweg modisch gekleideten Damen mit ihren Kavalieren scheinen einen Ausflug aufs Land gemacht zu haben, worauf das Dorf im Hintergrund hinweist.

Watteaus Vorgemälde zum »Embarquement pour l'Île de Cythère« mit dem Titel »L' Île de Cythère« (1710; Textabb.), 1982 vom Frankfurter Städelschen Kunstinstitut erworben, macht die Initiation der Idee aus Dancourts Singspiel deutlich. Die erste Fassung des späteren »Embarquement pour l'Île de Cythère« hieß denn auch ursprünglich »Pèlerinage à l'Isle de Cythère«. In einer theaterhaft formulierten Szene machen sich Amoretten bereit, den Nachen mit Kythera-Pilgern und -Pilgerinnen, die mit Pilgerstab versehen sind, zu rudern. Auf der Treppe und der Ballustrade im Hintergrund tummeln sich ebenfalls Amoretten. Zwei in der Luft schwebende fordern die noch zögernden Pilger auf, sich zum Schiff zu begeben.

Die Berliner Fassung »Embarquement pour Cythère« (1718; Textabb.) schildet den Aufbruch höfisch gekleideter Paare zum Schiff, das von einem Wirbel von Amoretten umflogen wird. Die parkartige Landschaft ist kulissenhaft gestaffelt und gibt einen Prospekt frei auf eine fern gelegene Felsenlandschaft. Das mythologische Zitat ist in Gestalt einer Venus- und Amor-Statue rechts zu sehen, die in ihrer Nacktheit viel sinnlicher anmutet als die in zärtlichen Gesten befangenen Paare.

Auf Watteaus »Embarquement pour l'Île de Cythère« (Textabb.), das im Louvre hängt und auf das Baudelaire Bezug nimmt, treiben nicht nur Amoretten, sondern mythologisch nackte Männer den Liebesnachen, der wiederum von einem Wirbel der Amoretten umschwebt ist. Die Paare tragen Pilgerstäbe, an denen Pilgerflaschen befestigt sind. Die phantastische Felsenlandschaft im Hintergrund ist ausgeweitet. An Stelle der Venus-Statue ist eine rosengeschmückte Venus-Herme zu sehen. Da Hermen im Altertum Wegweiser waren, ist die Venus-Herme hier ein Wegweiser zur Liebesinsel.

In dieser Weise greift Watteau mythische und arkadische Traditionen auf und formuliert sie ins Höfisch-Theatralische um zu den »Fêtes galantes«, der festlichen Selbstdarstellung einer *jeunesse dorée* der Régence-Zeit, in ihrer zärtlichen Verklärung eine müßiggängerische Gesellschaft im arkadischen Paradies – hier ohne die Hirten, Dörfer und Tiere der bukolischen Tradition.

Jean Starobinski verweist, wie vor ihm Baudelaire, auf die absolute Erfindung und Künstlichkeit der Watteauschen malerischen Inszenierung:

> »In Natur und Theater verliebt, erfindet Watteau ein neues Genre, wo man in der Natur, und ohne sich von ihr zu sondern, Theater spielt, während die Unterscheidung zwischen Schauspiel und Gesellschaftsanlaß immer mehr verblaßt. Hier ist die Erfindung stärker als die Nachahmung; die Komposition wird durch Traum und Erinnerung gelenkt, denn Watteau läßt durch Vereinigung zerstreuter Elemente eine neue Welt entstehen: Lichteffekte von Rubens, Bäume aus dem Luxembourg, Figuren aus den Skizzenheften.«[8]

Was die Fortführung Watteaus betrifft, so ist bemerkenswert, daß sein unmittelbarer und willentlicher Nachfolger Fragonard unter dem Titel »La Fête de Rambouillet ou L'isle d'amour«

Jean-Honoré Fragonard, La Fête de Rambouillet ou L'isle d'amour (Das Fest in Rambouillet, oder: Die Liebesinsel). Um 1780. Öl auf Leinwand, 71 × 90 cm. Museu Gulbenkian, Lissabon

(um 1780; Textabb.) die verklärte Park- und Inselszenerie Watteaus denkwürdig verwandelt. Norbert Miller nennt es ein unheimliches Bild, in welchem die Rückverwandlung der spielerischen Landschaftskunst des Rokoko in die Wildnis fast zum Programm erhoben sei.

> »[...] die Bäume im Hintergrund sind aller Einhegung entwachsen, die künstlich angelegten Grotten sind halb verrottet, halb von dichtem Bewuchs überzogen. Baumgerippe ragen aus dem Verfall, und die Wasserkünste sind zu einem ungeordneten Wildbach geworden.«[9]

Offenbar war es der »Doyenné«-Zirkel mit Gérard de Nerval, Arsène Houssaye, Théodore de Banville und Théophile Gautier und der »Petit cénacle« Anfang der 30er Jahre des 19. Jahrhunderts, dem unter anderen wiederum Gautier und Nerval angehörten, Freunde Baudelaires, die Watteau und das Rokoko für sich wiederentdeckten. Gautier pries in seinem Roman »Les Jeunes-France« (1833) Watteau und bekannte seine Vorliebe für »die kleinen Soupers, die kleinen Häuser, die kleinen Marquisen, die kleinen Hunde und die kleinen Romane und alle kleinen Dinge der Régence-Zeit«[10]. Damit leitete er eine Rückbesinnung auf die aristokratischen Träume der Rokoko-Gesellschaft ein. Sie bedeutete eine antiklassische Haltung, die Haltung zudem gegen die Aufklärung und Opposition gegen das eigene bourgeois-ernüchterte Zeitalter.[11] 1838 erschien der »Panthéon littéraire«, der die anakreontische Dichtung des Rokoko enthielt, 1839 wurde die 1744 geschriebene Biographie Watteaus von Gersaint wieder ediert. 1853 rekonstruierte Nerval im 4. Kapitel seines Romans »Sylvie« einen »Voyage à Cythère« nach Watteau. Am 23. November 1863 notierten die Brüder Goncourt in ihrem »Journal« einen Ausspruch Flauberts:

»Es gibt zwei Bedeutungen des Exotischen. Die erste gibt uns die Vorliebe für das Exotische im Raum, die Vorliebe für Amerika, Indien, die gelben und grünen Frauen etc. Die zweite, die viel raffinierter ist, eine höchste Korruption, ist die Vorliebe für das Exotische in der Zeit. Zum Beispiel« – und dies betraf Flauberts »Salammbô« – »möchte man in Karthago küssen; ihr« – und hier meinte er die Goncourts – »möchtet die Parabère.«

Die Parabère war die Maitresse des Regenten Philipp von Orléans zur Watteau-Zeit.

Die Brüder Goncourt, die einerseits erste realistische Romane verfaßten, kümmerten sich andererseits um die Dokumentation des 18. Jahrhunderts. In ihrer »L'Art du XVIIIe siècle« (1859–75), die zunächst in Einzelartikeln 1856 publiziert wurde und als Buch mehrere Auflagen erlebte, priesen sie Watteau überschwenglich als den »großen Dichter des 18. Jahrhunderts«, aus dessen Kopf eine ganze Welt der Poesie und der Träume hervorgegangen sei und der sein Werk mit der eleganten Leichtigkeit eines übernatürlichen Lebens fülle, in der »Vermählung von Natur und Oper« ein »wundervoller Utopist« eines lächelnden Arkadien aus Galanterie und Müßiggang sei:

»Diese Feste, wo jeder Aufruhr der Sinne schweigt, wo nur beseelte Launen auf einen Schlag mit dem Zauberstab entschweben, einem Sommernachtstraum gleich. Es ist Cythera! Aber es ist das Cythera Watteaus! Es ist die Liebe! Aber es ist die poetische Liebe, die Liebe, die träumt und sinnt, die moderne Liebe, die schwermutatmende, schwermutgekrönte.«[12]

Interessant ist an dieser Betrachtung, daß Watteau, Schöpfer dieser Welt aus Aristokratie, Mythos und Utopie, als Dichter gepriesen wird und die Goncourts ihm eine Melancholie zusprechen, die offensichtlich die der späteren Betrachter ist.

Nach der Inspiration der Goncourts erschien 1854 das Buch von Louis Blanc, »Peintres des Fêtes galantes«, worin Blanc auch von der Melancholie der »Fêtes galantes« spricht. Watteau wird als »poetischer Chronist einer tollen und eleganten, dem Untergang geweihten Gesellschaft« dargestellt. Das wußte man später. Aber wußte es schon Watteau? Wohl nicht ohne Kenntnis dieser beiden Vorgänger beschwor Baudelaire im »Salon« von 1846 die »großen Melancholien« beim Anblick alter Stiche und Bilder, jener »Luxus-Annalen, die in die Bibliotheken entflohen oder in den Schachteln der Händler verloren« seien; er spricht sogar von einem »Liebes-Museum«, worin das »ungeheure Gedicht der Liebe« unter anderen Watteaus mit seinen »ausgelassenen und eleganten Prinzessinnen« verschwunden wäre.[13]

Unterdes führte Gautier in zahlreichen Anspielungen auf Watteau seine Vorliebe für das Rokoko weiter, beeinflußte unter anderen Arsène Houssaye, Théodore de Banville und Victor

Hugo, schließlich Baudelaire, Charles Algerson Swinburne und den Verlaine der »Fêtes galantes« (1869). Es sei nur kurz darauf hingewiesen, daß auch deutsche Spätromantiker, wie Eichendorff mit seinem »Prinz Rokoko« und Mörike mit seiner Erzählung »Mozart auf der Reise nach Prag« (1856), der Tradition huldigten, die dann um die Jahrhundertwende im Jugendstil zum Beispiel bei Beardsley und bei Hofmannsthal ausklang.[14]

Im »Journal« der Goncourts verbindet sich die Vorliebe für Watteau mit der für das Exotische als einer Flucht vor der von Gautier heraufbeschworenen »schwarzen Melancholie«, der »Langeweile seines Zeitalters«[15].

Diese begleitenden Themen der »schwarzen Melancholie«, der »Langeweile seines Zeitalters« und des Exotismus hat der unmittelbare Vorgänger der Baudelaireschen Bearbeitung des Themas, Gérard de Nerval, in Kapitel 12 und 13 seines »Voyage en Orient«, wo er einen Besuch auf der Insel Kythera als eine Art Reisebeschreibung gibt, aufgegriffen und zu seiner umstürzenden Desillusionierung geführt.

Nachdem er, zurückgehend auf die Novelle »Franciscus Columna« (1844) von Charles Nodier, über die Schilderung der Liebesinsel in der »Hypnerotomachia Poliphili« berichtet, kommt er auf seine durch die Dichtung mobilisierten Träume zu sprechen, endlich auf seine Enttäuschung beim Besuch der realen Insel, die er im übrigen gar nicht besucht, sondern deren Beschreibung er einer anderen Reisebeschreibung entnommen hat.[16] Um so bemerkenswerter seine Version als

> »Sohn eines Zeitalters, das der Illusion entblößt ist, und der berühren muß, um zu glauben, und die Vergangenheit auf Trümmern träumen muß«.

Alle Motive Nervals kehren bei Baudelaire wortwörtlich wieder, die hoffnungsgeschürte Schifffahrt im »schimmernden Gischt« und im Leuchten der Sonne, und endlich, beim Betreten der Insel unter blauem Himmel in San Nicolo, der Anblick eines Galgens »mit drei Balken, deren einer behangen war«. Anstelle des einstigen Venus-Tempels gibt Nerval vor, eine Venezianische Festung zu entdecken. Statt der »Schäfer und Schäferinnen« von Watteau, die er sucht, »deren guirlandengeschmückten Schiffe an blumenreichen Ufern anlegen, [...] diese ausgelassenen Gruppen von Liebespilgern in changierenden Seidenpelerinen«[17], findet er nur triste Porphyrfelsen ohne einen Baum, ohne Blumen, einige Schweine und Waldschnepfen und Soldaten, endlich den schon erwähnten Galgen mit einem Gehängten.

Wenngleich Nerval sich an einer Reisebeschreibung orientiert, so ist die Desillusion des Mythos, einschließlich des höfischen Watteaus, nicht nur der Tatsache zuzuschreiben, daß die griechische Insel Kythera heutzutage aus einer kargen und felsigen Landschaft besteht und nur ruinierte Reste der einstigen Tempel dort zu sehen sind. In der Konstatierung des Galgens scheint Gérard de Nerval, der sich 1855 in der Rue de la Laterne erhängte, sein eigenes Ende vorwegzunehmen.

Die Artikel über Kythera erschienen am 30. Juni und 11. August 1844 in »L'Artiste«, dem Hauptorgan der Rokoko-Bewegung. Baudelaire hat sie gelesen und in seinem Gedicht »Un Voyage à Cythère« von 1852 weiter verarbeitet.

Es ist auffällig, daß die Stationen von Gérard de Nervals Bericht sich im Gang von Baudelaires Gedicht exakt wiederholen, wenn auch nicht in Nervals Reihenfolge: Der hoffnungsvollen Meerfahrt folgt der schockierende Anblick der »traurigen und schwarzen Insel [...] einer armen Erde«. Dann gibt Baudelaire den durchaus an Watteau angelehnten, nun erinnerten Mythos der Insel:

»Insel der Feste, süßer Heimlichkeiten!
Noch immer schwebt der Liebesgöttin Bild
Hier überm Meer, wie Duft so feurigmild,
Daß Lieb und Sehnsucht unsere Herzen weiten.

Insel, von Myrten, Blumen überblüht,
Von jedem Sand, von jeder Zeit gefeiert,
Wo der Verliebten Seufzer sanft verschleiert,
Wie Weihrauch einen Rosenwald durchglüht,

Wie ewiges Girren liebeskranker Tauben!«

Der erinnerte Mythos wird nochmals konfrontiert mit dem desillusionierenden Anblick der Insel, deren Sagen nur noch in Negationen formuliert werden, endlich mit dem Anblick des Galgens und des Gehängten. Was bei Nerval ein schockierender Satz ist, wird zum eigentlichen Inhalt des Gedichts: der schon verwesende Körper des Gehängten, an dem die Vögel als Henker ihr schauerliches Mahl vollziehen, das mit allen Einzelheiten geschildert wird; die Zerstörung der Augen, des Magens, der Geschlechtsteile, was, auf der Insel der Aphrodite, die äußerste Desavouierung des Mythos bedeutet und auch Watteaus, da die Indezenz der körperlichen Details den diskret zärtlichen Gesten der Figuren Watteaus aufs Äußerste widerspricht, Watteaus Venus-Plastiken im Park als eine Verklärung anmuten. Nicht nur haben bei Baudelaire die Vögel den Gehängten kastriert, ein Rudel von Panthern mit einem besonders großen, der mit einem Henker, umgeben von seinen Gehilfen, verglichen wird, schweift unruhig umher und wartet wohl auf die Überbleibsel und Reste des Mahles.

Wenn man in dem Gehängten bei Gérard de Nerval die visionäre Vorwegnahme des eigenen Schicksals vermuten kann, so überrascht innerhalb des Gedichts – nicht innerhalb der »Fleurs du Mal« Baudelaires – die plötzliche Identifikation mit dem Gehängten, der für seine fleischlichen Sünden bestraft wird, mit dem »armen Teufel«, dessen Qualen die seinen sind, in welche Allegorie sich das eigene Herz wie in ein Schweißtuch hüllt. Der Galgen ist symbolisch, dort hängt Baudelaires »Bild«, der einen mehr aus Tradition angerufenen Gott bittet, daß er künftig sein Fleisch ohne Abscheu betrachten könne.

Daß der angerufene »Gott« eine schiere Akklamation ist, zeigt die Konfrontation des schaurigen Mahles mit dem immer wieder zitierten strahlenden Himmel mit seiner Sonne, nach der Entdeckung des Gehängten, die gleichgültige ungerührte Natur symbolisierend, die sich über den Schauder der Szene hinwegsetzt; Baudelaire, der Leidensbruder des Gehängten, ist der einzige mitleidvolle Partner, in dem er allerdings sein eigenes erinnertes Bild sieht.

Die leuchtende Natur von Meer und Himmel korrespondiert dem nicht mehr, was man sieht; der Mythos, einst Himmel und Insel vereinend, ist zerronnen. Den strahlenden Farben des Meeres, des Himmels und der Sonne, den weißen Segeln, konfrontiert sich die schwarze Insel, der schwarze Galgen, die dunklen Augenlöcher des Gehängten, die schwarzen Raben und Panther, die blutenden Teile seines Körpers, deren Anblick für Baudelaire plötzlich die ganze Szene zu Schwärze und Blut gerinnen läßt. Der Mythos ist hier am äußersten Punkt der Reflexion, verschwunden »desormais«, »von nun an«.

Es gibt indes mehrere Stationen des zusammenbrechenden und zerstobenen Mythos, deren Endpunkt erst der Gehängte ist. Schon in der zweiten Strophe beim Anblick der »traurigen und schwarzen Insel« wird der Mythos beschworen »eines Landes, berühmt in den Liedern«, der aber bereits in sich herabgekommen ist zum »banalen Eldorado aller alten Knaben«.

Seine weitere Heraufbeschwörung gilt der Erinnerung an Watteau, ohne daß sein Name genannt würde, um nach der noch einmaligen Konstatierung des desillusionierenden Anblicks der Insel in Negierungen des Mythos zu zeigen, daß nichts mehr von ihm geblieben ist:

»Kein Tempel ragt mehr aus schattiger Büsche Wand.
Nicht seh ich junge Priesterinnen schreiten
Durch Blumen hin, voll heißer Heimlichkeiten,
Im leisen Lufthauch flatternd das Gewand.«

Das ganze Gedicht hat keine eigentliche Handlung. Dem strahlenden hoffnungsvollen Beginn der Meerfahrt folgt nur noch der Schock des Sehens, der Annäherung an die schaurigen Details, der in Wellen von Steigerungen die flüchtigen Durchbrechungen des erinnerten Mythos beiseiteschiebt.

Watteau wäre für Baudelaire auch in der Imagination nicht mehr zu wiederholen. Die Imagination – und es handelt sich schließlich nicht um eine reale Reisebeschreibung – sieht sich dem gleichen Schock der Desillusion ausgesetzt, der hier zunächst als Anblick, dann als Allegorie eines inneren Zustandes enthüllt wird.

Nie könnte Baudelaire, wie es noch Verlaine in den »Fêtes galantes« tat, Watteau, der bereits in der ehrenden Benennung der »Phares« ein visionärer »Karneval« erscheint, noch einmal dichterisch realisieren.

Hier nun erhebt sich die Frage nach der Position des Gedichts in Baudelaires Werk. Seine Themen – antiker Mythos, die Bukolik der Natur, die Exotik, die Reise, das Leiden am Fleische und schließlich das Bewußtsein des Todes und der Verwesung in der Liebe – sind zentrale Themen in Baudelaires Gesamtwerk. Bekanntlich hat Baudelaire das Platonsche Gute, Wahre und Schöne, ohne dessen Anspruch zu negieren, umformuliert: Das antikisch Schöne, im Sonnett »La Beauté« umgewandelt in einen »Traum aus Stein«, hat seine Erstarrung erfahren; das Schöne ist für Baudelaire das Unbestimmte geworden, »eine etwas vage Angelegenheit, die Möglichkeiten offenläßt«[18]. Oder, wie es in den »Bienfaits de la lune« heißt, in den Materialien des Unbestimmten sich formuliert:

»Das Wasser, die Wolken, das Schweigen und die Nacht; das unendliche und grüne Meer; das ungeformte und vielfältige Wasser; der Ort, wo du nicht sein wirst.« (290)

Mit anderen Worten: Das Schöne im antikischen Sinne ist erstarrt, oder es entgegenständlicht sich zum Unbestimmten. Das Wahre und Gute hat sich aus der offiziellen Moral zurückgezogen, und die Platonschen Ansprüche werden aufgehoben durch die Intention, »das Ewige dem Vorübergehenden zu entwinden« (1163).

Unter dem Druck der Moderne ist die Vorbildlichkeit der Antike erloschen, das heißt, sie greift nicht mehr die modernen Sujets. In seinem Aufsatz »L'École païenne« von 1852, der sich vorwiegend gegen Théodore de Banville richtet, der die Antike wieder zum Vorbild erheben wollte und das Watteausche Rokoko als noch lebendig besang, schildert Baudelaire diese Intention als Abstrusität, als »Falschmünzerei« und »gefährliche Komödie« (628) und weist auf Daumiers Karikaturen der antiken Mythologie hin: »Daumier hat brutal auf die Antike und die Mythologie eingeschlagen und sie lächerlich gemacht.« (625) In den »Fleurs du Mal« behandelt Baudelaire anhand des Gedichts »J'aime le souvenir de ces époques nues« das Verkümmern der antiken Nacktheit unter dem Druck der Zivilisation. Im »Salon« von 1846 wendet er sich generell gegen den Eklektizismus, das »Krankenhaus der Malerei«.

Der Mythos der Natur und des Bukolischen ist bei Baudelaire, dem Dichter der Großstadt und ihrer Phänomene, unter dem Druck des Zivilisatorischen ebenso vergangen. Einerseits ist für Baudelaire die ursprüngliche Natur »nichts Absolutes, nicht einmal etwas Vollkommenes« (913). Wie de Sade sah Baudelaire in der Natur das Verbrecherische: »Das Böse ergibt sich ohne Anstrengung, auf natürliche Weise, schicksalhaft; das Gute ist immer ein künstliches Produkt.« (1183) Er glaubte an die »natürliche Bosheit« (1139), aber, wenn man seine weiteren Aussprüche heranzieht, sieht man, daß es auch um die gesellschaftliche Verwandlung der Natur geht, die keine mythische Erhöhung mehr duldet. Die zur Trivialität herabgekommene »Natur« kann nicht mehr Gegenstand der Kunst sein, weshalb für Baudelaire – und dieser Satz steht denkwürdigerweise in seiner Auseinandersetzung mit der Photographie – »bei uns der Naturmaler wie der Naturdichter fast ein Monster« (1033) ist.

Überdies spielt das Herunterkommen der Natur als Prostitution von der äußeren Realität eine Rolle, weshalb er im folgenden Kapitel des »Salon« von 1859 die Doktrin der Naturnachahmung als Feind aller Künste proklamiert (1036) und den genialen Satz formuliert: »Die Natur ist häßlich, und ich ziehe die Ungeheuer meiner Phantasie der gegebenen Trivialität vor« (1037). Im »Rêve parisien« aus den »Fleurs du Mal« haben wir denn auch die versteinerte, erträumte Natur, in der nichts Natürliches sich mehr findet.

Zum Thema der Reise: Baudelaires Familie nahm Anstoß an dem Lebenswandel des jungen Mannes, unter anderem daran, daß er mit Dichtern wie Balzac und Nerval verkehrte, und schickte ihn mit 20 Jahren auf eine Reise, die Baudelaire, nachdem er bis zur Mauritius-Insel und zur Bourbonen-Insel gekommen war, freiwillig abbrach. Zwar schilderte Baudelaire in seinem berühmten Gedicht »Le Voyage« die Hoffnung des Aufbruchs und seiner Träumereien, aus denen sich »Invitation au Voyage« und »Moesta et Errabunda« rekrutiert, aber das große Gedicht über die Allegorie der Reise, der Dichter- und Lebensreise, »Le Voyage«, eine Reise ohne eigentliches Ziel in das Unbegrenzte, mündet in die Enttäuschung an der Wirklichkeit, nämlich an dem, was man realiter erfährt:

»O bittre Weisheit, die die Fahrt uns lehrt!
Es hat der Welt stumpfsinnig Einerlei
Stets unser eignes Bild uns zugekehrt,
Ein Quell des Schreckes in öder Wüstenei.«

Diese Enttäuschung, schockierend wie die des »Voyage à Cythère«, führt zum neuen Aufbruch in das »Mer des Ténèbres«, das es realiter nicht gibt, das aber in Poes Dichtung auftaucht, und schließlich in den Tod:

– »laß uns zu tiefstem Schlund,
laß uns zu Himmel oder Hölle fahren!
Nur Neues zeig' uns, Tod, im fremden Grund!«

Diese Wende gegen die Realität führt also zur Entpragmatisierung und Entgegenständlichung. Der Exotismus, auch als Flucht aus der Zivilisation nicht nur bei Baudelaire bekannt, begegnet ihm nur noch als Wunschtraum, als »parfum exotique« der Frau, die in ihm Träume exotischer Landschaften erweckt, wahrscheinlich zurückgehend auf ein Liebeserlebnis der realen Reise Baudelaires, dem er in »A une créole« ein Denkmal setzt und das wohl den Anstoß zu seiner lebenslangen Bindung an die Mulattin Jeanne Duval führte.

Und damit wären wir bei dem letzten korrespondierenden Thema zum »Voyage à Cythère«, dem Thema, das man als das »Leiden am Fleische und seiner Verwesung« bezeichnen möchte. Vielleicht berührt es schon der antike Mythos von Aphrodite als Liebes- und Todesgöttin. Die mittelalterlichen Totentänze bis zum barocken »memento mori« brachten diesen Aspekt dauernd in Erinnerung. Die weite abendländische Tradition wuchs sich allerdings bei Baudelaire zu einer speziellen Komponente aus. Wenngleich er als erotischer Dichter sogar in die Mühlen der Justiz geriet, hatte doch Flaubert hellsichtig erkannt, daß Baudelaire gar nicht anstrebe, was er dauernd anpreise: »Und endlich besingen sie das Fleisch, ohne es zu lieben.«[19]

Kein Zweifel, daß Baudelaire, wie aus seinen Dichtungen hervorgeht, allen Leidenschaften gefrönt hat, aber in seelischer und geistiger Trennung von der Geliebten Jeanne Duval (Textabb.); kein Zweifel überdies, daß Baudelaires starke Mutterbindung für ihn die ideale Liebe war und die Enttäuschung an der realen auf der Schwelle lauerte.

Das schockierende Grunderlebnis der Verwesung, das »Un Voyage à Cythère« behandelt, kehrt in den Gedichten »Confession«, »Les Métamorphoses du vampire« und »Une Charogne« wieder.

Das Gedicht »Un Voyage à Cythère« steht sowohl am Kreuzungspunkt von historischen Liquidationsmodalitäten wie am Kreuzungspunkt zentraler Themen bei Baudelaire.

Der historische Liquidationspunkt betrifft den antiken Mythos, den Naturmythos und die Illusion der Emigration in der Reise, welche Modalitäten alle bereits in Watteaus »Embarque-

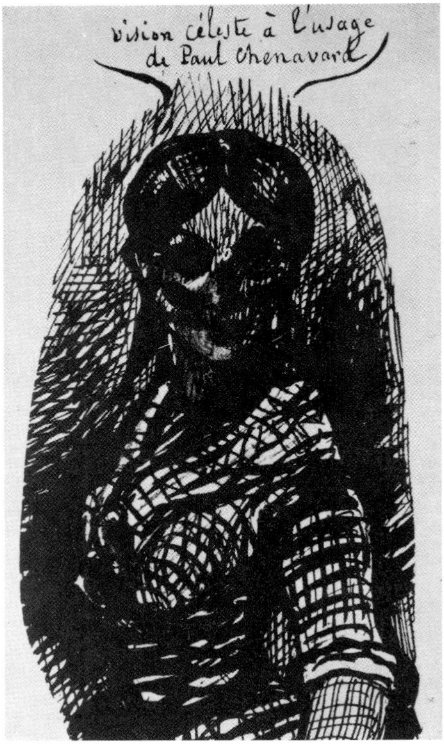

Charles Baudelaire, Jeanne Duval mit Totenkopf. Zeichnung

ment« ihre höchst künstliche Verschmelzung und Transposition erfahren; sie bringt eigentlich ein letztes Aufleuchten des antiken Mythos in der verklärten höfischen Verwandlung kurz vor seinem historischen Untergang in der Französischen Revolution. Unter dem Druck der modernen Zivilisation und der modernen Großstadterfahrung fand so etwas wie eine zweite Liquidation Watteaus statt: Landschaft und Natur wurden zur Stadtlandschaft, »le paysage des grandes villes«, wie Baudelaire schrieb; Mythos und Liebe unterlagen einer fundamentalen Desillusion, von der sie sich letztlich historisch nicht mehr erholen sollten. Baudelaire macht sich zum dichterischen Historiographen der Situation. Er wurde der erste Großstadtdichter *par excellence*, der auch als erster über die Lebensmodalitäten der Großstadt und die ästhetischen Änderungen, die sie in ihrer Wahrnehmung erzwang, auf bedeutende Weise nachgedacht hat.

Kythera besteht bei Gérard de Nerval aus nackten Felsen, die sich für Baudelaire imaginär wiederholen. Aber sie sind nur das Pendant der Städtelandschaft, die Baudelaire bei Méryon abgebildet fand und folgendermaßen beschrieben hat:

»Ich habe selten mit mehr Poesie die natürliche Feierlichkeit einer riesigen Stadt dargestellt gesehen. Die Majestät der gehäuften Steine, die Glockentürme, die mit ihrem Finger in den Himmel zeigen, die

Obelisken der Industrie, die gegen das Firmament ihren vereinigten Rauch speien, die ungeheuren Gerüste der zur Reparatur anstehenden Denkmäler, die auf die soliden Körper der Architektur ihre Architektur anbringen von einer paradoxen Schönheit, der bewölkte Himmel, geladen mit Wut und Rachsucht, die Tiefe der Perspektiven, erweitert durch den Gedanken an all die Dramen, die sie enthalten, keines der komplexen Elemente, aus denen sich die ruhm- und schmerzensreiche Ausstattung der Zivilisation zusammensetzt, war ausgelassen.«[20]

Dies der Erfahrungshintergrund zu Baudelaires entmythisierender Replik auf Watteau.

War der späte Adel der Régence-Zeit für den Künstler Watteau noch Ausläufer und Auffangort mythischer Projektionen des Idyllischen und Elysischen, so erlebten diese Projektionen zwar Nachspiele, waren aber nur noch als momentane Exaltationen künstlerisch zu realisieren. Die grundsätzlichen Liquidierer Industrie, Kommerz und Verstädterung ließen keine Totalität der mythischen Projektionen mehr zu. Die Bedeutung Baudelaires ist darin zu sehen, daß er das erkannt und in einer dichterischen Vision ausgesprochen hat.

Anmerkungen

1 Fragmente zur deutschen Literatur. Bd. II. Wien 1913, S. 133

2 Jean Paul, Vorschule der Ästhetik, in: Jean Paul, Werke. Darmstadt 1965 ff., Bd. 5, S. 261

3 Friedrich Schiller, Gesammelte Werke. Bd. 8. Berlin 1955, S. 599, 601

4 Georg Wilhelm Friedrich Hegel, Ästhetik. Berlin 1955, S. 274, 982

5 Jean Starobinski, Die Erfindung der Freiheit 1700–1789. Genf 1964, S. 160

6 Charles Baudelaire, Œuvres (Bibliothèque de la Pléiade). Paris 1954, S. 901, 936, 1026, 1167

7 Real-Encyclopädie der classischen Alterthumswissenschaft. Stuttgart 1894

8 Starobinski (Anm. 5), S. 66

9 Norbert Miller, Der Spiegel von Arkadien, in: Bilder vom irdischen Glück. Ausstellungskatalog. Berlin 1983, S. 47

10 Théophile Gautier, Les Jeunes-France. Bruxelles 1867, S. 184

11 Vgl. Sh. Jones, Vues sur Cythère ... Watteau et la critique romantique du XIXe siècle, in: Revue des Sciences Humaines, N. S. 40, Janvier-Mars 1975, S. 5 ff.

12 L'Art du XVIIIe siècle. Paris 1859, S. 11

13 Baudelaire (Anm. 6), S. 901

14 Vgl. Roger Bauer, Dernier Voyage à Cythère. La redé couverte du rococo dans la littérature européenne du 19ème siècle, in: B. Fabian (Hrsg.) Festschrift für Rainer Gruenther. Heidelberg 1978

15 Zit. nach Bauer (Anm. 14), S. 187

16 Vgl. Baudelaire (Anm. 6), S. 1555 Anm.

17 Œuvres (Bibliothèque de la Pléiade) Bd. 2. Paris 1961, S. 63 ff.

18 Baudelaire (Anm. 6), S. 1255. Die folgenden Seitenangaben hinter den jeweiligen Zitaten beziehen sich auf diese Ausgabe

19 Brief an Baudelaire vom 13. 7. 1857, in: Œuvres complètes. 19 Bde. Paris 1926 ff., Bd. 4: Correspondance, S. 206

20 Baudelaire (Anm. 6), S. 1083

Die Übersetzungen der französischen Prosatexte stammen von der Verfasserin, die der Gedichte Baudelaires von Therese Robinson.

Sabine Schütz

Idyllische Utopien
Bemerkungen zur Verwandtschaft idyllischen und utopischen Denkens

»In ihren bedeutendsten Ausprägungen [...] neigt die Idylle dazu, in Utopie überzugehen.«[1]

»Jede Idylle trägt utopische Züge, denn sie entspricht nie der Wirklichkeit. Sie entwirft immer ein Gegenbild dessen, was sich der Mensch – und seine jeweilige Gesellschaft, in die er hineingeboren ist – als Idealvorstellung einer besseren Welt erträumt.«[2]

Hinter diesen beiden Aussagen zur literarischen und kunsthistorischen Gattung der Idylle verbirgt sich eine Problematik, auf deren Erörterung im Zusammenhang mit der Entwicklung der Idylle nur schwerlich verzichtet werden kann: die Frage nach der Verwandtschaft idyllischen und utopischen Gedankenguts, speziell hinsichtlich seiner Umsetzung in Literatur und bildende Kunst.

Die Literaturwissenschaft hat sich ausführlich und unter mannigfaltigen Aspekten mit der Idylle, in jüngster Zeit auch verstärkt mit der Utopie als literarischer Gattung befaßt und auch, jedenfalls in Ansätzen, das komplexe Beziehungsgeflecht zwischen beiden erkannt und herausgearbeitet.[3] Dies leuchtet ein, wenn man bedenkt, daß sowohl die Idylle als auch die Utopie von ihrem Ursprung und Wesen her zunächst literarische Topoi sind und erst später von anderen Disziplinen wie der bildenden Kunst übernommen wurden. Über den Ursprung der Idylle in der antiken Hirtendichtung gibt der Aufsatz von Paul Gerhard Klussmann in diesem Band detailliert Aufschluß. Als eine der frühesten Utopien wird im allgemeinen Platons Staatsentwurf »Politeia« genannt; erst in der Renaissance aber entfaltete sich die Utopie zu einer eigenständigen literarischen Gattung. Als der spätere englische Lordkanzler Thomas Morus 1516 seinen fiktiven Reisebericht »De optimo republicae statu, deque nova insula Utopia« veröffentlichte (vgl. Textabb.), prägte er mit seiner Wortschöpfung (Utopia, griech. = Nirgendwo, Niemandsland) einen Begriff, der im Laufe der folgenden Jahrhunderte von fast allen geistes- und auch naturwissenschaftlichen Fakultäten aufgegriffen und mit den vielfältigsten Inhalten und Deutungen versehen werden sollte.

1982 befaßte sich ein interdisziplinäres Symposium der Universität Bielefeld mit dem neuesten Stand der Utopieforschung in den einzelnen Fachbereichen. Historiker, Literaturwissenschaftler, Theologen und Soziologen trugen die Resultate ihrer weitverzweigten Untersuchungen in einer dreibändigen Aufsatzsammlung[4] zusammen und förderten ein facettenreiches, zwangsläufig uneinheitliches Bild neuzeitlichen utopischen Denkens zutage. Allein der Versuch einer verbindlichen, fachübergreifenden Utopie-Definition erweist sich als im umgangssprachlichen Sinne »utopisch«. »›Utopie‹, einer der hoffnungsträchtigsten Begriffe unserer Zeit, hat sich trotz aller Definitionsbemühungen in diesem Jahrhundert in eine vage, schwer faßliche Kategorie verwandelt.«[5]

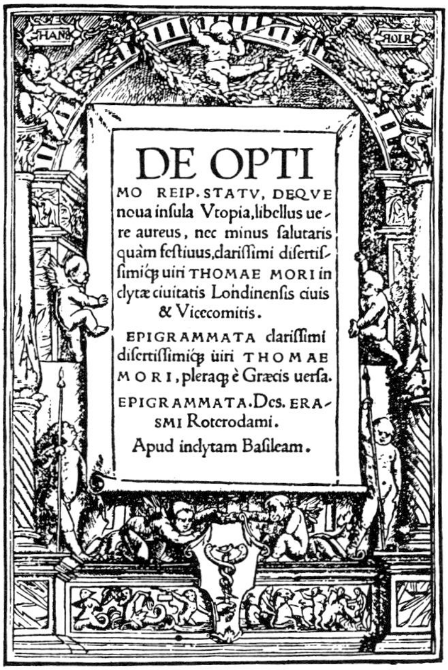
DE OPTI
MO REIP. STATV, DEQVE
noua inſula Vtopia, libellus ue-
re aureus, nec minus ſalutaris
quàm feſtiuus, clariſſimi diſertiſ-
ſimiq́; uiri THOMAE MORI in
clytæ ciuitatis Londinenſis ciuis
& Vicecomitis.
EPIGRAMMATA clariſſimi
diſertiſſimiq́; uiri THOMAE
MORI, pleraq́; è Græcis uerſa.
EPIGRAMMATA. Des. ERA-
SMI Roterodami.
Apud inclytam Baſileam.

Titelblatt zu: Thomas Morus, Utopia. Basel 1517

In seiner Einleitung zur »Utopieforschung« vermerkt es Wilhelm Voßkamp »als besonderen Mangel, daß kunst- und architekturgeschichtliche Diskussionen nur eine marginale Rolle spielen konnten«[6]. In der Tat sind die Erkenntnisse, die die Kunstwissenschaft bislang zur Utopie-Diskussion beigesteuert hat, eher dürftig. Anders als die Philosophie, deren Überlegungen zur utopischen Funktion von Kunst die ästhetischen Dimensionen der Utopie sehr genau ausgeleuchtet haben, hat die Kunstwissenschaft noch keinen gültigen Begriff des »Utopischen in der Kunst« entwickelt.[7] Zwar kommt kaum eine Abhandlung über beispielsweise den Klassizismus oder die niederländische De Stijl-Bewegung ohne den Verweis auf den utopischen Gehalt dieser Kunst aus, und daß einzelne Werke der Malerei wie Boschs »Garten der Lüste« oder Bruegels »Schlaraffenland« (Textabb.) unverkennbar utopische Züge tragen, darüber sind sich die Kunsthistoriker weitgehend einig. Was nun aber das »Utopische« in der Kunst sei, dafür fehlt noch jegliche gültige Definition.

Die nachfolgenden Überlegungen zum Verhältnis zwischen Idylle und Utopie werden somit vom literarischen Utopie-Begriff und seiner historischen Entwicklung ausgehen. Die oft gestellte Frage nach dem utopischen Gehalt der Idylle wird hierbei zurücktreten vor der Frage nach dem idyllischen Moment in Utopien.

Meyers Lexikon definiert »Utopie« als einen Begriff zur Erfassung

»1) einer die Realitätsbezüge ihrer Entwürfe bewußt oder unbewußt vernachlässigenden Denkweise sowie

Pieter Bruegel, Das Schlaraffenland. 1567. Öl auf Holz, 52×78 cm. Bayerische Staatsgemäldesammlungen München, Alte Pinakothek

2) einer literarischen Denkform, in der Aufbau und Funktionieren idealer Gesellschaften und Staatsverfassungen eines räumlich und/oder zeitlich entrückten Ortes, oft in Form fiktiver Reiseberichte, konstruiert werden«[8].

Dieser knappe, zwischen umgangssprachlicher und literarischer Interpretation des Begriffs trennende lexikalische Artikel markiert bereits die Pole, zwischen denen sich alles utopische Denken von Platon über Morus bis in die Gegenwart erstreckt: den Wunsch nach einer idealen Welt einerseits und die Einsicht in die Unerfüllbarkeit dieses Wunsches andererseits. Daß das »Prinzip Hoffnung«, welches unser heutiges Utopie-Verständnis dank der Philosophie Ernst Blochs ganz entscheidend prägt, in den frühneuzeitlichen Utopien des 16. bis frühen 18. Jahrhunderts eine zunächst eher unwesentliche Rolle spielte, macht einen Blick auf die Tradition der sogenannten »klassischen« Utopien deutlich.

Die historischen Voraussetzungen für die Ursprünge utopischer Vorstellungen zu Beginn des 16. Jahrhunderts liegen auf der Hand: Das in der Renaissance erwachende Staats- und Nationalbewußtsein machte ein Denken in staatlichen Grenzen und Verfassungen überhaupt erst möglich.[9] Die beginnende Entdeckung fremder Kontinente und Völker lieferte den daheimgebliebenen Europäern nicht nur reichlich Stoff für ihre Phantasie, sondern weckte überdies das Bewußtsein für die Möglichkeiten alternativer Lebens- und Gesellschaftsformen.

So ist es kein Zufall, daß Thomas Morus seinen fiktiven Reisebericht vom Inselstaat »Utopia« einem ebenfalls fiktiven Raphael Hythlodaeus, Gefolgsmann des italienischen Entdeckers Amerigo Vespucci, in den Mund legte. Er spielte also mit dem verrutschten Weltbild seiner Zeitgenossen, die in den zurückliegenden 25 Jahren vermutlich gelernt hatten, alles zu glauben und zugleich zu bezweifeln (vgl. Textabb.).[10] Vor allem aber schützte ihn dieser Kunstgriff – nämlich einen weitgereisten Kenner dieser Erde zu Wort kommen zu lassen – vor dem Vorwurf, aufrührerisches Ideengut zu verbreiten. Und gerade das war ja seine Absicht. Morus' Beschreibung der besten denkbaren Staatsverfassung bezieht sich in vielen Details – und in mancher satirischen Anspielung – direkt auf die Verhältnisse im England Heinrichs VIII., deren Mängel er herausstreicht, indem er sie mit dem Idealbild konfrontiert und kontrastiert. Seine Abhandlung ist zutiefst verwurzelt in seiner eigenen Zeit – auch und gerade da, wo sie sich besonders weit davon entfernt. Fast alle Utopien basieren bekanntlich auf materieller Gleichheit, und auch Morus' Utopier kennen kein Privateigentum. Im Staatsschatz der Insel aber befindet sich ein unermeßliches Vermögen – für Notfälle. Zwar müssen die Utopier täglich sechs Stunden arbeiten, aber alles ist in diesem Staat darauf angelegt, seinen Bürgern möglichst viel Zeit zu lassen für die Pflege musischer und geistiger Bedürfnisse. »Nach dem Abendessen verbringen sie dann eine Stunde mit Spielen, im Sommer in den Gärten. [...] Dort treiben sie Musik oder erholen sich bei Gesprächen.«[11] Harmonisches Beisammensein in freier Natur, Musik und Gespräche, kurz: erfüllte Muße – das utopische Lebensideal trägt wahrhaft idyllische Züge. Und auch die Idylle ist ja, indem sie das ursprüngliche Ideal von der Harmonie zwischen Mensch und Natur ausmalt, ein Gegenbild zur vermeintlichen Disharmonie der jeweiligen Gegenwart.

Vielen der frühen Reise-Utopien ist dieser Hang zur Schilderung eines durch Merkmale des Idyllischen bestimmten Idealzustands gemeinsam. Sogar die Einwohner von Thomas Campanellas absolutistisch reglementiertem »Sonnenstaat« (1623), den Ernst Bloch als »Utopie der Ordnung« Morus' »Utopie der Freiheit« entgegensetzt[12], führen ein harmonisches und zufriedenes, weil an ihren natürlichen Bedürfnissen orientiertes Leben. Und doch ist das Idyllische

J. Hondius, Die wunderbaren Leute, so in Guiana wohnen. Kupferstich aus: Kurtze Wunderbare Beschreibung Deß Goldreichen Königreichs Guianae ... Erstdruck: London 1596, deutsche Ausgabe: Frankfurt/M. 1612

dieser frühen Utopien immer nur ein, wenn auch zentrales, Moment innerhalb des gesamtgesellschaftlichen Entwurfs. Denn in erster Linie geht es jeder Utopie darum, die sozialen Voraussetzungen idyllischen, und das heißt: konfliktfreien, gerechten und natürlichen Daseins zu entfalten. Zu diesem Zweck entwerfen ihre Autoren, immer ausgehend von den verbesserungswürdigen Verhältnissen der eigenen Gesellschaft, gegenbildliche Systeme, deren Rädchen mit bestechender Logik ineinandergreifen. Diese Logik funktioniert allerdings nur immanent, im Rahmen des erdachten Modells. Die »klassische« Utopie befindet sich jenseits aller historischen Erfahrung, denn das unaufgeklärte Geschichtsbewußtsein ihrer Zeit verhinderte ein Denken in historischen Kategorien. Die noch nicht vorhandene Einsicht in die eigene politisch-soziale Mündigkeit und folglich die Unterwerfung des Menschen unter ein von Gott gelenktes Schicksal ließ die Vorstellung von der Utopie als zukünftiger Möglichkeit nicht zu. Als praktische Handlungsanweisungen für die Gestaltung einer besseren Welt sind diese Utopien denn auch denkbar ungeeignet, zumal sie selbst gar keinen Anspruch auf Realisierbarkeit erheben. Ihre geographischen Schauplätze sind zumeist an einen noch nicht entdeckten Ort dieser Welt verbannt, weshalb die Utopieforschung, um deren »Zeitlosigkeit« zu unterstreichen, von »Raumutopien« spricht. Als soziale Phantasmagorien existieren sie – vollkommen unvermittelt zu realen zeitgeschichtlichen Abläufen – im »Niemandsland«. Gerade in dieser Negation von Zeit und Raum aber sind sie den Idyllen der Antike und ihrer eigenen Zeit direkt vergleichbar. Das private, räumlich begrenzte Schäferstündchen der Idylle bauen sie aus zum öffentlichen Konstrukt einer reibungslos und zum Wohle aller funktionierenden Gesellschaft. Das idyllische Ideal von der Einheit zwischen Natur und Mensch ist in den klassischen Raumutopien in zweifachem Sinne »aufgehoben«: Eingebunden in ein soziales Gerüst, erfüllt sich die retrospektive Arkadiensehnsucht in einer fiktiven Gegenwart. Wäre Thomas Morus in der Lage gewesen, einen utopischen Film zu drehen, dann gäbe die Idylle das ideale Standfoto ab.

Die im Zuge der Aufklärung sich vollziehende Emanzipation des Menschen von seiner »selbstverschuldeten Unmündigkeit« (Kant) bewirkte in der zweiten Hälfte des 18. Jahrhunderts entscheidende Veränderungen auch in der Struktur und Zielrichtung utopischen Denkens. Der Mensch als selbständig denkendes, allein von seiner Vernunft bestimmtes Wesen war jetzt nicht nur für sein individuelles Schicksal selbst verantwortlich; auch der Verantwortung für soziale und historische Prozesse konnte er sich nicht länger entziehen. Geschichte war nicht mehr gleichbedeutend mit der Aneinanderreihung göttlicher Willens- und Willkürakte, sondern wurde als Konsequenz aus menschlichem Denken und Handeln erkannt. Dieses neuerwachte historische Bewußtsein machte es nun möglich, die Gegenwart nicht nur mühelos aus der Vergangenheit abzuleiten, sondern sie auch zukunftsgerichtet weiterzuentwickeln. Utopie bedurfte nicht mehr des »Sprungs aus der Geschichte«, sondern konnte als Möglichkeit direkt aus der Wirklichkeit abgeleitet werden. Auch die Hilfskonstruktion eines fiktiven Raumes war folglich überflüssig geworden. »Wenn, [...] durch die Identität des Raumes bewirkt, die utopischen Veränderungen nur in der Zeit stattfinden können, so muß sich [...] das Interesse der Utopie auf die Transformation der alten Zeit in eine neue und gleichzeitig andere konzentrieren.«[13] An die Stelle der alten »Raumutopie« tritt im 18. Jahrhundert die sogenannte »Zeitutopie«, deren Projektionsfläche in der Regel, nicht aber zwingend, die Zukunft ist. Ziel dieser

Utopie ist der »ideale« Mensch, dem es obliegt, die neue Gesellschaft aufzubauen. Das »moralische Subjekt«[14] wird zur Bedingung des utopischen Staates schlechthin.

Den Entwurf eines solchen, ganz vom perfekten Individuum ausgehenden Idealstaates stellt, als eines der bemerkenswertesten Beispiele spätaufklärerischer Utopie-Literatur, Christoph Martin Wielands Roman »Der Goldne Spiegel« (1772/1794) dar.[15] Der Tradition des Fürstenspiegels folgend, entrollt Wieland hier die Geschichte des exotischen Landes Scheschian, das unter der Herrschaft des klugen und empfindsamen Monarchen Tifan zum idealen Staatsgebilde avanciert. Für unsere Betrachtungen ist besonders die Tatsache interessant, daß Wieland, sozusagen als alternatives Modell zu seinem utopischen Königreich, den Bericht von einer idyllischen Utopie in seine Erzählung einblendet: Schöne, fröhliche Hirten und Bauern, deren »Eintracht, Mäßigkeit, natürliche Einfalt, Zufriedenheit und ruhiges Vergnügen«[16] sie als idyllischen Menschenschlag reinster Prägung ausweisen, bewohnen ein kleines und überschaubares Land in den Bergen. Diese »Kinder der Natur« kommen ohne Staatsoberhaupt aus, da die natürlichen Lebensregeln, denen sie gehorchen, jeder von Menschen konstruierten Verfassung überlegen sind. Daß dieses Rousseausche Naturvölkchen im Gesamtzusammenhang des Wielandschen Staatsentwurfs aber eben nur eine Randerscheinung bleibt, ist bezeichnend für die aufgeklärte Form der Utopie; das idyllische Ideal bleibt zwar erhalten als Erinnerung an eine alte Sehnsucht, ihr eigentliches Interesse aber gilt der Zukunft, die allein die Gegenwart verbessern kann.

Mit dem dialektischen Verhältnis von Idylle und Utopie, wie es sich im aufgeklärten Denken offenbart, hat sich eingehend Klaus P. Hansen auseinandergesetzt. Als eine Nachbartradition zur utopischen konstatiert Hansen eine »retrospektive Mentalität«, die sich – in der Literatur – als »Kontinuität eines Grundmodells idyllisch-nostalgischer« Vorstellungen manifestiert. Sehr richtig stellt Hansen fest, daß es dem »degressiven Kern der Retrospektive [entspreche], den Menschen in ein größeres Ganzes [...] ein- bzw. unterzuordnen, während es ihr nicht gegeben ist, Autonomie positiv zu begreifen und den Menschen als Gestalter eines eigenen Schicksals, ja als Herrscher über Natur und Geschichte zu bejahen«[17]. Dies muß die Aufgabe der Utopie sein. Und gerade in dieser Zukunftsorientierung besteht der Vorsprung, den die Utopie vor der Idylle hat.

Letztere nämlich wähnt das Ideal nach wie vor in einer arkadischen, vorkulturellen Zeit – nicht jedoch, ohne sich der Künstlichkeit dieses Bildes bewußt zu sein. Schon 1730 hatte Gottsched das Schäfergedicht als bloße »Nachahmung des unschuldigen, ruhigen und ungekünstelten Schäferlebens, welches vorzeiten in der Welt geführet worde«[18], erkannt, und Herder hob den Illusionscharakter der Idylle hervor. Denn daß der Mensch auf natürlichem Wege nicht mehr zu einem idyllischen Ur-Zustand zurückkehren kann, auch das war eine – gewiß schmerzliche – Erkenntnis der aufgeklärten Vernunft. Die Idylle blieb zwar, indem sie die natürliche Schlichtheit Arkadiens pries, ein Gegenbild zu der durch Kultur und Zivilisation verbildeten Gegenwart, als Ziel sozialpolitischer Prognosen aber taugte sie nicht mehr.

Den auf natürliche Weise nicht zu behebenden Bruch zwischen Natur und Kultur »künstlich«, und zwar mit Hilfe der Idylle, zu überbrücken – dieses in zweifacher Hinsicht »utopische« Anliegen verfolgte Friedrich Schiller in seiner Schrift »Über naive und sentimentalische Dichtung« (1795).[19] Eingedenk des 1789 fehlgeschlagenen Versuchs, Geschichte durch realpolitisches Handeln zum Besseren zu wenden, entwarf er seine »Utopie des Ästhetischen«[20]. Ziel dieser Utopie ist die Wiederherstellung des verlorenen Zustands, denn »ein solcher Zustand findet nicht bloß vor dem Anfange der Kultur statt, sondern er ist es auch, den die Kultur, wenn sie überall nur eine bestimmte Tendenz haben soll, als ihr letztes Ziel beabsichtet«[21]. Das Ideal der Idylle, nämlich »den Menschen [...] in einem Zustand der Harmonie und des Friedens mit sich selbst und von außen«[22] darzustellen, katapultiert er gewissermaßen aus dem »einfachen Hirtenstand« archaischer Vorzeit in die Zukunft und verleiht ihm so die Dimension des Möglichen. Der Idyllendichter »führe uns nicht rückwärts in unsre Kindheit [...], sondern führe uns vorwärts zu unsrer Mündigkeit. [...] Er mache sich die Aufgabe einer Idylle, welche jene Hirtenunschuld auch in Subjekten der Kultur und unter allen Bedingungen des rüstigsten, feurigsten Lebens, des ausgebreitetsten Denkens, der raffiniertesten Kunst, der höchsten gesellschaftlichen Verfeinerung ausführt, welche mit einem Wort den Menschen, der nun einmal nicht mehr nach Arkadien zurück kann, bis nach Elysium führt«[23]. Schillers Idyllen-Theorie war der Versuch, die Gattung über ihre Grenzen hinauszuführen und sie dem Ideal anzugleichen. Indem aber die Idylle »sich selbst transzendiert«[24], schafft sie sich zugleich auch selbst ab. Bei allen gesellschaftskritischen Ansätzen und Überlegungen blieb Schillers »Elysium«, diese Utopie vom »ganzen«, weil ästhetisch gebildeten Menschen, eine rein ästhetische Utopie. Seine Grundidee läßt sich weiterverfolgen bis hin zu Ernst Bloch und dessen Theorie vom »künstlerischen Schein als sichtbarem Vor-Schein«[25]. Für das beginnende 19. Jahrhundert aber mußte die idealistische Vorstellung von der schönen Kunst als dem »Werkzeug aller Verbesserung im Politischen«[26] »schöner Schein« und »utopische« Theorie bleiben.

Während also Schiller die Idylle als Gattung aufhob, indem er sie dem utopischen Ideal anzunähern trachtete, läßt sich an der Weiterentwicklung der Idylle im 19. Jahrhundert die exakt gegenläufige Tendenz beobachten. Deutlicher als an der Literatur ist diese nun an der Malerei ablesbar, denn »charakteristischerweise wurde das Bild des bürgerlichen Hauses, der biedermeierlichen Familie weit vollkommener als in der Literatur in der bildenden Kunst gezeichnet, vollkommener, weil dort der programmatisch-sittliche Anspruch zurücktrat«[27]. In der beschaulichen, selbstzufriedenen Genremalerei des Biedermeier entfaltete sich die Idylle zu ihrer letzten Blüte. Angesichts von Gemälden wie zum Beispiel von der Embdes »Georg Friedrich von Ditfurth und Familie« (1829; Kat.-Abb. 21) oder Ludwig Richters »Frühlingsabend« (1844; Kat.-Abb. 53) kann man sich allerdings nur noch schwer vorstellen, daß in dieser Gattung einmal Sehnsüchte, ja sogar sozialkritische Gegenbilder ihren Ausdruck fanden. Denn in der Idylle des Biedermeier ist das Ideal auf Wohnzimmerformat zusammengeschrumpft und deckungsgleich geworden mit der Realität. Die einstige Sehnsucht nach dem verlorenen arkadischen Ideal hat sich in der Glückseligkeit einer sich selbst genügenden Gegenwart aufgelöst. »Daß eine solche Fixierung auf die Gegenwart für die Idylle den Verlust ihres utopischen Charakters bedeutet«[28], steht außer Frage. Als Affirmation der herrschenden bürgerlichen Gesellschaft bot sie keinen Platz mehr für fortschrittliches, zukunfts- und gesellschaftsorientiertes Denken.

Mit der Erstarrung der Idylle im konservativ-bürgerlichen Gemütlichkeitsideal ging in der ersten Hälfte des 19. Jahrhunderts eine Verdichtung der Utopie zu konkreten gesellschaftpolitischen Entwürfen und Forderungen einher. Der Ruf nach Freiheit und sozialer Gerechtigkeit

Robert Owen, Projekt »New Harmony«, Indiana. 1825

artikulierte sich in den »Sozialutopien« jener Zeit. Ausgehend von der Analyse der herrschenden Verhältnisse entwarfen ihre Verfasser sozialutopische Systeme, die in ihrer Konstruiertheit oft fatale Ähnlichkeiten mit den frühneuzeitlichen Raumutopien aufwiesen. So träumte etwa Charles Fourier in seiner 1806 erschienenen »Theorie der vier Bewegungen und der allgemeinen Bestimmungen« von einer sozialistischen, auf der Grundlage der natürlichen menschlichen Leidenschaften errichteten Gesellschaft; und der britische Unternehmer Robert Owen verfaßte nicht nur sozialreformerische Schriften – wie etwa 1813/14 seine »Neue Auffassung von der Gesellschaft« –, sondern unternahm 1825 sogar den Versuch, seine Idee von einer kommunistisch organisierten Gemeinschaft – bezeichnenderweise in der »Neuen Welt« – Wirklichkeit werden zu lassen. Owens Gründung »New Harmony« (!) im Staate Indiana (Textabb.), die schon wenige Jahre später an der Disharmonie ihrer Mitglieder scheiterte, kann als der durchaus »idyllische« Traum eines Industriellen vom beschaulichen Leben auf dem Lande gewertet werden.

Ob ihrer Undurchführbarkeit handelten sich die Sozialutopien des frühen 19. Jahrhunderts denn auch bald den Vorwurf des »Utopismus« ein. »Utopie« beziehungsweise »Utopist« entwickelte sich um 1830 regelrecht zum politischen Kampfbegriff[29], mit dem sich Politiker und Sozialtheoretiker jedweder Couleur gegenseitig in ihrer Glaubwürdigkeit zu diskreditieren trachteten. So erscheint es nur konsequent, daß die konkreteste aller Sozialutopien sich ganz entschieden gegen eben jenen »Utopismus«-Vorwurf abzugrenzen suchte. Die Skepsis des Marxismus gegenüber der Utopie schlägt sich deutlich im Titel der 1882 von Friedrich Engels herausgegebenen Abhandlung »Die Entwicklung des Sozialismus von der Utopie zur Wissenschaft« nieder. Und in der Tat verzichteten Marx und Engels, im Unterschied zu ihren »utopistischen« Vorläufern, ganz bewußt darauf, ein – womöglich idyllisches – Bild der angestrebten klassenlosen Gesellschaft auszumalen, ging es ihnen doch allein darum, den dialektisch-materialistischen Weg dorthin aufzuzeigen.

Der »entzauberten« Utopie marxistischen Zuschnitts steht also in der zweiten Hälfte des letzten Jahrhunderts die »realistische« Idylle des Kleinbürgers scheinbar unvermittelt gegenüber. Gerade angesichts der ganz und gar konträren Positionen, die die ehemals so eng verschwisterten Gattungen Idylle und Utopie nun einzunehmen scheinen, verwundert der Idealismus, mit dem Bewegungen und Theorien der bildenden Kunst schon ab etwa 1860 beide Phänomene ideologisch wie ästhetisch miteinander zu vermitteln suchten. Wie eng aber in Wirklichkeit die »Utopie der vollendeten kommunistischen Gesellschaft« nach wie vor in idyllisch-idealischen Vorstellungen verankert war, demonstrierte spätestens 1890 der englische Kunsthandwerker und -theoretiker William Morris mit seinem utopischen Roman »Kunde von Nirgendwo«. In Anlehnung an Marx, aber auch an Fourier und andere Sozialutopisten, skizzierte Morris in seiner Erzählung die perfekte Idylle des kommunistischen England im späten 20. Jahrhundert. Kennzeichnend für diesen Roman ist seine feindliche Haltung gegenüber technischem Fortschritt, die hier eine – scheinbare – Synthese mit politischer Zukunftsgläubigkeit eingeht. Gerd Selle spricht von einer »Nostalgie nach vorn, der man sich schwerlich entziehen kann«[30], und Ernst Bloch nannte Morris einen kunstgewerblichen »Homespun-Sozialisten«[31].

Die utopisch-nostalgische Sehnsucht nach einer vorindustriellen Gesellschaft freier und gleicher Menschen kennzeichnet die gesamte englische »arts and crafts«-Bewegung, die Morris, zusammen mit John Ruskin, schon in den 60er Jahren des 19. Jahrhunderts begründet hatte. Basis dieser Idealgesellschaft sollte die Einheit von Kunst und Handwerk und schließlich von Kunst und Leben sein. Diese durchaus im Schillerschen Sinne zu verstehende Idee von der Wiederherstellung einer ursprünglichen Ganzheitlichkeit durch die Kunst ist auch konstitutiv für alle kunsthandwerklichen Reformbewegungen nach Morris. So schrieb beispielsweise Henry van de Velde 1907: »Der Sinn, die Form, den Zweck aller Dinge der materiellen modernen Welt mit derselben Wahrheit erkennen, mit der die Griechen [...] Sinn, Form und Zweck der Säule erkannt haben [...] Vernünftig denken, die künstlerische Sensibilität kultivieren! Jeder von uns vermag das heute für sich selbst; es handelt sich nur darum, daß deren viele werden, auf daß eine neue soziale Atmosphäre entstehe.«[32] Und in Oskar Schlemmers »Manifest zur ersten Bauhaus-Ausstellung« 1923 heißt es voller Enthusiasmus: »Der Baugedanke soll die verlorene Einheit wiederbringen, die in einem versackten Akademikertum und einem verbosselten Kunstgewerbe zugrunde ging; er soll die Beziehung aufs Ganze wiederherstellen und in einem höchsten Sinn das Gesamtkunstwerk ermöglichen. Das Ideal ist alt, seine Fassung jedoch immer wieder neu.«[33]

Der »Hang zum Gesamtkunstwerk«, wie er sich in dieser Äußerung Schlemmers manifestiert, beschränkte sich aber keineswegs nur auf die dem Zusammenschluß der Künste naturgemäß besonders zugeneigten gestalterischen Erneuerungsbewegungen der frühen Moderne – wie etwa der Wiener Werkstätten, des Deutschen Werkbundes oder schließlich des Bauhauses. Auffallend viele Richtungen und Bewegungen der jungen Moderne sind durchdrungen von der Überzeugung, daß es Aufgabe der neuen Kunst sei, den »neuen« Menschen, ja, sogar die neue Gesellschaft heranzubilden. Die Künstler des Blauen Reiter mit ihrem Anliegen, »Natur und

Oskar Schlemmer, Utopia. 1921. Farblithographie, 17×24 cm. Gimpel-Hanover und André Emmerich Galerie, Zürich. © 1986 by Familie Schlemmer, Nachlaß Oskar Schlemmer, Badenweiler

Mensch in einem großen Seinszusammenhang zu sehen« (Werner Haftmann), trugen zu dieser ästhetischen Utopie genauso bei wie zum Beispiel die Brücke-Maler in ihrem einem »gesteigerten Lebensgefühl« entsprungenen »Glauben an Entwicklung, an eine neue Generation der Schaffenden wie der Genießenden«[34]; oder die niederländische Bewegung De Stijl, deren Protagonisten Theo van Doesburg und Piet Mondrian 1918 schrieben: »Das neue Zeitbewußtsein ist bereit, sich in allem, auch im äußerlichen Leben, zu realisieren.« Sie forderten auf zur »Bildung einer internationalen Einheit in Leben, Kunst, Kultur«[35].

Trotz aller optimistischen Aufbruchstimmung, die aus dergleichen – beliebig fortsetzbaren – programmatischen Thesen spricht, ist »das Ideal [...] alt« (Schlemmer). Die Sehnsucht nach der »verlorenen Einheit«, der Wunsch nach der Erlösung des Menschen von Entfremdung und Vereinzelung ist im Grunde der gleiche, der schon Thomas Morus zu seiner utopisch-idyllischen Gesellschaftsfiktion veranlaßte.

Jedoch: Kirchners Bilder sind expressionistisch, Kandinskys Aquarelle lyrisch und Mondrians Abstraktionen geometrisch. Idyllisch oder gar in einem konkreten Sinne utopisch ist lediglich die Theorie. Das Kunstwerk selbst hingegen kann – und darf – nur im Blochschen Sinne »Vorschein« sein; in ihm wird ein »utopischer Horizont angepeilt [...], ohne ein Zukunftsbild auszumalen«[36].

Alle – sozialen wie auch ästhetischen – Utopien enthalten ein Stück idyllisch-retrospektiver Sehnsucht, deren nostalgischer Geist durch ihre Projektion in die Zukunft nur scheinbar aufgehoben wird. Sobald sich diese Sehnsucht in der Kunst erfüllt, verliert sich – das hat das Beispiel des Biedermeier gezeigt – ihr utopischer Gehalt. Einen gewiß bemerkenswerten Versuch, »Utopia« im Kunstwerk sichtbar zu machen, unternahm 1921 Oskar Schlemmer (Textabb.). Der Versuch mußte mißlingen, denn, um mit einem Wort von Theodor W. Adorno zu schließen: »Erfüllte sich die Utopie von Kunst, so wäre das ihr zeitliches Ende.«[37]

Anmerkungen

1 Renate Böschenstein-Schäfer, Idylle. 2. Aufl., Stuttgart 1977, S. 5

2 Erika Billeter, Ländliche Idylle – malerische Utopien, in: DU – die Zeitschrift für Kunst und Kultur, 9,1985, S. 37

3 Vgl. zum Beispiel Ernst A. Schmidt, Bukolik und Utopie. Zur Frage nach dem Utopischen in der antiken Hirtenpoesie, in: Wilhelm Voßkamp (Hrsg.), Utopieforschung. Interdisziplinäre Studien zur neuzeitlichen Utopie, Bd. 2, Stuttgart 1982, S. 21–36 – Klaus P. Hansen, Utopische und retrospektive Mentalität: Überlegungen zu einer verkannten Tradition, in: Deutsche Vierteljahrsschrift für Literaturwissenschaft und Geistesgeschichte, Heft 4, Dezember 1983, S. 569–592

4 Voßkamp (Anm. 3)

5 Lucian Hölscher, Der Begriff der Utopie als historische Kategorie, in: Voßkamp (Anm. 3), Bd. 1, S. 402

6 Voßkamp (Anm. 3), Bd. 1, S. 8

7 Dies gilt insbesondere für die Malerei, während der utopische Aspekt in der Architektur bereits verschiedentlich untersucht worden ist. Vgl. hierzu Adolf Max Vogt, Russische und französische Revolutionsarchitektur 1971 1789. Köln 1974 – Revolutionsarchitektur: Boullée, Ledoux, Lequeu. Ausstellungskatalog. Kunstmuseum Düsseldorf. 1971

8 Meyers Großes Taschenlexikon. Bd. 23. Mannheim 1981, S. 63

9 Vgl. hierzu Norbert Elias, Thomas Morus' Staatskritik. Mit Überlegungen zur Bestimmung des Begriffs Utopie, in: Voßkamp (Anm. 3), S. 101–150, bes. Kap. II

10 Nur am Rande sei hier auch auf Nikolaus Kopernikus' schon 1507 erkannten Heliozentrismus unseres Planetensystems verwiesen

11 Thomas Morus, Utopia, zit. nach: Klaus J. Heinisch, Der utopische Staat. Hamburg 1960, S. 55

12 Ernst Bloch, Das Prinzip Hoffnung. Bd. 2. Frankfurt/M. 1959, Neuaufl. 1974, S. 598 und 607

13 Jürgen Fohrmann, Utopie, Reflexion, Erzählung: Wielands »Goldner Spiegel«, in: Voßkamp (Anm. 3), Bd. 3, S. 24

14 Ebd., S. 30

15 Vgl. Fohrmann (Anm. 13)

16 Zit. nach Fohrmann (Anm. 13), S. 28

17 Hansen (Anm. 3), S. 592

18 Zit. nach Böschenstein-Schäfer (Anm. 1), S. 68

19 Friedrich Schiller, Über naive und sentimentalische Dichtung, in: Schillers Werke. Die Templer Klassiker, Bd. 2. Berlin und Darmstadt 1960, S. 678–750

20 Klaus L. Berghahn, Ästhetische Reflexion als Utopie des Ästhetischen. Am Beispiel Schillers, in: Voßkamp (Anm. 3), Bd. 3, S. 146–171

21 Schiller (Anm. 19), S. 720

22 Schiller (Anm. 19), ebd.

23 Schiller (Anm. 19), S. 724

24 Böschenstein-Schäfer (Anm. 1), S. 112

25 Ernst Bloch (Anm. 12), S. 242 ff.

26 Friedrich Schiller, Die ästhetische Erziehung des Menschen, zit. nach Berghahn (Anm. 20), S. 154

27 Böschenstein-Schäfer (Anm. 1), S. 131
28 Klaus Bernhard, Idylle – Theorie, Geschichte, Darstellung in der Malerei 1750–1850. Köln und Wien 1977, S. 32/33
29 Vgl. hierzu Hölscher (Anm. 5)
30 Gerd Selle, William Morris und sein Roman, in: Gerd Selle (Hrsg.), William Morris, Kunde von Nirgendwo. Eine Utopie der vollendeten kommunistischen Gesellschaft und Kultur aus dem Jahre 1890. Köln 1974, S. 24
31 Zit. ebd., S. 18
32 Henry van de Velde, Gedankenfolge für einen Vortrag, zit. nach: G. C. Argan, Die Kunst des 20. Jahrhunderts 1880–1940. Vollständiger Nachdruck in: Propyläen Kunstgeschichte, Bd. 12. Berlin 1984, S. 70
33 Zit. ebd., S. 107
34 Zit. ebd., S. 75
35 Theo van Doesburg/Piet Mondrian u. a., Erstes Stijl-Manifest, zit. nach Argan (Anm. 32), S. 85
36 Berghahn (Anm. 20), S. 147
37 Theodor W. Adorno, Ästhetische Theorie. Frankfurt/M. 1970, S. 55 f., zit. nach Berghahn (Anm. 20), S. 147

Kat.-Abb. 1–12 s. S. 13–20

13 Johann Heinrich Tischbein d. Ä., Das Fuldatal bei Kassel. Um 1765–75. Öl auf Leinwand, 89 × 125 cm. Neue Galerie – Staatliche und Städtische Kunstsammlungen Kassel ▷

14 Philipp Hieronymus Brinckmann, Waldige Landschaft. Um 1750. Öl auf Holz, 51,5 × 40 cm. Sammlung Georg Schäfer, Schweinfurt

15 Wilhelm Krause, Südliche Ideallandschaft. 1830. Öl auf Holz, 93,5 × 124 cm. Kunsthalle Bremen

16 Ferdinand und Wilhelm von Kobell, Gebirgslandschaft mit Weidetieren. Um 1792–93. Öl auf Leinwand, 33,3 × 43,1 cm. Bayerische Staatsgemäldesammlungen München, Neue Pinakothek

17 Simon Warnberger, Italienische Landschaft mit Pinien. 1809. Öl auf hellbraun grundierter Leinwand, 44,9 × 56 cm. Bayerische Staatsgemäldesammlungen München, Neue Pinakothek

18 Georg Heinrich Busse, Italienische Landschaft. Um 1850(?). Öl auf Leinwand, 96 × 134,5 cm. Wallraf-Richartz-Museum, Köln

19 Karl (Charles) Ross, Der Tempel von Phigalia. 1857. Öl auf Leinwand, 129 × 194 cm. Kunsthalle zu Kiel

20 Karl (Charles) Ross, Die Grotte der Egeria bei Rom. 1856. Öl auf Leinwand, 99 × 153,5 cm. Bayerische Staatsgemäldesammlungen München, Schack-Galerie

21 August von der Embde, Georg Friedrich von Ditfurth (1794–1871) und Familie. 1829. Öl auf Leinwand, 137 × 105 cm. Neue Galerie – Staatliche und Städtische Kunstsammlungen Kassel

22 Rudolf Friedrich Wasmann, Schlafendes Mädchen am Herdfeuer. 1843. Öl auf Leinwand, 21,3 × 26,5 cm. Hamburger Kunsthalle

23 Andreas Achenbach, Der Bücherwurm. Um 1845. Öl auf Holz, 46,5 × 61 cm. Sammlung Georg Schäfer, Schweinfurt

24 Hermann Kauffmann d. Ä., Ausruhende Älpler in Oberbayern. 1841. Öl auf Mahagoni, 53 × 47,8 cm. Hamburger Kunsthalle

25 Heinrich Bürkel, Oberbayerische Landschaft mit Viehstaffage. 1839. Öl auf Leinwand, 60 × 58 cm. Sammlung Georg Schäfer, Schweinfurt

26 Adolf Lier, Brotzeit am waldigen Ackerrand. Um 1870. Öl auf Leinwand, 44,5 × 96 cm. Sammlung Georg Schäfer, Schweinfurt

27 Otto Speckter, Gänseweide. 1854. Öl auf Leinwand, 27,2 × 34,5 cm. Hamburger Kunsthalle

28 Moritz von Schwind, Ein Spielmann bei einem Einsiedler. Um 1846. Öl auf Pappe, 60,9 × 45,7 cm. Bayerische Staatsgemäldesammlungen München, Neue Pinakothek

29 Carl Spitzweg, Sonntagsspaziergang. Um 1850–55. Öl auf Malpappe, auf Leinwand aufgezogen, 27 × 33,5 cm. Sammlung Georg Schäfer, Schweinfurt

30 Adrian Ludwig Richter, Rast der Pilger. 1839. Öl auf Leinwand, 82 × 130 cm. Kunsthalle Bremen

1 Carl Spitzweg, Mädchen mit Ziege. Um 1860. Öl auf Papier, auf Karton aufgezogen, 36,2 × 29,2 cm. Sammlung Georg Schäfer, Schweinfurt

32 Carl Heinrich Hoff, Der Lauscher. 1868. Öl auf Leinwand, 75 × 58,5 cm. Hamburger Kunsthalle

33 Ernst Carl Friedrich te Peerdt, Gesellschaft im Park. 1873. Öl auf Leinwand, 85 × 115 cm. Wallraf-Richartz-Museum, Köln

34 Joseph Wopfner, Nähende Dame im Garten. Um 1880. Öl auf Karton, 28 × 39 cm. Sammlung Georg Schäfer, Schweinfurt

35 Sophie Kleinfeller-Pühn, Frau von Pühn. 1889. Öl auf Leinwand, 121 × 137 cm. Kunsthalle zu Kiel

36 Johann Sperl,
Lesende Frau im
Garten. Um 1870.
Öl auf Leinwand,
46,5 × 25,5 cm.
Sammlung
Georg Schäfer,
Schweinfurt

37 Fritz (Friedrich) von Uhde, In der Verandatür. 1902. Öl auf Leinwand, 64,5 × 54 cm. Bayerische Staatsgemäldesammlungen München, Neue Pinakothek

38 Max Liebermann, Holländisches Interieur. 1882. Öl auf Pappe, auf Sperrholz aufgezogen, 78 × 59 cm. Sammlung Georg Schäfer, Schweinfurt. © 1986 by Dr. Marianne Feilchenfeldt, Zürich

40 Otto Modersohn, Herbstabend im Moor. 1904. Öl auf Leinwand, 107,5 × 125 cm. Museum Folkwang Essen

39 Paula Modersohn-Becker, Bäuerin an der Birke. 1900. Öl auf Pappe, 70,5 × 47 cm. Westfälisches Landesmuseum für Kunst und Kulturgeschichte, Münster – Westfälischer Kunstverein

41 Emmy Buchka-Lenbach, Bauernhaus im Abendlicht. Um 1910. Öl auf Leinwand, 104 × 79,5 cm. Dachauer Gemäldegalerie, Museumsverein Dachau e.V.

42 Erich Heckel, Flußlandschaft (Parksee). 1919. Öl auf Leinwand, 96 × 69 cm. Krefelder Kunstmuseen – Kaiser Wilhelm Museum. © 1986 by Nachlaß Erich Heckel, Hemmenhofen

43 Max Pechstein, Am Seeufer. 1910. Kohle und Aquarell, 34,8 × 45 cm. Brücke-Museum, Berlin. © 1986 by Pechstein, Hamburg – Tökendorf

44 Gabriele Münter, Spreufuhren. 1910–11. Öl auf Pappe, 32,9 × 40,8 cm. Städtische Galerie im Lenbachhaus, München. © 1986 by Gabriele Münter- und Johannes Eichner-Stiftung, München

45 Karl Hofer, Blumenwerfende Mädchen. Um 1925. Öl auf Leinwand, 120 × 90 cm. Staatsgalerie Stuttgart. © 1986 by Erwin Meck, Berlin/Baukunst-Galerie, Köln

46 Georg Schrimpf, Knabe mit Kaninchen auf einer Schwelle. 1924. Öl auf Leinwand, 56 × 42 cm. Marburger Universitätsmuseum für Kunst und Kulturgeschichte. © 1986 by Maria-Cecilie Schrimpf, München

Jens Christian Jensen

Die italienische Landschaft als idealer Ort der klassizistischen Idylle

Klaus Bernhard hat in seiner Untersuchung der Idylle unter der Kapitelüberschrift »Die klassizistische Idylle um 1800« bei der Besprechung der Landschaftsdarstellung »Lago d'Averno« von Jakob Philipp Hackert auf die Idealität der italienischen Landschaft hingewiesen: »Die Landschaft ist topographisch getreu und hat durch die zu dieser Zeit herrschende Italiensehnsucht und Antikenrezeption einen idealen Aspekt. Die wasserumzogene Küstenlandschaft und der blaue Himmel fördern den ideellen Wert. Der Blick in die Ferne durchbricht die idyllische Vorstellung eines geschlossenen, hain- und locus-amoenus-haften Bezirks. Das nah gesehene pastorale Sujet und ein Motiv des Landlebens kompensieren den Blick ins Unendliche ... Die Wesenseigenschaften des Idyllischen sind immer die gleichen: Ruhe, Friedlichkeit, Abgesondertheit, das Bewegungs- und Zeitlose usw. Die Einheit von Mensch, Tier und Landschaft wird dabei immer so dargestellt, daß Mensch und Tier gegenüber der Landschaft klein und manchmal winzig wiedergegeben sind. Evoziert werden konnte weiterhin für den Zeitgenossen das goldene Zeitalter, Elysium als irdisches Paradies, die Insel der Seligen sowie das schon genannte Arkadien.«[1]

In diesem Zitat sind einige Gründe für die Idealität der italienischen Landschaft genannt, deren Faszination als »Sehnsucht nach Italien« um 1750 begann und bis 1850 dauerte, wobei jeweils die Mitte der beiden Jahrhunderte nur als fiktive Grenzwerte genannt sind. Denn die Italien-Sehnsucht der Neuzeit setzt für die Kunst diesseits der Alpen bei Albrecht Dürer ein und dauert bis in unsere Gegenwart, so dürftig der Abglanz früherer Idealität heute auch sein mag, die mehr als drei Generationen von Bildungsreisenden und Künstlern aller Nationen nach Italien, nach Rom, Florenz und Neapel zumal von 1750 bis um 1850 strömen ließ.

Diese »Sehnsucht nach Italien« – der Ausdruck findet sich bezeichnenderweise als Kapitelüberschrift in Wilhelm Heinrich Wackenroders »Herzensergießungen eines kunstliebenden Klosterbruders« (1797) – soll hier nicht näher beschrieben werden, das ist schon verschiedentlich unternommen worden.[2] Uns muß interessieren, wie es gekommen ist, daß man im Klassizismus Idylle und italienische Landschaft als ein und dasselbe betrachtet hat, wobei dies natürlich nicht heißen kann, daß diese Betrachtungsweise auf jede Italien-Darstellung zutraf und zutrifft.

Bernhard hat die wichtigsten Elemente genannt, die zu diesem Tatbestand geführt haben. Da ist zuerst die Antikenrezeption zu nennen, die im 18. Jahrhundert durch Johann Joachim Winckelmann (1717–1768) mächtig entfacht worden war. Seine »Gedanken über die Nachahmung der griechischen Werke in der Mahlerey und Bildhauerkunst« (1755) stellten dem bildenden Künstler seiner Zeit die griechische Kunst und ihre römischen Repliken beziehungsweise Anverwandlungen als unbedingt vorbildliche Ideale vor Augen. Winckelmann hatte seine Erkenntnisse nicht in Griechenland, sondern in Italien gewonnen. Er setzte eine Entwicklung

Fortsetzung der Kat.-Abb. s. S. 153–176

in Gang, die man in der Kunstgeschichte »Klassizismus« genannt hat, die letzte gemeinsame Kunstsprache Europas, deren deutscher Apostel Goethe gewesen ist.

Nun wurde Italien wenn nicht als Geburtsstätte, so doch als Heimstatt der vorbildlichen griechischen Kunst zum Reiseziel von gebildeten Adligen und Bürgern, von Künstlern und Literaten. Goethes italienische Reisen stehen als beispielhafte Unternehmungen für dieses Aufsuchen der Kunstquellen, von deren Genuß man sich Kraft und geistige Erleuchtung erhoffte.

Es war also kein Zufall, sondern stimmte mit dem Geist der Zeit überein, wenn Salomon Geßner in seinen »Landschaften in antikem Geschmack« (1767–68) seine Figuren in antikischer Gewandung in einen Naturraum stellte, der zwar nicht eindeutig als italienische Landschaft zu benennen ist, dennoch in seiner Allgemeinheit – Baumgruppe, Hügel, Gewässer, Landschaftsausschnitt mit Ziege – und durch die Figuren als südlich, und das konnte nur heißen: als italienisch bezeichnet ist (Kat.-Abb. 10). Winckelmanns Heraushebung der antiken Kunst als »Meisterstücke«, die »eine edle Einfalt, und eine stille Größe« auszeichnet, als über die Natur hinausgehende und aus ihr erwachsene einmalige menschliche Leistung, wertete die italienische Landschaft als noch gegenwärtigen Urgrund, auf dem sich diese Schönheit ereignet hatte, in einer Weise auf, die für ein Jahrhundert einen unwiderstehlichen Zauber ausgeübt hat.

In dieser Landschaft traf man überdies Traditionen an, die diesen Zauber in der Gegenwart noch immer gleichsam rein verkörperten. Da waren die Hirten mit ihren Herden – gelebte Pastoralen. Da waren die Bauwerke, Tempel, Aquaedukte, Mauern, die selbst in ihrer Zerstörung oder gerade als Ruinen die ungebrochene Macht dieser Traditionen verkörperten. So schildert ein Reisender seinen Eindruck vom römischen Colosseum: »Zwischen den Mauern und unter den gewölbten Gängen lagen Schaaren von armen Leuten, die hier ihre Nachtherbergen hatten. Und in einiger Entfernung schlug unermüdet die Nachtigall. Ich weilte bis an Mitternacht mit unbeschreiblichem Vergnügen unter dieser Pracht der Verwüstung.«[3] Die brutale Realität wird von der Macht der Idylle gleichsam aufgesogen, Armut und Not werden bruchlos in das »unbeschreibliche Vergnügen« des Besuchers eingebunden. Das ganze gipfelt in der erstaunlichen Antinomie der »Pracht der Verwüstung«.

Hierhin gehört auch die Entdeckung des italienischen Mädchens aus Albano, Vittoria Caldoni, durch Hofrat August Kestner im Jahre 1820. Kestner führte das Mädchen – »ihr Individuum, eine lebende Harmonie von Idealen antiker Götter«[4] – in den römischen Künstlerkreis ein. An die 50mal wurde sie gemalt, gezeichnet und in Marmor gebildet als Inkarnation höchster Schönheit, die zugleich antikische Schönheit war, eine Wiedergeborene, die Winckelmanns Forderung als lebendiges Modell an die Künstler richtete. Kestner schildert, wie die Mehrzahl der Porträts weit hinter diesem Idealmodell zurückblieben, nur ein »antikendurchdrungener Künstler«, so folgerte er, könne »das schöne Mädchen«, das »ich selbst nach so oftmaligem Wiedersehen im Traume mit mir herumtrug und diesen unzählige Male zusammenwarf mit den ihr ähnlichen griechischen Idealen einer Minerva, eines Apollino«, wahrheitsgetreu abbilden.[5] – Die Antike lebte also in den Augen der Künstler fort bis in die Gegenwart. Italien war ihnen das Land, in der die vorbildliche Schönheit und Wahrheit der Antike sowohl in den Zeugnissen der Baukunst, Plastik und Keramik als auch im Land selbst, in den »Gegenden« und in den Menschen überdauert hatte.

Das zweite ist das Arkadische. Goethe hatte den beiden Bänden der Erstausgabe seiner »Italienischen Reise« als Motto das Wort »Et in Arcadia ego« voran gestellt, »Auch ich war in Arkadien«, das heißt, auch ich habe Glück genossen. Goethe verwendet das Motto in dieser Bedeutung, denn ursprünglich war der Sinn der Grabinschrift: »Auch in Arcadien bin ich [der Tod] zur Stelle«[6]. Goethe also setzt sein strahlendes Italien-Erlebnis mit dem arkadischen Glück gleich. Arkadien, das Land der Freiheit, eines natürlichen Lebens auf antikischem Boden, das Land, in dem der Mensch gebildet wurde, das heißt: in Stand gesetzt wurde, die Schönheit zu begreifen. »Der übertragene Gebrauch dieses Namens Arcadien, des Namens von einem griechischen Hirtenland aus der Mitte des Peloponnes, als ›geistige Landschaft‹ ist eine Entdeckung Vergils, die Jacopo Sannazaro in einem Schäferroman ›Arcadia‹ (um 1480) erneuerte und die Tasso und Guarini verbreiteten.«[7]

Zu diesen beiden Elementen – der Antikenrezeption und dem Arkadischen –, die Italien als ideale idyllische Landschaft institutionalisierten, kommt die Landschaft selbst. Schon der Vater der Idylle, Vergil, der die Schönheiten des Landlebens in seiner »Bucolica« in Nachfolge seines griechischen Vorbildes Theokrit besungen, hatte ja die italienische Landschaft geadelt. Im 18. Jahrhundert nun erfuhr man diese Landschaft als vorbildlich. Ihre klare formale Durchbildung, ihre großartige Entfaltung sollten den Künstler alles Kleinliche vergessen machen und ihn zum schöpferischen Bildner des Schönen, Harmonischen und Beispielhaften erziehen. In einem Brief vom 16. Februar 1782 hat Friedrich Müller, genannt Maler Müller, den überwältigenden Eindruck der italienischen Landschaft geschildert, ein Beispiel, das für alle italienfahrenden Landschaftsmaler im ganzen zutreffen mag. »Die Natur ist hier ganz außerordentlich schön – so wie ein edles schönes Mädchen im Frühling das alles anlacht und es selbst fühlt, daß sie so glückselig ist und alles rund um sich her beglückseligt oder wie wenn die Natur hier ihren Sitz und Trohn aufgeschlagen nachdem sie die übrigen Länder vollendet, das beständige Reich der Flora umher, wo Dryaden und Najaden wo alles Faunen und Nympfen, Götter des Himmels und Meeres wie im trunckenen Tanze sich umschlingen, vereinigen und vermischen. – Die Luft ist hier sanfter, der Schatten heller, wie wenn man dem lichten Hause der Sonne näher rückte ...«[8]

Goethe hat diesem Bildungserlebnis in seiner »Italienischen Reise« großartigen Ausdruck gegeben: »Wenn man bedenkt, daß Jahrhunderte hier im höchsten Sinne architektonisch gewaltet, daß auf übriggebliebenen mächtigen Substruktionen die künstlerischen Gedanken vorzüglicher Geister sich hervorgehoben und den Augen dargestellt, so wird man begreifen, wie sich Geist und Aug' entzücken müssen, wenn man unter jeder Beleuchtung diese vielfachen horizontalen und tausend vertikalen Linien unterbrochen und geschmückt wie eine stumme Musik mit den Augen auffaßt, und wie alles, was klein und beschränkt in uns ist, nicht ohne Schmerz erregt und ausgetrieben wird. Besonders die Fülle der Mondscheinbilder über alle Begriffe ...«[9]

Es ist bei aller Verkürzung deutlich geworden, wie die italienische Landschaft ihren arkadischen, paradiesischen und prägenden Charakter für die Bildkünstler erhalten konnte. Auch die jüngere Generation, die Nazarener zumal, konnten sich nicht aus diesem Zauber lösen. Sie suchten nicht mehr das antike Rom, nicht mehr das Land, in dem sich vorbildliche Kunst einst ereignet hatte, sondern Rom als Haupt der Christenheit – und waren doch von der Landschaft als Verkörperung dauernder Idealität gefangen.

Julius Schnorr von Carolsfeld, Vigna des Arcriprete in Olevano. 1821. Feder und Pinsel/Tusche und Sepia über Bleistift, 23 × 30,5 cm. Staatliche Kunstsammlungen, Kupferstich-Kabinett, Dresden

Ernst Fries, Civita Castellana. 28. Mai 1826. Bleistift. Ashmolean Museum, Oxford

Hier war das ideale Szenarium der Idylle entworfen. Die Hirten lebten die Pastorale, die Frauen und Mädchen saßen am Brunnen, am See, um ihre »natürlichen« Tätigkeiten zu vollziehen. Es war nicht schwer, sich die Menschen in antikischer Tracht vorzustellen, Pan und Amor in den Olivenhainen zu erahnen, Nymphen wie im Traum zu erblicken. Und die Landschaft schuf den stimmigen Umraum, Grotten und Lauben, stille Orte am Bach, sanfte Lichtungen, umschlossene Täler, eindrucksvolle Baumgruppen, und immer wieder die Spuren römischer und kolonialgriechischer Bauwerke.

In der konzentrierten Geschichtlichkeit dieser Landschaft tat sich schwebend ein zeit- und geschichtsloser *locus amoenus* auf, ein Ort der Harmonie, der Lust, der Stille, der Zivilisationsferne, des Einklangs von Mensch, Tier und Natur, der Einheit von innerem Impuls und äußerer Handlung – eben der Ort der Idylle, in der sich alles dieses Paradiesische und sehnsüchtig Verlangte für einen langen Augenblick erfüllte.

So entwirft der Nazarener Julius Schnorr von Carolsfeld in seiner Zeichnung von Olevano im Jahre 1821 eine »strenge Idylle« (Textabb.), so bereitet Ernst Fries in seiner Zeichnung vom 28. Mai 1826, »Civita Castellana« (Textabb.), den verborgenen, abgeschirmten idyllischen Ort, in dem sich jederzeit durch hinzutretende Hirten, Mädchen und Tiere die Idylle entfalten konnte.

Fries' Zeichnung macht im übrigen deutlich, daß sich in diese Landschaft das Szenarium der Idylle wie eine Bühnenkonserve einfügen ließ, jedes Figurenpaar, jeder Hirte mit seiner Herde, jeder Busch, jeder Brunnen war als idyllisches Signal fähig, die italienische Landschaft für die Sehnsucht des Menschen nach einem Ort außer der Welt in der Welt in den Dienst zu nehmen.

Anmerkungen

1 Klaus Bernhard, Idylle – Theorie, Geschichte, Darstellung in der Malerei 1750–1850. Zur Anthropologie deutscher Seligkeitsvorstellungen. Köln und Wien 1977, S. 247f.

2 Vgl. Hella Robels, Sehnsucht nach Italien, in: Sehnsucht nach Italien. Ausstellungskatalog. Wallraf-Richartz-Museum, Köln 1972/73. – Es ist nur ein Rom in der Welt. Ausstellungskatalog. Hessisches Landesmuseum Darmstadt. 1977

3 So Jakob Georg Christian Adler, Reisebemerkungen auf einer Reise nach Rom. 1784, zit. nach: Auch ich in Arcadien. Kunstreisen nach Italien 1600–1900. Ausstellungskatalog. Schiller-Nationalmuseum, Marbach 1966, S. 55

4 August Kestner, Römische Studien. Berlin 1850, S. IX unter Nr. IX

5 Kestner (Anm. 4), S. 88

6 Vgl. zur Bedeutung der Aussage Herbert von Einem, in: Johann Wolfgang von Goethe, Werke. Hamburger Ausgabe, Bd. 11. 8. Aufl., München 1974, S. 577ff.

7 Auch ich in Arcadien (Anm. 3), S. 77

8 Auch ich in Arcadien (Anm. 3), S. 75 (das Zitat ist hier in leicht modernisierter Schreibweise wiedergegeben)

9 Johann Wolfgang von Goethe, Zweiter römischer Aufenthalt (September 1787), in: Johann Wolfgang von Goethe, Werke (Anm. 6), S. 408

Jens Christian Jensen

Wandlungen der Idylle im 19. Jahrhundert am Beispiel des Werkes von Carl Spitzweg

Eines der bekanntesten Gemälde Carl Spitzwegs ist »Der Kaktusfreund« aus der Zeit um 1856 (Textabb.). Das Thema des in einem von Mauern sorglich begrenzten Hausgarten sich seiner geheimen Naturliebe hingebenden alten Herrn gehört in den Bereich der Idylle. Denn der Gegensatz von Natur und Zivilisation, Land und Stadt ist ursächlicher thematischer Grund der Idylle seit dem Klassizismus. »Die [...] Idylle als ›Gegenbild‹ zur Zivilisation, zur Tagespolitik, zum gesamten offiziellen Großstadtleben hatte im Kleingarten einen Ort ihrer Verwirklichung gefunden.«[1] Hier, im privaten abgeschlossenen Bereich, in dem der Mensch Mensch sein kann, abgesondert vom zweckbestimmten, deshalb widernatürlichen gesellschaftlichen Handeln, kann sich der freundliche Alte genußvoll seiner Naturleidenschaft hingeben. Der Schlafrock, die Schirmmütze unterstreichen das Private wie tief Empfundene seiner Verbundenheit mit der Pflanze, mit den Pflanzen. Die Pfeife im Mund, die Naturlaute der in den Käfigen singenden Vögel und des plätschernden Brunnens erhöhen noch den Genuß. Der idyllische »Lustort« *(locus amoenus)* ist durch eine hohe Mauer zum Hintergrund begrenzt. Dahinter steigt die Aufschüttung eines aufgelassenen ursprünglichen Stadtwalles empor. Links die Rückwand des Hauses, rechts ein Bogengitter, vor dem ein Kaffeegeschirr auf einem Tisch steht: Der Garten geht also rechts in einen zweiten, vielleicht tiefer gelegenen Teil über, gleichwohl wirkt das Gitter als Begrenzung. Zu allem Überfluß ist dieser private Lustort auch nach vorn, zum Betrachter hin durch die niedrige Mauer abgeschirmt. Der Kaktusliebhaber steht also auf einer Terrasse, die sich hinter seinem Haus erstreckt, der eigentliche Garten ist rechts und auch vielleicht vor dem Bild zu denken.

Das Motiv »Abgeschlossenheit« ist hier auf die Spitze getrieben als Konstitutiv der Idylle, hinzu kommen Handlungsarmut, ausstrahlende Wärme von Licht und Farben, ein Arkadien im Kleinformat. Dennoch ist dieses Kleinformat dem idyllischen Gehalt vollkommen angemessen. Beim Kaktusliebhaber selbst hat die Identität mit dem durch eigene Arbeit Hervorgebrachten das Gefühl der Naturverbundenheit wachsen lassen, das die »Entfremdung« des zivilisierten Menschen von der Natur aufhebt – ein idyllischer Wesenszug.

Die Zeitung auf dem Stuhl neben dem Kaffeetisch deutet darauf, daß der Alte spontan seine Lektüre beendet hat. Er hat die Blüte am Kaktus entdeckt, ist aufgestanden, nähergetreten und hebt nun den Topf mit dem Kaktus ins Licht und nahe an die brillenbewehrten Augen, ein säkularisierter biblischer Simeon, der das Heil seiner kleinen Welt erblickt.

Die schwebende Zeitlosigkeit, die der Idylle seit Salomon Geßner (Kat.-Abb. 1–12) den paradiesischen Glanz gab, ist hier auf einen Augenblick fixiert: Der aufbrechenden Freude des Liebhabers antwortet die aufgebrochene Blüte. Der unschuldige Einklang mit der Natur ist nur von kurzer Dauer. Bei Spitzwegs zweiter Version des Themas, dem Kaktusliebhaber im Zimmer,

Carl Spitzweg, Der Kaktusfreund. Um 1856. Öl auf Leinwand, 54,2 × 32,4 cm. Sammlung Georg Schäfer, Schweinfurt

der sich zur Blüte hinabbeugt[2], weist die über Kaktus und Liebhaber angeordnete Wanduhr nochmals ausdrücklich auf die zeitliche Begrenzung des »Glücks in Bescheidung« hin. Beide realistische Idyllen Spitzwegs haben außerdem noch ironische, buchstäbliche Stacheln, denn ausgerechnet die wehrhafteste und damit abweisenste Gattung unter den Pflanzen ist Gegenstand der Liebe, der unschuldigen Zuwendung des Menschen.

Bei Klaus Bernhard findet sich eine Analyse des Gemäldes »Der Liebesbrief« (Textabb.) in bezug auf dessen idyllischen Gehalt: »Die Malerei zeigt den Hausgarten an der Ecke zwischen Gebäude und Grundstücksmauer. Der Sims eines Nachbarhauses, gerade noch oberhalb der Mauer zu sehen, kennzeichnet die Ruhe und Abgeschiedenheit der idyllischen Gartenecke. In deren Schatten sitzt, friedlich vor sich hin dösend, die Hausmutter mit Rüschchenkapotte und blauem Band, sanft die Hände ineinander gelegt. Während die Haustochter, mit dem Rücken zum Betrachter auf einer Holzbank sitzend, aus einem Buch vorliest, erscheint oberhalb der Mauerkrone ein freundlich grüßender Bote mit einem versiegelten Brief. Allerdings nur für die Haustochter und den Betrachter sichtbar, woraus auch der parodistische Effekt entspringt. Denn in bezug auf die Hausmutter hat der Betrachter eine größere Einsicht in die Bildzusammenhänge als eine darin dargestellte Person. Deren Ahnungslosigkeit entlockt dem Betrachter ein Schmunzeln, das aber den idyllischen Gesamtzusammenhang des Bildes nicht stört. Ein humoristischer Effekt ist der Idylle noch nie abgesprochen worden. Manche Theoretiker haben eine ›lächerliche Handlung‹ ausgesprochen zugelassen.

Hinweise auf die idyllische Gartenarbeit fehlen nicht. Die Gießkanne, der Spaten und der Strohhut verweisen auf ein Mehr an Garten, als der Bildausschnitt zeigen kann. Der an den Tischfuß gelehnte Stickrahmen und das auf dem Tisch befindliche Strickzeug verweisen ebenfalls auf eine idyllische Tätigkeit: auf Selbstverfertigung und Eigengebrauch. Dies alles, sowie

Carl Spitzweg, Der Liebesbrief. Um 1845. Öl auf Holz, 24 × 21 cm. Staatliche Museen Preußischer Kulturbesitz, Nationalgalerie, Berlin (West). Foto: Walter Steinkopf, Berlin

die Lilien, Malven und das Weinlaub akzentuieren die stille Gartenecke als bürgerlichen *locus amoenus.* Idyllische Konstituentien sind deshalb die durch die Mauer bedingte Abgeschlossenheit gegenüber der Umwelt, die Zeitlosigkeit der Stimmung, die auf den Betrachter übergehen kann, der friedliche Charakter einiger weniger Individuen des bürgerlichen Milieus. Privates Glück ist dadurch realisiert worden: im eigenen Garten!«[3]

Doch Bernhard unterschätzt die ironische Gebrochenheit. Schon allein die Tatsache, daß der Betrachter mehr weiß als alle Personen im Bild – die Mutter sieht den Briefboten nicht, der Briefbote sieht nicht, daß die Mutter schläft, das Mädchen sieht, indem es aufblickt, nicht den Schlaf der Mutter – stört die harmonische Geschlossenheit der idyllischen Darstellung empfindlich. Das Lächeln des Betrachters ist nicht »rein«, sondern mit leicht hämischer Schadenfreude und besserwisserischem Hochgefühl gemischt.

Wichtiger jedoch ist der zeitliche Aspekt. Er stört die Idylle nachhaltig und zerstört die »Zeitlosigkeit der Stimmung«. Die Erscheinung des Briefboten, der Aufblick des Mädchens verlegen die bürgerliche Idylle in die Vergangenheit. Bevor das geschah, war die Idylle gleichsam vollkommen. Spitzweg bezieht sich in seinem Gemälde also auf die Kenntnis des Betrachters von einer »reinen« Idyllendarstellung, sonst versteht dieser außer dem oberflächlichen Witz – nämlich der Bote erreicht das Mädchen, ohne daß die Mutter es merkt – nicht den tieferen: Das Ereignis des Briefes zerstört den Frieden bürgerlicher idyllischer Zufriedenheit. Es gibt also auch einen liebenswürdig-bedrohlichen Aspekt.

Noch etwas muß bedacht werden. Beruht für Jean Paul der entscheidende Wesenszug der Idylle in der Darstellung des »Vollglücks in der Beschränkung«[4], so wird bei Spitzweg dieses Vollglück durch ironischen Pessimismus nicht nur gestört, sondern ins Gegenteil verkehrt. Das Bild »Der Liebesbrief« macht ja auch deutlich, daß dieses Vollglück in der Beschränkung, selbst hier im abgeschlossenen Hausgarten, nicht möglich ist, so liebenswürdig diese Störung auch sein mag (bei Menzel wird sich das Motiv der Störung komplexhaft steigern).

Spitzwegs Humor ist also nicht befreiend, er verweist nicht »die endliche Erscheinung auf das Absolute, in welchem sich [das Komische] aufhebt« (Jean Paul), vielmehr wird jeder idealische Aspekt ausgeschieden. Dem Brief gilt die Erwartung des Mädchens, durch ihn gewinnt der Bote Aufmerksamkeit. Der endlichen Kleinwelt des Hausgartens entspricht die im Brief ebenso endlich materialisierte Botschaft einer größeren Welt, die so groß nicht sein mag. Der utopische Wesenszug der Idylle als Verweis auf eine arkadische Sphäre, in der sich der Mensch zufrieden und genügsam in das Naturganze einordnet, ist hier geradezu materialistisch auf einen Gegenstand fixiert. So wird Spitzwegs Hausgarten zum Gefängnis, und die Ankunft möglicher Freiheit vergegenständlicht sich in einem Stück Papier. Ich habe aus diesen und anderen Beobachtungen vor Spitzwegs Gemälden geschlossen, daß nicht Jean Paul den Künstler beeinflußt hat, sondern Arthur Schopenhauers Pessimismus.[5]

Selbst bei einem auf den ersten Blick eindeutig idyllischen Bildinhalt kann Spitzweg nicht von seiner pessimistischen Weltsicht lassen. Die »Badenden Nymphen« (Textabb.) scheinen alle Indizien einer reinen Idylle zu bestätigen: den von Bäumen umstellten, abgeschlossenen *locus amoenus,* das plätschernde Gewässer, die Badenden, die sich im Gefühl ihrer Naturnähe ungezwungen geben, Abgeschiedenheit und Zeitstillstand, die Harmonie von menschlicher Subjek-

Carl Spitzweg, Badende Nymphen. Um 1873. Öl auf Leinwand, 40,5 × 54 cm. Sammlung Georg Schäfer, Schweinfurt, im Germanischen Nationalmuseum, Nürnberg. Foto: Steup

tivität und natürlicher Umwelt, die einfache Handlung des Badens. Aber auch diese Idylle wird gestört: Links auf dem Scheitel des Abhangs, der zum aufgestauten Bach herabfällt, beobachten zwei Zwerge die nackten Frauen. Der Betrachter lächelt zwar, doch kaum befreiend. Als außenstehender Beobachter findet er sich durch Spitzweg als Voyeur abgewertet, so freundlich die märchenhafte Einführung der Zwerge auch sein mag.

Aufschlußreich ist auch das Gemälde »Gähnender Mönch« (Textabb.). Die Bildgestalt wartet mit dem Inventar der Idylle auf: dem abgeschlossenen Ort, von hellem Nachmittagslicht erleuchtet, einem ausgegrenzten Stück von der Terrasse einer Klause, den Singvögeln im Käfig (»frei« sind ihre »Naturstimmen« auch hier wieder nicht), dem Wasserstrahl des Brunnens, den selbstgehegten Pflanzen in ihren Kübeln und Töpfen. Ein Heiligenbild gibt diesem Bildraum noch einen Hauch von Weihe. Der Mönch aber, allein, nicht in »kleinerer Gesellschaft« (Moses Mendelssohn), empfindet keineswegs das »Vollglück in der Beschränkung«, er beachtet auch nicht den transzendierenden Aspekt, der durch das Heiligenbild geöffnet ist, sondern er gähnt. Die Banalität dieser Tätigkeit stellt das ganze idyllische Inventar nicht nur infrage, sondern sie stellt den Zauber der Idylle als Inbegriff verlorener und wiederzugewinnender Harmonie geradezu auf den Kopf. Auch hier triumphiert die Demonstration totaler Endlichkeit, die sich im banalen körperlichen Gehenlassen des müden Mönchs oder Eremiten noch besonders auffällig äußert. So auffällig, daß der Betrachter wiederum lächelt über dieses unmönchische Verhalten. Falls er

Carl Spitzweg, Der strickende Wachposten. Um 1845. Öl auf Leinwand, 37,5 × 30,5 cm. Städtisches Museum, Braunschweig. Foto: Otto Hoppe

◁ Carl Spitzweg, Gähnender Mönch. Um 1860. Öl auf Leinwand, 54,5 × 32,5 cm. Wallraf-Richartz-Museum, Köln

eine Vorstellung von dem Wesen der Idylle besitzt, mag ihm allerdings nur ein schiefes Lächeln gelingen. Vor unseren Augen wird diese Idylle durch das Gähnen des Mönchs als überflüssig denunziert. Vor den realistischen, unabweisbaren körperlichen Bedürfnissen des Menschen schwindet der paradiesische Entwurf der Idylle. Spitzweg, der Skeptiker, wiederholt gleichsam den Sündenfall im Kleinen.

Der »Strickende Wachposten« (Textabb.) zeigt, wie Spitzweg die Gefährdung des Idyllischen in einer Bildgestalt zum Ausdruck bringt. Der abgeteilte Raum, von Befestigungsmauern nachdrücklich umschlossen, grenzt unmittelbar an einen Abgrund, dessen sich auf der linken Bildseite öffnende Tiefe der Betrachter ahnt. Auf der Grenze, hart am Absturz sitzt der Wachposten. Er hat sein Strickzeug sinken lassen und schaut nach links in die Ferne.

Sein abgeschlossener Bereich ist nicht eigentlich friedlich, denn da sind das Gewehr mit aufgepflanztem Bajonett, die Kanone, Säbel und Uniform und natürlich die Festungsarchitektur. Aber dieser Raum ist befriedet, denn das Gewehr lehnt an der Wand des Schilderhauses, die Kanone ist von Weinlaub überwachsen, der Tschako steht vor dem Soldaten auf der Mauer. Das ganze wirkt unkriegerisch, versponnen, altväterisch im Sinne der »guten alten Zeit«, denn Uniform und Waffen stammen aus dem 18. Jahrhundert. Höhepunkt dieser idyllischen Inszenierung ist der Soldat selbst, der an einem Strumpf strickt, statt seine soldatischen Pflichten zu erfüllen, nämlich in voller Montur und bewaffnet Wache zu stehen.

Hier kann man offenbar von einem Humor im Jean Paulschen Sinne sprechen, so wie es Klaus Bernhard für das Gemälde »Fliegenfangende Torwache« von Spitzweg ausgeführt hat.[6] Bernhard geht von Jean Pauls Humor-Begriff aus: »›Der Humor, als das umgekehrte Erhabene, vernichtet nicht das Einzelne, sondern das Endliche durch den Kontrast mit der Idee.‹ Er stellt der begrenzten Wirklichkeit die absolute Idee im scharfen Kontrast gegenüber und macht den Abstand bewußt. Er zeigt ›ein auf das Unendliche angewandtes Endliche‹. Er setzt das Große neben das Kleine, um ›beide zu vernichten, weil vor der Unendlichkeit alles gleich ist und Nichts‹. Durch diesen Humor entsteht ›jenes Lachen, worin noch ein Schmerz und eine Größe ist‹. [...] Indem er das Dürftige der endlichen Erscheinungen, an denen jeder leidet, grell und schlagkräftig, mit sinnlicher Anschaulichkeit entlarvt, reizt er zum Lachen.«[7] Bernhard zieht für Spitzwegs Darstellung die Nutzanwendung aus dieser Definition, die sich auf unseren »Strickenden Wachposten« ohne weiteres übertragen läßt[8]: »Die Idee des Bildes liegt also im Subjekt des Betrachters, da nur er sie (und nicht der Uniformierte) erkennen kann. Das Endliche beschränkter Wirklichkeit ist objektiv dargestellt. Das Große der Idee [die eigentliche Aufgabe des Soldaten] steht neben dem Kleinen des Bildmotivs [dem Stricken]. Beides relativiert sich gegenseitig: die Idee, durch den geringen Anlaß [das Stricken], wird abgewertet; das ›Dürftige der endlichen Erscheinung‹ [das Stricken] wird aufgewertet. Das Bild wird in seiner sinnlichen Anschauung durch den Humor entlarvt. Die Einsicht, daß die Handlung dürftig ist, hat ebenfalls nicht [der Soldat], sondern der Betrachter. Analog dazu war die Einsicht des Betrachters von der Nicht-Identität von [Soldat zu sein und hier gezeigter soldatischer Wirklichkeit] [...] Nur der Betrachter kann das Große und das Dürftige durch den aus dem Bild hervorgehenden Kontrast erkennen. Beides macht die Kontrastgebung zur Bildidee, die nicht werkimmanent, sondern werktranszendent ist. Sie hat ihren Ort im Betrachter [...] Humor entlarvt also die Idylle zur Scheinidylle.«[9]

Die »Kontrastgebung« als Bildidee ist bei Spitzweg nun aber – im Gegensatz zur romantisch-vorromantischen assoziativen Phantastik Jean Pauls – von unsäglicher Banalität, das heißt, absolut endlich. Insofern wirken Jean Pauls Begriffe vor diesen Bildern als zu hoch gegriffen. Die Inszenierung jedoch, die mit naturalistischen Mitteln eine komponierte Kulisse errichtet, in der die Einzelfigur agiert, ist von höchster malerischer Delikatesse. Für den Betrachter, der das Arsenal der Idylle seit Geßner kennt, hält Spitzweg noch besondere Pointen bereit. Der konfliktfreie Ort ist am Stadtrand im Bezirk der Stadtmauer angesiedelt – ein Indiz für die bürgerliche Idylle seit 1800. Das Stricken als »zeitlose Tätigkeit« gehört in den Bezugsrahmen der biedermeierlichen Idylle.[10] Nur wird hier die »zeitlose Tätigkeit« wiederum zeitlich fixiert, denn der Wachposten blickt von seinem Strickzeug auf, schirmt mit der rechten Hand die Augen ab und »lugt ins Land«. Das zerstört die zeitlose Einheit der Idylle – man möchte sagen: nun noch zusätzlich. Dabei ist dies Hinausblicken ohne jede Aussagekraft, weder Überraschung noch Erwartung fesselt den Soldaten. Er blickt »nur so« hinaus in die Ferne. Auch hier also fehlt wieder jegliche, die Idylle gleichsam positiv auflösende Intention. Das Ganze bleibt in sich gefangen, mißt nichts weiter als die eigene Begrenztheit aus.

Auch muß noch auf die Ambivalenz hingewiesen werden, die im Thema liegt. Spitzweg tut so, als hätten Soldaten nichts Rechtes zu tun, als herrsche überall Frieden oder als habe »in der guten alten Zeit« immerwährend Frieden geherrscht. Das hat drei Aspekte, zwischen denen sich der Betrachter entscheiden kann: 1. Spitzweg errichtet hier ein Wunschbild, er möchte, daß Soldaten stricken und Kanonen von Pflanzen überwuchert werden. In diesem Sinne steckt in dieser endlichen Scheinidylle eben doch ein echter idyllischer Kern: ein soldatisches Arkadien, das alles Kriegswerkzeug zweckentfremdet und friedfertiger Harmonie zuführt. – 2. Spitzweg verharmlost den Soldatenstand. Von hier aus wirkt das Bild banal und geradezu verdummend. Denn der Maler, der mit offenen Augen und scharfem Verstand seine Zeit erlebte, wußte es besser. – 3. Die Uniform des Soldaten, ebenso Kanone und Gewehr weisen ins 18. Jahrhundert. Spitzweg verklärt »die gute alte Zeit«, seine utopische Wunschvorstellung wird in die Vergangenheit transponiert, eine Art »Goldenes Zeitalter« wird heraufgerufen, in dem Soldaten nicht schießen, sondern stricken.

Es zeigt sich – und signifikante Beispiele ließen sich aus Spitzwegs Werk vielfach anführen –, daß der Maler mit der Bildgattung Idylle, wie sie sich seit Salomon Geßner herausgebildet hatte, intelligent und vielschichtig umgeht. Diesen spielerischen, ja artistischen Umgang mit der Idylle kann man geradezu als Spitzwegs Inspirationsquelle bezeichnen. Wandlung und Abwandlung, Variation und thematische Verflechtung, Vielschichtigkeit, auch Beliebigkeit zeigen exemplarisch für die deutsche Malerei des 19. Jahrhunderts das Fortwirken der Idylle auf, eine Wirkungsweise, die trotz aller Brechungen und ironischer Distanzierung als starker thematischer Strom die Kunst des gesamten Jahrhunderts befruchtet und bereichert hat. Selbst noch die Zersetzungserscheinungen – wir beobachteten solche auch bei Spitzweg – sind ein Indiz für die Lebenskraft dieser Gattung. Das Bewußtsein des verlorenen Paradieses hat immer wieder dazu geführt, Paradiese auch im Sinne der Idylle zu errichten.

Spitzweg selbst hat ebenso reine Idyllen entworfen. Er malte bürgerliche Innenräume, Haus- und Kleingärten, religiöse Idyllen, wie die »Flucht nach Ägypten«, und idyllische Stadtveduten. Hirten und Herden hat er allerdings nie thematisiert, obgleich dieses zentrale idyllische Thema besonders seit den realistischen Hirtenidyllen Friedrich Müllers, des Maler Müller, also seit um 1770 zum festen Bestand der deutschen Malerei des 19. Jahrhunderts gehörte. Vielleicht unterließ er dies, weil es in München für dieses Gebiet andere Spezialisten, wie etwa Friedrich Voltz oder – seit um 1875 – den jungen Heinrich von Zügel, gab. Auch das eigentliche familiäre Genre finden wir bei Spitzweg nicht, vermutlich, weil er unverheiratet blieb und weil ihm die Porträtmalerei kaum etwas bedeutete.

Aber Dirndl auf der Alm, die wie verzaubert in die Ferne schauen, kommen des öfteren in seinem Werk vor, ebenso der Jäger mit seinem Mädel im Wald und der Angler am Bach (nach Bernhard sind der Jäger wie der Fischer »idyllenkonstitutiv«[11]). Er hat mit seinen Almhütten- und Sennerinnenbildern im Sinne der schweizerischen Idyllen des 18. Jahrhunderts immer wieder die harmonische Einheit von Gebirgslandschaft und Alpenbewohnern dargestellt, das einfache Landleben in Kirchgang oder Ernte gefeiert und im Gegensatz dazu die Unheimlichkeit der verschachtelten Städte gesehen, in denen nichts unbeobachtet bleibt, gleichsam märchenhafte Stadtidyllen, die dennoch das Idyllenhafte in fataler Weise zersetzen.

Mit seinem Gemälde »Schalmeiender Hirte« (Textabb.) hat er sogar eine antikische Pastoralidylle geschaffen, obgleich das Thema nach Bernhard eigentlich im Biedermeier nicht vorkommen darf.[12] In einer südlichen, italienisch-griechischen Landschaft bläst der Hirt die Doppelflöte. Der Naturlaut scheint in der sonnendurchglühten Landschaft widerzuhallen oder aus ihr hervorzuwachsen. Der Hund, der Freund des Menschen, liegt zu Füßen seines Herrn. Auf der linken Bildseite sitzt ein weißgekleidetes Mädchen auf den Stufen eines Tempels. Ihr gilt das Spiel. Im Hintergrund auf dem besonnten Bergrücken sieht man Ställe oder Häuser. Südliche Gegenwart verbindet sich mit antiker Idealität zu zeitloser Einheit. Stille und Harmonie charakterisieren das Bild. Und am Weg weiden Schafe.

Abschießend sei noch einmal Spitzwegs spezifischer artistischer und ironisch gebrochener Umgang mit der Idylle angeführt. Das Gemälde »Das Flötenkonzert« (Textabb.) entwirft scheinbar eine ideale idyllische Bildgestalt: Auf einem von Bäumen und Büschen umstellten *locus amoenus* sitzt das bürgerliche Paar. Warmes Licht erfüllt diesen Lustort. Die Zeit steht still. Der stutzerhaft gekleidete Herr spielt seiner Dame auf einer Flöte vor. Sie indessen hat einen Kranz aus Blumen geflochten und ist dabei, diesen um den Zylinder ihres Verehrers zu schlingen; rechts ein Kleiderstilleben im Gras, ihr Schutenhut und ihre Pelerine über seinem Mantel: Die ersehnte Vereinigung ist in den Kleidern schon vorweggenommen.

Dem Betrachter, der nichts von der Idylle seit Salomon Geßner weiß, geht es wie dem, der Thomas Manns Joseph-Roman liest, ohne die biblische Geschichte, ohne also den Urstoff des Romans zu kennen. Denn wie dort die Ironie Thomas Manns nicht deutlich werden kann, entdeckt sich hier nicht die eigentliche Bildpointe. Sehen wir genau hin, dann entpuppt sich das Spiel auf dem Naturinstrument der Flöte als eingelerntes Stück, das der Herr seiner Angebeteten mit spitzer Konzentration zu Gehör bringt. Die schöne harmonische Selbstverständlichkeit des Flötentons wird durch die gespreizten Finger des Spielers, durch seinen angestrengten Gesichtsausdruck zum künstlichen, gemachten Vor-Spiel. Spitzwegs Ironie liegt in dieser offensichtlichen Persiflage eines idyllischen Topos, des flöteblasenden Hirten. Also auch die akurate bürgerliche Kleidung des Herrn besitzt ihre ironische Dimension, nicht zuletzt ebenso die Assoziation des Betrachters, der das Vorspielen als erotisches Vorspiel verstehen kann.

Die einfache Handlung des Blumenflechtens und des Umkränzens ist ebenfalls ironisch gebrochen. Denn daß der Kranz ausgerechnet den Zylinder, Inbegriff zivilisatorischer Naturferne und bürgerlicher, wenn nicht spießbürgerlicher Haltung, schmücken soll, ist eine witzige Verballhornung der Idyllen-Idee, die ja gerade die Harmonie des einfachen Lebens in und mit der Natur dem disharmonischen städtischen Treiben und Handeln gegenüberstellt, das der Natur entfremdet ist. Die Frau indessen hat in ihrem geschlossenen frontalen Sitzen, in ihrem Lächeln einen Anflug natürlicher Gelöstheit bewahrt, die im Gegensatz steht zur gezierten Haltung und unruhig-bizarren Kontur des nach links sitzenden Herrn.

Carl Spitzweg, Schalmeiender Hirte. Um 1875. Öl auf Holz, 15,7 × 31,5 cm. Sammlung Schäfer, Schweinfurt

Carl Spitzweg, Das Flötenkonzert. Um 1855. Öl auf Leinwand, 31,3 × 38,2 cm. Eigentum der Bundesrepublik Deutschland, Bundespräsidialamt, Bonn

Anmerkungen

1 Klaus Bernhard, Idylle – Theorie, Geschichte, Darstellung in der Malerei 1750–1850. Zur Anthropologie deutscher Seligkeitsvorstellungen. Köln und Wien 1977, S. 285

2 Öl auf Leinwand, 39,5 × 22 cm. Sammlung Georg Schäfer, Schweinfurt; Abb. in: Jens Christian Jensen, Carl Spitzweg. Zwischen Resignation und Zeitkritik. 4. Aufl., Köln 1985, Abb. 57

3 Bernhard (Anm. 1), S. 288 f.

4 Jean Paul, Vorschule der Ästhetik, in: Jean Paul, Werke. Darmstadt 1965 ff., Bd. 5, S. 257 f.

5 Vgl. Jens Christian Jensen, Über Carl Spitzweg, in: Spitzweg – Schwind – Schleich. Ausstellungskatalog. Städtische Galerie im Prinz-Max-Palais, Karlsruhe, 14. April bis 24. Juni 1984, S. 39 ff.

6 Bernhard (Anm. 1), S. 108 f.

7 Bernhard (Anm. 1), S. 108, Anm. 25, zit. nach: Wolfdietrich Rasch, Die Poetik Jean Pauls

8 In eckigen Klammern Zusätze oder Ergänzungen des Verfassers

9 Bernhard (Anm. 1), S. 108 f.

10 Vgl. Bernhards Analyse des Gemäldes »Die Stikkerin« von Georg Friedrich Kersting (Anm. 1), S. 261: »Idyllisch ist hier in besonderer Weise die vollkommene Hingegebenheit der Stickerin an ihre Tätigkeit, wobei der Eindruck eines raumzeitlichen Stillstands vermittelt wird. D. h. es wird ein Zustand festgehalten, dem nicht nur jede Art von Turbulenz fehlt, sondern der selbst Ausdruck einer zeitlosen Tätigkeit ist.«

11 Bernhard (Anm. 1), S. 254

12 Bernhard (Anm. 1), S. 260: »Im Gegensatz zur klassizistischen Idylle, die weit in diesen Zeitraum hereinreicht, sind im Biedermeier die Themen Antike, Mythologie, Mittelalter und alles, was mit Italien zusammenhängt, prinzipiell ausgeschlossen.«

Kat.-Abb. 1–12 s. S. 13–20
Kat.-Abb. 13–46 s. S. 110–136

47 Franz Kobell, Heroische Landschaft. 1804. Öl auf Leinwand, 121 × 157 cm. Sammlung Georg Schäfer, Schweinfurt ▷

48 Joseph Anton Koch, Landschaft mit Regenbogen. 1805. Öl auf Holz, 32,8 × 43,2 cm. Sammlung Georg Schäfer, Schweinfurt ▷

47

48

49 August Wilhelm Ahlborn, Syrakus bei Morgenbeleuchtung. 1836. Öl auf Leinwand, 111 × 151,5 cm. Niedersächsisches Landesmuseum Hannover

50 Vincenz Georg Kininger, Alois Wenzel Fürst Kaunitz und Familie im Garten. Um 1810. Gouache auf Papier, 48,2 × 37,2 cm. Sammlung Georg Schäfer, Schweinfurt

51 Georg Friedrich Kersting, Am Stickrahmen. 1827. Öl auf Holz, 47,5 × 36,5 cm. Kunsthalle zu Kiel

52

53

54 August von der Embde, Kinder. 1845. Öl auf Kupfer, 48 × 39 cm. Kunstmuseum Düsseldorf

52 Franz Ludwig Catel, Italienische Landschaft bei Rom. Um 1830. Öl auf Leinwand, 65 × 91 cm. Sammlung Georg Schäfer, Schweinfurt

53 Adrian Ludwig Richter, Frühlingsabend. 1844. Öl auf Leinwand, 72 × 109,5 cm. Kunstmuseum Düsseldorf

55 Carl Spitzweg, Das Plauderstündchen. Um 1865. Öl auf Leinwand, auf Karton aufgezogen, 47 × 36,5 cm. Sammlung Georg Schäfer, Schweinfurt

56 Carl Spitzweg, Musizierender Einsiedler vor seiner Felsenklause. Um 1870. Öl auf Leinwand, 44 × 34,5 cm. Sammlung Georg Schäfer, Schweinfurt

57 Hans Thoma, Im Garten. 1877. Öl auf Holz, 120 × 80 cm. Sammlung Georg Schäfer, Schweinfurt

58 Johann Sperl, Frühlingszeit. Um 1880. Öl auf Leinwand, 60 × 88,5 cm. Sammlung Georg Schäfer, Schweinfurt

59 Fritz (Friedrich) von Uhde, Zwei Damen am Tisch im Garten. Um 1906. Öl auf Leinwand, 86 × 111 cm. Sammlung Georg Schäfer, Schweinfurt

60 Theodor Matthei, Feldweg mit kleiner Schwälmerin. 1900. Öl auf Leinwand, 44,5 × 60,5 cm. Neue Galerie – Staatliche und Städtische Kunstsammlungen Kassel

61 Theodor Matthei, Am Parkrand. 1894. Öl auf Leinwand, 39 × 53 cm. Neue Galerie – Staatliche und Städtische Kunstsammlungen Kassel

62 Karl Haider, Frau in Frühlingslandschaft. 1894. Öl auf Leinwand, 77 × 106,5 cm. Sammlung Georg Schäfer, Schweinfurt

63 Leopold Graf von Kalckreuth, Garten. 1908–10. Öl auf Leinwand, 96 × 119,5 cm. Kunstmuseum Düsseldorf

64 Eugène Antoine Durenne, Sommerliche Kammermusik. Um 1900. Öl auf Leinwand, 65 × 80,5 cm. Kunsthalle Bremen

65 Gotthardt Kuehl, Nähendes Mädchen. Um 1910. Öl auf Leinwand, 80 × 60 cm. Kunsthalle zu Kiel

66 Max Liebermann, Die Gartenbank. 1917. Öl auf Leinwand, 71 × 86 cm. Staatliche Museen Preußischer Kulturbesitz, Nationalgalerie, Berlin (West). © 1986 by Dr. Marianne Feilchenfeldt, Zürich

7 August Macke, Stickende Frau auf Balkon (Elisabeth auf dem Balkon des Staudacherhauses in Tegernsee). 1910. Öl auf Leinwand, 61 × 48 cm (Rahmen wurde von Macke selbst bemalt). Städtisches Kunstmuseum Bonn

68 Paula Modersohn-Becker, Alte Armenhäuslerin mit Glasflasche und Mohn. 1906. Öl auf Leinwand, 96 × 80,2 cm. Privatbesi

9 Gabriele Münter, Dorfstraße im Winter. 1911. Öl auf Pappe, auf Holz aufgezogen, 52,4 × 69 cm. Städtische Galerie im Lenbachhaus, München. © 1986 by Gabriele Münter- und Johannes Eichner-Stiftung, München

70

71

72 Rudolf Wacker, Das Fenster. 1931. Öl auf Holz, 108 × 93 cm. Vorarlberger Landesmuseum, Bregenz

70 Alexander Kanoldt, Winterlandschaft. 1921. Öl auf Leinwand, 70,5 × 91 cm. Staatsgalerie Stuttgart

71 Erich Wegner, Winterlandschaft. 1928. Öl auf Leinwand, 71 × 87 cm. Sprengel Museum Hannover

73

74

75 Georg Scholz, Kakteenstilleben. 1925. Öl auf Pappe, 49,5 × 40 cm. Pfalzgalerie Kaiserslautern. © 1986 by Friedel Scholz, Waldkirch

73 Grethe Jürgens, Landschaft bei Dangaster Moor. 1932. Öl auf Leinwand, 63 × 80 cm. Sprengel Museum Hannover. © 1986 by Heide Jürgens-Hitz, Köln

74 Wilhelm Horchler, Fensterblick. 1937. Öl auf Holz, 68 × 85,7 cm. Sprengel Museum Hannover

76 Eberhard Viegener, Kaktee und gelber Krug. 1927. Öl auf Holz, 58 × 48 cm. Museum am Ostwall, Dortmund. © VG Bild-Kunst, Bonn, 1986

Rolf Wedewer

Die Umwertung der Motiv-Fragmente
Gauguin und Cézanne

Im allgemeinen Verständnis ist die literarische Dorfgeschichte beziehungsweise die Darstellung des dörflichen Genres in der zweiten Hälfte des 19. Jahrhunderts gleichbedeutend mit der Auflösung der Idylle und dem Ende auch ihrer Schwundstufen – merkwürdigerweise. Denn tatsächlich charakterisiert sich die Dorfgeschichte nach der Revolution von 1848/49 gerade zunehmend durch eine deutliche Entpolitiserung; »[...] an die Stelle der sozialen Dorf-Novellistik trat die Bauerngeschichte, die Einzel-Hof-Geschichte der Heimatkunst. [...] Mit der konservativen Gesellschaftstheorie Riehls [1851] setzte eine rückwärts gewandte Mythisierung der Bauern ein, die bis hin zu Oswald Spenglers Proklamation der ›Geschichtslosigkeit der Bauern‹ (1922) ungebrochene Tradition mit einer gewaltigen Breiten- und Dauerwirkung blieb. [...] im Nachmärz [geht] die Historizität des Erzählten dort verloren, wo man im Volksgut eine a-historische Kategorie des allgemein Menschlichen der durch gemeinsame Sprache und Tradition definierten Nation sah, die es zu bewahren und zu restaurieren galt. An dieser Vorstellung wurde die ›Objektivität‹ des Erzählten gemessen, was bedeutete, daß der Stoff der Gattung auf Restbestände der Agrargesellschaft, auf eine Art Kultur-Archäologie eingeengt wurde und der zeitgenössischen Realität kaum mehr gerecht werden konnte.«[1]

Von einer Art Kultur-Archäologie ließe sich auch im Betracht der Dorfbilder dieser Zeit sprechen. Auch hier fehlt jedweder Hinweis auf die soziale Realität. Statt dessen demonstrieren sie die Ruhe zeitlos wiederkehrender Tätigkeiten und verheißen eine überschaubar kleinräumige Geborgenheit, traumfern vom entwurzelnden Wachstum der Städte und der Industrie. Es sind gewissermaßen Bilder gegen die Zeit, und insofern entsprechen sie geschichtlich einmal dem althergebrachten Antagonismus von Land und Stadt, von *vita rustica* und *vita urbana*[2], sowie zum anderen – wenngleich auf einer Schwundstufe und mit Einschluß realistischer Momente – dem raumzeitlichen Stillstand der Idylle. Indes beziehen sich derlei »realistische« Momente lediglich auf die Wiedergabe von Gegenständen, von Haus, Tier, Mensch und nicht auf die Tatsächlichkeit der Verhältnisse; da eben wird nach wie vor idealisiert und somit die geschichtliche Dialektik des Idyllischen offengehalten – ein letztes Mal. Denn nicht zuletzt ob eines solchen Vergangenheitsgestus, ihres Widerstandes gegen den Zeitlauf in einer Zeit tiefreichenden Wandels begrüßt, verliert diese Dörflichkeit allmählich ihre Glaubwürdigkeit; das zeitgenössische Bewußtsein sucht, zumal in der Kunst, unmittelbar und aktiv der Gegenwart innezuwerden.[3]

Insofern muß es äußerst problematisch scheinen, wenn wir angesichts bestimmter Bilder beispielsweise von Gauguin und Cézanne – die werktypisch sind – Motive oder doch eindeutige Motiv-Fragmente aus dem Repertoire der Idylle erkennen wollen; schließlich geht es hier um Intentionen, um Probleme und Ansätze, die mit der Idylle oder auch nur der Idee des Idyllischen keinerlei Berührung haben, die scheinbar auch in keinerlei Form mehr auf die geschichtliche Dialektik im Verhältnis von Natur und Kultur eingehen.

So forderte Gauguin beispielsweise ausdrücklich: »Arbeiten Sie nicht so sehr nach der Natur. Kunst ist Abstraktion. Nehmen Sie aus der Natur, indem Sie von ihr träumen.« Für ihn selbst bedeutet das, die Farbe von den »Fesseln der Naturwahrscheinlichkeit«, in denen ihr impressionistisches Verständnis noch befangen war, zu befreien. Er sieht die Farbe als Äquivalent des Lichts und seiner Schattentöne, aber: »Was wäre also das Äquivalent? Die reine Farbe, ihr muß man alles opfern. – Die Farbe als solche ist rätselhaft in den Empfindungen, die sie in uns erregt. So muß man sie auf rätselhafte Weise gebrauchen, wenn man sich ihrer bedient, nicht zum Zeichnen, sondern um der musikalischen Wirkungen willen, die von ihr ausgehen, von ihrer eigenen Natur, von ihrer inneren, mysteriösen, rätselhaften Kraft.« Und im weiteren gilt ihm die Farbe als ein Analogon der Natur. »Man tadelte bei uns die ungemischten Farben nebeneinander. Auf diesem Gebiet haben wir aber glänzend gesiebt, mächtig unterstützt von der Natur, die nicht anders vorgeht. – Werdet ihr jemals ebensoviel Licht haben wie die Natur? [...] Das unwissende Auge weist jedem Gegenstand eine bestimmte unveränderliche Farbe zu. Eine alleinstehende Farbe existiert aber nicht in der Natur. Die Natur sorgt dafür, sie nebeneinander in einer gewollten unabänderlichen Ordnung zu zeigen, so, als ob jede Farbe aus der anderen hervorginge. [...] Die Natur ist ihm gegeben, daß er sie mit seiner Seele präge, das heißt, daß er uns den Sinn enthülle, den er in ihr begreift.«[4]

Auch Cézanne verweist zwar immer wieder auf die Notwendigkeit eines intensiven Naturstudiums: »Der Künstler soll sich vor der Neigung zum Literarischen hüten, welche so oft der Grund ist, daß sich der Maler vom wahren Weg, dem konkreten und unmittelbaren Naturstudium, entfernt.« Doch er fügt sogleich hinzu: »Nach der Natur malen bedeutet aber nicht, das Objekt kopieren, sondern Farbeindrücke realisieren. – Es gibt eine rein malerische Wahrheit der Dinge [...] Ich habe die Natur kopieren wollen, es gelang mir nicht, von welcher Seite ich sie auch nahm. Aber ich war mit mir zufrieden, als ich entdeckt hatte, daß man sie durch etwas anderes repräsentieren muß, durch die Farbe als solche. Man muß die Natur nicht reproduzieren, sondern repräsentieren. Wodurch? Durch gestaltende farbige Äquivalente.«

Sicherlich rekurieren beide Künstler nicht nur in ihren Äußerungen ausdrücklich auf die Natur, aber ebenso einhellig steht nicht ihre getreue Wiedergabe zur Diskussion – sie gilt gar in mancherlei Hinsicht als unmöglich –, sondern die Schaffung künstlerisch autonomer Äquivalente. Das heißt, die Farbe wird von ihrer unmittelbaren Gegenstandsbindung befreit und steht primär für sich, ob als Ausdruckselement oder als Komponente bildnerischer Konstruktion, das sind nur graduelle Unterschiede. Auf jeden Fall wird das Bild gegenüber dem Motiv – auch wenn es sich daran noch orientiert – als ein selbständiges, also nach eigener Logik organisiertes oder gebautes System verstanden. Mit einer Formel von Jean Louis Paudrat: »In der Kunst wird die Ästhetik der Wirklichkeitsinterpretation durch die Ästhetik des Schöpferischen ersetzt.«[5]

»Alle diese erdichteten Farben [meiner Bilder von Tahiti] kann es doch nicht geben, sagen die Leute. Doch das gibt es als Äquivalent für die Größe, die Tiefe und das Geheimnis von Tahiti, wenn man diese Dinge auf einem Quadratmeter Leinwand ausdrücken will.«[6] So Gauguin. Und Cézanne: »Ein Bild stellt zunächst nichts dar, soll zunächst nichts darstellen als Farben. Geschichten, Psychologie, das steckt trotzdem drinn [...] Es gibt eine rein malerische Wahrheit der Dinge [...] Ich bringe alles zueinander in Beziehung, in einer Anstrengung auf einmal. Alles, was wir sehen, nicht wahr, zerstreut sich, flieht. Die Natur ist zwar immer dieselbe, aber von ihrem Erscheinungsbild bleibt nichts. Unsere Kunst muß ihr das Erhabene der Dauer verleihen. Wir müssen ihre Ewigkeit erst sichtbar machen.«[7] Da ist es nur folgerichtig, wenn Cézanne die Kunst als eine Harmonie parallel zur Natur definiert.

Da es nun hier nicht um eine Nachzeichnung der kunsthistorischen Situation, um eine Analyse der Ausbildung und Bedingtheit beider Künstler und erst recht nicht um eine Werkinterpretation geht, können wir uns mit der pauschalen Markierung der jeweiligen künstlerischen Intention begnügen; sie dürfte jedenfalls hinreichend deutlich machen, daß und wieso es problematisch scheinen muß, bei Bildern von Gauguin und Cézanne gleichwohl von idyllischen Motiven oder doch Motiv-Fragmenten sprechen zu wollen. Indes wird hier die Meinung vertreten, daß gerade diese evidente Thematik der Bildautonomie – und natürlich ihre entwicklungsgeschichtliche Perspektive auf die Kunst unseres Jahrhunderts hin – den Blick auf eine Verbindungslinie zum Problembereich der Idylle und des Idyllischen verstellt hat. Wohl ist angesichts von Gauguins Südsee-Bildern die Rede allgemein von seiner Suche nach dem verlorenen Paradies, aber das ist eben nicht im Sinne der Idylle zu verstehen. Und wenn vielfach von seinen »arkadischen« Motiven gesprochen wird – »von den griechischen Gestaden an die Gestade der polynesischen Inseln verlegt« –, so wird diese Beobachtung nicht weiter verfolgt, sondern lediglich als motivgeschichtlicher Reflex notiert. »Immer wieder deutet er [Gauguin] an«, wie Werner Schmalenbach vermerkt, »daß er nicht verstehen, sondern erleben, ahnen, träumen will. In der Fremdartigkeit der ozeanischen Szenerie und in der Fremdartigkeit der Rasse – verbunden mit ihrer ›Animalité‹ – äußert sich für ihn die geheimnisvolle Präsenz dessen, was man vielleicht am treffendsten mit dem Begriff des ›Numinosen‹ bezeichnen mag.«[8]

Das ist richtig und scheint – zumindest auf den ersten Blick – ohne einleuchtende Berührung mit der Idee des Idyllischen. Indessen lassen wir im Augenblick noch die Frage beiseite, ob dieses »Numinose« – bei einem Versuch seiner näheren Bestimmung – nicht doch in irgendeiner Form mit der geschichtlichen Dialektik des Verhältnisses von Natur und Kultur und somit mit dem Problem des Idyllischen vermittelt ist, und gehen vorerst einmal vom Befund der Bilder aus. Tatsächlich gibt es eine Reihe von Arbeiten – zum Beispiel »Unterhaltung (Parau-Parau)« (1892; Textabb.) und »Fatata Te Miti« (1892; Textabb.) –, die vom Motiv wie von seiner formalen Fassung her wesentlichen Bestimmungen der Idylle genügen, wie etwa Geschlossenheit und Abgeschlossenheit, eine zivilisationsferne Harmonie von Mensch und Natur usw. Der idyllenstiftende Gegensatz von Natur und Kultur ist da auf eine anschaulich zwingende Form gebracht. Diese Merkmale zu betonen, ist deshalb wichtig, weil sie, wie erwähnt, leicht hinter der Phänomenologie des Ortes zurücktreten und somit übersehen werden. Tatsächlich bedeutet die geographische Versetzung der Idylle in einen exotischen Raum, in die Südsee, schon eine entschiedene Radikalisierung; denn diese Verlagerung ist gleichbedeutend mit einer entschieden qualitativen Veränderung des Bewußtseins und seiner Bedingungen. Einmal zeigt sie an, daß die europäische Landschaft eine Projektion des idyllischen Raumes nicht mehr zulässig trägt[9], wie zum anderen – hiermit verbunden – einsichtig wird, daß das Erlebnis der primitiven Welt

Paul Gauguin, Unterhaltung (Parau-Parau). 1892. Öl auf Leinwand, 76×96,5 cm. Mr. und Mrs. John Hay Whitney Collection, New York

Paul Gauguin, Fatata Te Miti. 1892. Öl auf Leinwand, 68 × 91,5 cm. The National Gallery of Art, Chester Dale Collection, Washington D. C.

(für Gauguin) »immer das Erleben der Distanz zur eigenen Welt«[10] ist. Das macht es in der Konsequenz unmöglich, die primitive Welt dieser Südsee-Inseln künstlerisch glaubwürdig als raumzeitlichen Stillstand zu interpretieren. Bei Gauguin wird das einsichtig ob der eigenständlichen bildnerischen Logik seiner Farbgebung. Vor diesem Hintergrund muß die überkommene Kultur der Idylle einfach ihre Tragfähigkeit und Verbindlichkeit einbüßen, und es wird verständlich, daß die künstlerische Reflexion ihrer Sehnsuchtsdimension nur fortdauern kann in einer dem kulturellen Wandel entsprechenden Radikalisierung des dialektischen Verhältnisses von Natur und Kultur. Die Frage ist nur, ob man dann noch sinnvoll von einer radikalisierten Idylle sprechen kann oder ob wir es hier nicht vielmehr mit einer »ästhetischen Aufhebung der Idylle« zu tun haben.[11] Konturieren wir zunächst, was wir unter einer radikalisierten Idylle verstehen und welche Konsequenzen ein solches Verständnis hat.

Wie schon mehrfach erwähnt, vergrößert sich der Abstand zwischen Natur und Kultur mit geschichtlicher Notwendigkeit, und das führt wiederum ebenso zwingend zu einer Veränderung dessen, was jeweils unter Natur, unter Kultur verstanden wird.[12] Für Gauguin bedeutet die Natur nicht einfach mehr jenen einstigen Zustand, da der Mensch noch in der Harmonie aller Wesen lebte. Die Natur ist für ihn sehr viel mehr, nämlich eine Idealität, das erscheinende Geheimnis des Unergründlichen, das nur dem Ahnenden wohl sich zeigt, aber nicht enthüllt. Daher die Rede von den Äquivalenten und darum auch die Aufforderung: »Nehmen Sie aus der Natur, indem Sie von ihr träumen.« Da ist weder Realismus noch Utopie gegeben. Es geht nicht um Verwirklichung, sondern um Erleben – doch eben nicht der Insel-Realität, sondern der von ihr verheißenen Idee. Deshalb ist zwar die unvermittelte Anschauung und mit ihr der motivische Bezug auf diese vorgebliche Naturwelt für Gauguin erforderlich, nur nicht mehr im Sinne einer realistischen Aufnahme. In der Konsequenz stellt Gauguin damit die Frage nach der »wahren Natur«, und er weiß, daß diese sich einem direkten Zugriff verweigert. Auf die Bilder bezogen, bedeutet das, mit einer Formel Walter Benjamins, die Natur als »wahre Natur« ist zwar gewissermaßen der Inhalt, nicht aber das Dargestellte des Werkes selbst. »Hier käme nun allerdings alles auf die nähere Definition des Begriffs der ›wahren Natur‹ an, in dem diese ›wahre‹ sichtbare Natur, welche den Inhalt des Kunstwerks ausmachen soll, sich nicht nur nicht mit der erscheinenden sichtbaren Natur der Welt ohne weiteres identifiziert, sondern vielmehr sogar zunächst streng begrifflich von ihr unterschieden werden muß, indem freilich danach dann das Problem einer tieferen essenziellen Identität der ›wahren‹ sichtbaren Natur im Kunstwerk und der in den Erscheinungen der sichtbaren Natur präsenten (vielleicht unsichtbaren, nur anschaubaren, urphänomenalen) Natur sich stellen würde. Und dies würde möglicher- und paradoxerweise so sich lösen, daß nur in der Kunst, nicht aber in der Natur der Welt, die wahre, anschaubare, urphänomenale Natur abbildhaft sichtbar würde, während sie in der Natur der Welt zwar präsent, aber verborgen (durch die Erscheinung überblendet) wäre.«[13]

Gauguin ist nicht so weit und konnte es zu seiner Zeit nicht sein, die Vermittlung seiner Vorstellungen von der Natur als einer umfassenden Idealität durch das Motiv entbehren zu können, repräsentiert es doch gerade jenes Unvertraute, das in Europa nicht mehr zu finden ist, daher hier noch betont wird durch die Fremdartigkeit der Menschen und die dunkle Entrücktheit ihrer kultischen Bildwerke. Die Unkenntnis der sozialen und religiösen Realität ist für Gauguin geradezu eine Bedingung jener Unvertrautheit, die er nicht aufzuheben vermag, wohl auch nicht wirklich aufheben will. Es dürfte wohl nicht zu weit gegriffen sein, die so bestimmte Idee einer »wahren Natur« zumindest in die Nähe dessen zu rücken, was Werner Schmalenbach als die Präsenz des Numinosen bezeichnet hat.

Präzisieren wir das an einem Beispiel, das den formalen Bestimmungen eines idyllischen Ortes nur im weiten Sinne entspricht. Das Gemälde »Heiliger Berg« (1892; Textabb.) bezieht sich auf den Totenkult der Maori. Großflächig angelegt in einem leicht rötlich-braun schraffierten Gelb, beherrscht ein Hügel die Bildmitte, hinter dem eine Bergkette in kräftig dunklen Tönen – braun, blau, violett – aufragt. Davor stehen, rechts von der Hügelkuppe, ein Baum mit grün-, rot- und orangegetöntem Blattwerk, zwei orangefarben gefaßte Palmen sowie eine überlebensgroße, nicht näher bestimmbare Götterfigur. Die eigentlich auffallende, beherrschende Komponente des Bildes aber ist ein über den ganzen Vordergrund sich hinziehender Zaun von eindeutig asiatischer Form, zwischen dessen kunstvollen Verzierungen sich Totenschädel befinden. Stellenweise wird dieser Zaun, in der linken Bildhälfte, von einem stark farbigen, üppigen Blumengebüsch verstellt. Ein ritueller Ort, zu dem der Mensch keinen Zutritt hat und dessen Verlassenheit allein den Göttern gehört. Ungeachtet der stark farbig wuchernden Tropennatur ist dieser Ort von abweisender Fremdheit. Und doch vermittelt er dem Menschen in dieser Abweisung eine Ahnung von Kräften und Mächten, die sich rationaler Erfassung verweigern.

Ein anderes Beispiel bietet das Bild »Tag des Gottes« (1894; Textabb.). Auch hier bezieht sich Gauguin auf die Mythologie der Inselbewohner. Der Gott, dem zwei Mädchen Gaben zutragen und dem zu Ehren zwei andere einen Tanz aufführen, ist der Schöpfer der Erde Taaroa. Die unbestimmten, laichartigen Farbformen im Wasser des Vordergrundes verweisen ebenso auf beginnendes, sich formendes Leben – und damit auch auf dessen Schöpfer – wie die kindhaft zusammengekauerte Figur rechts im Bild. Kompositorisch gesehen, steht die Figur Taaroas an der Spitze eines Dreiecks, dessen Basis das Wasser und dessen Achse von der weiblichen Mittelfigur markiert wird. Der Mensch ist eingeschlossen in die Ordnung der Natur, die hier noch eine Ordnung der Götter ist.

Im Kern äußert sich darin ein somit mythisches Bewußtsein, das den Menschen mit der Natur verbindet, nur ist dieses Bewußtsein in der Aktualität Gauguins schon ein gebrochenes, wie es unter anderem im bildnerischen Sinne angezeigt wird mit der beginnenden Farbautonomie. Die – moderne – Ästhetik des Schöpferischen bedeutet, daß der Künstler nun die Welt vom Ich her denkt. »Die Natur ist ihm [dem Künstler] gegeben, daß er sie mit seiner Seele präge, das heißt, daß er uns den Sinn enthüllt, den er in ihr begreift.«[14] Wenn Gauguin – geschichtlich am Beginn dieser Entwicklung stehend – sich dabei noch auf Motiv-Formen der Idylle bezieht, deren Ort zugleich aber ins Exotische verlegt, dann deshalb, weil allein hier noch das Leben in einem gleichsam »wissenslosen« Zustand verläuft, jenem konfliktfreien Urzustand ähnlich, der schon in den historischen Studien Hegels Ausgangspunkt der Hoffnung auf den künftigen idealen Menschen war, der jenseits des Mythos im Ausgleich mit der Natur lebt – der Exotismus als fremdverhüllter Archetypus. So können wir insgesamt wohl einsichtig von einer Radikalisierung der Idylle, zumindest aber von einer Radikalisierung der Idee des Idyllischen sprechen, die in den Südsee-Bildern thematisch als eine Vorstellung von Ursprünglichkeit erscheint.

Paul Gauguin, Heiliger Berg (Parahi Te Maras). 1892. Öl auf Leinwand, 66 × 89 cm. Mr. and Mrs. R. Meyer de Schauensee Collection, Devon/Pennsylvania

Paul Gauguin, Tag des Gottes. 1894. Öl auf Leinwand, 66 × 108 cm. The Art Institute, Chicago

Das reicht natürlich über die Grenzen der Idylle entschieden hinaus, und sicher kann man hier auch nicht mehr von Schwundstufen sprechen. Daher denn auch die Frage, ob wir es da nicht mit einer ästhetischen Aufhebung der Idylle zu tun haben? Gewicht erhält diese Frage, weil wir hier, wie zugestanden, nicht mehr im eigentlichen Sinne von Idylle sprechen können, und das aus gleich drei Gründen: Der geringste ist mit der Auflockerung gewissermaßen der formalen Abgrenzungen idyllischer Motive gegeben, die indes gleichwohl als solche ungemindert zu erkennen sind – es würde sich dann fraglos um Schwundstufen handeln. Gewichtiger ist schon der Hinweis auf nicht nur ethnographische Fremdartigkeit der Insulaner und ihres Ortes – das Unvertraute ist gerade kein Phänomen des Idyllischen. Und schließlich dann das entscheidende Faktum: die von der Autonomie der bildnerischen Mittel und ihrer Logik bestimmte Bildgestaltung, die bei Gauguin im weiten Sinne thematisch ist.[15]

So gesehen, müssen wir hier tatsächlich eine ästhetische Aufhebung der Idylle erkennen. Dieser Einsicht steht jedoch entgegen, daß solcherart zwar wohl die überkommenen Vorstellungen und Anschauungsformen der Idylle und des Idyllischen wesentlich verändert worden sind, nicht hingegen aber ist damit zugleich eine Abkehr von der idyllen-konstitutiven Gegensätzlichkeit von Natur und Kultur vollzogen, im Gegenteil: Sie erscheint in verschärfter, eben in radikalisierter Form – entsprechend den gewandelten geschichtlichen Bedingungen ihres Verständnisses. Natur läßt sich im letzten Viertel des 19. Jahrhunderts nicht mehr ohne konservativen Einschluß als unvermittelte Repräsentanz allumschließender, harmonischer Ganzheit definieren.[16] Die reflektorische Gebrochenheit solcher Vorstellungen ist mithin eine Bedingung ihrer Glaubwürdigkeit, und zwar in dem schon erwähnten Sinne, wonach das Erlebnis der fremden Welt immer gleichbedeutend ist mit dem Erlebnis der Distanz zur eigenen Welt. Natur

Paul Cézanne, Annecy-See. 1896. Öl auf Leinwand, 64,2 × 79,1 cm. The Courtauld Institute, London

Paul Cézanne, Wald von Château Noir. 1890–92. Öl auf Leinwand, 65 × 81 cm. The Barnes Foundation, Merion/Pennsylvania

Paul Cézanne, Jourdans Hütte. 1906. Öl auf Leinwand, 65 × 81 cm. Sammlung Riccardo Jucker, Mailand

ist das, was wir uns jeweils darunter vorstellen. Das ist im Grunde die Bedeutung des Gauguin-Satzes, daß die Natur dem Künstler gegeben sei, »daß er sie mit seiner Seele präge« und den Sinn enthülle, den er in ihr begreift. Und entsprechend ist auf der anderen Seite Kultur nicht mehr gleichsinnig mit der Freiheit des Menschen, sie wird vielmehr allmählich zum Synonym für Entfremdung, und Ursprünglichkeit wird als ihr Gegenpol verstanden – so etwa bei Cézannes Gemälden »Annecy-See« (1896; Textabb.), »Wald von Château Noir« (1890–92; Textabb.) und »Jourdans Hütte« (1906; Textabb.).

Von daher kommen wir zu unserem Verständnis, daß die ästhetische Aufhebung der Idylle eine Bedingung ihrer Radikalisierung ist. Die Vorstellungs- und Anschauungsformen der Idylle wie des Idyllischen wandeln sich allmählich zu Denkformen. Cézannes Formel vom »denkenden Auge« ist dafür bezeichnend.

Nun läßt sich Cézanne sicher nicht mit Gauguin vergleichen; die ästhetische Aufhebung der Idylle in seinen Arbeiten (Textabb.) ist ungleich entschiedener. Und doch können wir auch hier im skizzierten Verständnis von einer Radikalisierung der Idylle sprechen, freilich nicht in Richtung auf eine so oder so mythisch grundierte Vorstellung von Ursprünglichkeit. Das würde der Bild-Rationalität Cézannes widersprechen. Seine Naturvorstellung ist – gemessen an der Idylle und den »Träumen« Gauguins – in einem höchst unterschiedlichen Verständnis abstrakt, das man im eigentlichen Sinne modern nennen kann. Denn er versteht die erscheinende Natur als etwas Wechselhaftes, sich ständig Veränderndes. Das aber kann nicht die »wahre Natur« sein, und darum versucht er in seinen Bildern ein anschauliches Äquivalent dessen zu formulieren, was gleichsam hinter den Erscheinungen der Natur das Dauernde ist. Diese Intention – Kunst als eine Harmonie parallel zur Natur – schließt notwendig eine gewisse Objektivierung des Gesehenen ein, und naheliegend ist die nur zu erreichen mittels einer Objektivierung des Bildes, das heißt, über die Autonomie der bildnerischen Mittel und eine konstruktive Orientierung der Eigengesetzlichkeit des Bildes. Dabei bleibt sich Cézanne jedoch der ungeschmälerten Rolle der eigenen Subjektivität bewußt, wie er sich aber zugleich auch im klaren darüber ist, daß er ihr bei der »Realisation« des Bildes keinen Raum lassen darf. »Die Landschaft spiegelt sich, vermenschlicht sich, denkt sich in mir. Ich objektiviere sie, übertrage sie, mache sie fest auf meiner Leinwand. – – Sie sprechen mir neulich von Kant, vielleicht rede ich dummes Zeug, aber mir scheint, daß ich das subjektive Bewußtsein dieser Landschaft wäre und meine Leinwand ihr objektives Bewußtsein. Meine Leinwand und die Landschaft, beide außerhalb von mir, aber die letztere chaotisch, vergänglich, wirr, ohne logisches Dasein, ohne jede Vernunft; die erstere beharrend, dem Gefühl zugänglich, kategorisiert, teilnehmend an der Seinsweise, am Drama der Ideen . . .«[17]

Uns interessiert bei diesen aufschließenden Sätzen vor allem ein – moderner – Aspekt, daß nämlich Cézanne der Leinwand, dem Bild also, ein »objektives Bewußtsein« zuspricht und die Natur als ein Dasein ohne Logik charakterisiert, als vergänglich und wirr; indirekt wird die Kunst somit als ein Mittel der Erkenntnis definiert, als ein Erkenntnis-Medium freilich besonderer Art.

Doch wieso dieser Aspekt ein moderner ist, und zwar auch im wissenschaftlichen Verständnis, leuchtet sogleich ein, wenn man sich an das erkenntnistheoretische Faktum erinnert, daß Natur nicht außerhalb von Theorie existiert.[18] Das heißt, vereinfacht ausgedrückt: Was Natur

Paul Cézanne, Vier Badende. 1888–89. Öl auf Leinwand, 73 × 92 cm. Ny Carlsberg Glyptotek, Kopenhagen

Paul Cézanne, Badende. 1900–06. Öl auf Leinwand, 130 × 195 cm. The National Gallery, London

ist, das können wir in einem absoluten Verständnis nicht wissen, darum hängt es jeweils vom Stand unseres Wissens ab – und der Lebensumstände in dem Zusammenhang –, was wir unter Natur verstehen. Nur, je fortgeschrittener dieses Wissen ist, desto größer wird der Abstand gegenüber der unmittelbaren Anschauung des Lebendigen – bis diese anthropologische Nabelschnur schließlich und endlich zerreißt: Das Wissen über die Natur verselbständigt sich in seiner Bezüglichkeit auf den Menschen. Zwischen den intellektuellen Abstraktionen und der – gleichwohl fortbestehenden – nah-räumigen Anschaulichkeit von Natur, verbreitert sich mit geschichtlicher Unausweichlichkeit jene Kluft, die unumkehrbar zur Radikalisierung der Vorstellungen von Natur und Kultur führt. Ob ihrer schließlich nicht nur quantitativen Vorherrschaft, die sich mannigfach bis in den Alltag hinein auswirkt, wird zur Gegenwart hin die wissenschaftlich definierte Natur zum Synonym für (die technische) Kultur.

Schon der beginnenden Ausblendung der menschlichen Bezüglichkeit aus dem wissenschaftlichen Bild der Natur korrespondiert eine Ausweitung der Sehnsuchtsdimension, eine schärfere Konturierung jener »retrospektiven Mentalität«, deren Ausdrucksform über lange Zeit hin die Idylle gewesen ist und die nun sich zunächst im Wandel der Naturvorstellungen manifestiert. Wir haben skizziert, inwiefern sie bei Cézanne als eine »moderne« zu verstehen ist. Daß damit aber keineswegs die Verbindungslinien zum Problembereich des Idyllischen abreißen, das geht nicht nur aus der Betonung des Natur-Prinzips der Dauer hervor, der Unaufhörlichkeit gegenüber menschlichen Zeitmaßen – das belegt auch die Tatsache, daß die bildnerische Objektivierung bei aller Systematik nicht zu einem kühl nüchternen Regelwerk führt, sondern ausdrücklich auf den Menschen bezogen bleibt, ja geradezu in einem integralen Verhältnis gesehen wird, wenn Cézanne bemerkt: »[...] die empfundene Natur, die dort draußen (er deutet auf die grüne und blaue Ebene) und die hier drinnen (er schlägt sich an die Stirn), beide müssen sich durchdringen, um zu dauern, um zu leben.«[19]

Daß diese Verschränkung von äußerer und innerer Natur eigens gefordert und zur Bedingung von Dauer und Leben gemacht wird, ist ein untrügliches Indiz dafür, daß ein solcher Einklang lange nicht mehr selbstverständlich ist. Im Gegenteil, erst die Trennung von Natur und Mensch – ein kultureller Zustand also – treibt eine solche Forderung hervor. Wenn Cézanne darauf mit einer Radikalisierung der Naturvorstellung eingeht, und zwar in dem angedeuteten modernen Sinne, so wird damit wohl der Wirkungsraum der Subjektivität begrenzt, keineswegs aber aufgehoben. Das subjektive Moment erscheint nur nicht mehr als Ausdrucksspur von Gestus und Linie, sondern gewandelt in der Farbe als harmonikal geordneter Erlebnisform. Das heißt, am Beginn stehen die Sinneseindrücke des Malers vor der Natur; mit anderen Worten: die absichtsvolle Wahrnehmung einer farblichen Vielfalt, aus deren bild-logischer Ordnung zu einem gleichsam gebauten Farbkontinuum sodann erst die Wirklichkeit von Natur im Sinne von Dauer – und Lebendigkeit zugleich – entsteht. Objektivierung bedeutet für Cézanne mithin nicht Reduktion der erscheinenden Fülle auf die Eindeutigkeit starrer Formeln. Wenn immer er von »Theorie« spricht – wie etwa in einem Brief an Charles Camoin vom 22. Februar 1903[20] –, so ist damit kein in sich geschlossenes logisches System gemeint. »Das Wort ›Theorie‹, wie Cézanne es anwendete«, vermerkt Walter Hess, »scheint eher in seinem ursprünglichen, griechischen Sinne gemeint zu sein, in welchem es bedeutet: Anschauen,

Zusammenschauen, im vielfältig Wechselnden ein Ganzes, im Zusammenhang Seiendes, Sehen, Erkenntnis.«[21]

In diesem Verständnis wird die mittels des Bildes im Bild objektivierte Anschauung der Natur zur sinndeutenden Erkenntnis; die Natur wird wieder unmittelbar auf den Menschen bezogen, der sich in dieser Teilhabe definiert – um zu leben, um zu dauern. »Ich stelle mir vor, das ist wie mit Gott: Wenn ein wenig Wissen von ihm wegführt, so führt viel Wissen zu ihm zurück ... Ja, viel Wissen führt zur Natur zurück.«[22]

Anmerkungen

1 Uwe Bauer, Dorfgeschichte. Zur Entstehung und gesellschaftlichen Funktion einer literarischen Gattung im Vormärz. München 1978, S. 232f.

2 Vgl. hierzu u. a. Reinhart Bentmann/Michael Müller, Die Villa als Herrschaftsarchitektur. Versuch einer kunst- und sozialgeschichtlichen Analyse. Frankfurt/M. 1970

3 Eine informative Darstellung dieser Zeit – der zweiten Hälfte des 19. Jahrhunderts –, die die Entwicklung der Kunst im Zusammenhang mit den vielfältigen sozialen Wandlungen, den technischen Errungenschaften und wissenschaftlichen Entdeckungen beschreibt, bietet Nello Ponente, Die Struktur der modenen Welt, 1850–1900. Genf 1965 – Mit anderer Akzentuierung: Werner Hofmann, Das Irdische Paradies. Kunst im 19. Jahrhundert. München 1960

4 Zit. nach: Walter Hess, Dokumente zum Verständnis der modernen Malerei. Hamburg 1958, S. 29ff.

5 Jean Louis Paudrat, Negative Rezeption traditioneller afrikanischer Kunst im 19. Jahrhundert, in: Weltkulturen und moderne Kunst. München 1972, S. 433

6 Zit. nach Hess (Anm. 4), S. 32

7 Zit. nach Hess (Anm. 4), S. 17

8 Werner Schmalenbach, Gauguins Begegnung mit der Welt der Naturvölker, in: Weltkulturen ... (Anm. 5), S. 437

9 Vgl. dazu u. a. Joachim Ritter, Landschaft. Zur Funktion des Ästhetischen in der modernen Gesellschaft, in: Joachim Ritter, Subjektivität. Frankfurt/M. 1974, S. 141ff.

10 Schmalenbach (Anm. 8), S. 436

11 Marianne Kesting in einem Gespräch

12 Rolf Wedewer, Landschaft als vermittelte Theorie, in: Manfred Smuda (Hrsg.), Landschaft. Frankfurt/M. 1986, S. 111ff.

13 Walter Benjamin, Der Begriff der Kunstkritik in der deutschen Romantik, in: Walter Benjamin, Gesammelte Schriften. Frankfurt/M. 1974, Bd. I/1, S. 113

14 Zit. nach Hess (Anm. 4), S. 31

15 Vgl. Gudrun Imboden, Mallarmé und Gauguin – Absolute Kunst als Utopie. Stuttgart 1978 – Rolf Wedewer, Ursprünglichkeit als radikalisierte Idylle, in: Hans Ulrich Seeber/Paul Gerhard Klussmann (Hrsg.), Idylle und Modernisierung in der europäischen Literatur des 19. Jahrhunderts. Bonn 1986, S. 137ff.

16 Vgl. Walter Gebhard, Der Zusammenhang der Dinge. Weltgleichnis und Naturverklärung im Totalitätsbewußtsein des 19. Jahrhunderts. Tübingen 1984

17 Paul Cézanne, Über die Kunst. Gespräche mit Gasquet. Briefe. Hrsg. v. Walter Hess. Mittenwald 1980, S. 13

18 Vgl. Günter Dux, Die Logik der Weltbilder. Frankfurt/M. 1982

19 Cézanne (Anm. 17), S. 13

20 Cézanne (Anm. 17), S. 81

21 Hess, in: Paul Cézanne (Anm. 17), S. 94

22 Cézanne (Anm. 17), S. 18

Rolf Wedewer

Künstler-Kolonie und Expressionismus

Innerhalb des Schwundprozesses der Idylle und der damit verbundenen Umwertung einstmals idyllischer Motive markieren die Maler von Barbizon – Théodore Rousseau, Jules Dupré, Daubigny oder Millet neben anderen – eine geschichtlich ebenso interessante wie aufschlußreiche Position; einmal verweisen sie noch auf die Programmformel des Realismus, nur das zu malen, was man sieht, zum anderen indes lassen sie in ihrer Malerei dieses Programm rasch hinter sich. Ob der vielfach vorherrschenden, mitunter melancholisch scheinenden Dunkeltonigkeit ihrer Landschaften sieht sich der Betrachter freilich eher an die Romantik denn an den Realismus erinnert. Tatsächlich ist die Landschaft hier nicht mehr Objekt einer nüchternen Beobachtung, sondern gewissermaßen eine Folie persönlichen Erlebens. Folglich erscheint sie in den Bildern von Barbizon eingehüllt in ein vielfältiges Gewebe von ausgesprochen malerischen Stimmungswerten. Damit gelingt den Künstlern zwar die Befreiung der Landschaftsmalerei von den Staffage-Fesseln der »Akademiker«, und dieserhalb könnte man ihre Malerei wohl im zeitgenössischen Verständnis als fortschrittlich verstehen, im weiteren Sinne aber steht solcher Auffassung doch die betonte Subjektivität dieser Bilder entgegen. Denn dieses Moment individueller Stimmungen ist nichts anderes als der aufscheinende Reflex eines Mensch und Natur harmonisch vereinenden Zusammenhang-Denkens, jener Naturverklärung, die trotz zunehmender geschichtlicher Verspätung das Totalitätsbewußtsein des 19. Jahrhunderts bis an sein Ende beherrscht.[1] »Gegen die Spaltung des Zusammenhangs der Dinge durch die zumal in der zweiten Jahrhunderthälfte rasch sich ausfächernde Wissenschaft wird die Naturwahrnehmung geradezu programmatisch an ein ausgeprägtes Subjekt-Bewußtsein gekoppelt: Der Mensch erlebt sich im Spiegel der Natur. Den Naturglauben, der sich als Aufhebung der Wissenschaft versteht, haben wir als zentrales Korrelat der Verluste an Geschichtsbewußtsein zu sehen.«[2]

Danach wäre der Gang nach Barbizon ein kaum verdeckter Rückzug in die Idylle, zumal es auch an direkten kulturkritischen Anmerkungen nicht mangelt. Doch so eindeutig ist der Befund nicht. Das der Idylle eigentümliche Verlustempfinden wird zwar auch hier artikuliert, aber es verführt nicht zum resignativen Ausstieg aus der Geschichte, es bewirkt vielmehr eine tatkräftige Gegenreaktion: Es führt zum Gedanken des Naturschutzes, den Théodore Rousseau gegenüber Napoleon III. vertrat, und zwar mit realem Erfolg: Gut 600 Hektar des Waldes von Fontainebleau wurden unter Landschaftsschutz gestellt. »Eindringlich wie sonst kaum etwas signalisiert diese Forderung, eine Landschaft vor den Ausgriffen einer bedenkenlosen Nutzung zu schützen, die grundsätzliche Veränderung im Selbstverständnis einer Gesellschaft. Die Landschaft hat für sie jegliche vermittelnde Funktion verloren. Sie ist gleichsam nüchtern und endlich geworden, ausschnitthaft und begrenzt.«[3]

Von daher erscheint es einsichtig, die Landschaft wenigstens als einen Reflex-Schirm der eigenen subjektiven Stimmungssituation zu definieren, ohne zugleich den Blick auf ihre Tat-

Jean Baptiste Camille Corot, Erinnerung an Mortefontaine. 1864. Öl auf Leinwand, 65 × 89 cm. Musée du Louvre, Paris

sächlichkeit zu verstellen. Darin zeigt sich das Erbe des Realismus, das sich selbst in manchen Wald-Idyllen Corots noch zu behaupten vermag, wo die Landschaft samt einer Figuren-Staffage – die kaum zufällig an arkadische Situationen erinnert – in silbrig schimmerndes Licht getaucht ist, wie beispielsweise in dem Bild »Erinnerung an Mortefontaine« aus dem Jahre 1864 (Textabb.). Das ist genau beobachtet, wenn Corot mit kleinen aufhellenden Farbflecken im Laub der Bäume koloristische Akzente setzt, die das Bild verhalten deutlich rhythmisieren und zugleich im nahezu Schwebenden seiner farbigen Atmosphäre zusammenhalten. Diese »Unmittelbarkeit der malerischen Anschauung« (Werner Hofmann) steht notwendig in einem geschichtlichen Gegensatz zur »arkadischen« Haltung der Figuren. Wenngleich – sowohl vom Kompositorischen her als auch vom malerischen Duktus – durchaus in die Bewegung des Bildes integriert, erscheinen sie doch so gesehen eher als Zitat denn als Bestandteil des Motivs, einer realen Ansicht im Park von Mortefontaine. Insofern vermögen wir in Bildern wie diesen den Beginn jener – »modernen« – Zuspitzung des Idyllischen zu erkennen, die Gauguin in seinen Südsee-Arbeiten dann so konsequent wie weitreichend zur ästhetischen Aufhebung der Idylle vorgetrieben hat – als einer Bedingung ihrer Radikalisierung.

Dieser geschichtliche Gegensatz zwischen arkadisch anmutender Figuren-Staffage und der »Unmittelbarkeit der malerischen Anschauung« erlaubt nun, die Bedeutung des Stimmungsvollen allgemein in den Barbizon-Bildern differenzierter zu sehen. Zwar gilt nach wie vor, daß Stimmung eine Form des Zusammenhang-Denkens ist, aber sie ist hier entgegen dem Augen-

Constant Troyon, Die Tränke. Öl auf Leinwand, 124 × 164 cm. Wallace Collection, London

schein nicht mehr ungetrübt gegeben. Der skizzierte Unterschied zwischen Motiv und Staffage, mithin der Abstand zwischen Anschauung und Vorstellung – wiewohl im Vollzug des Malerischen aufgehoben – muß da gleichbedeutend mit einer Art atmosphärischer Störung gesehen werden. Insofern ist Stimmung in diesen Bildern nicht mehr eine Vorstufe des Zusammenhang-Denkens, sondern eher umgekehrt dessen verblassender Nachschein.

Damit wird eine Ambivalenz dieser Malerei zwischen abdämmernder Vergangenheit und bewußtwerdender Gegenwart offenbar, die den Zeitgenossen notwendig noch verborgen bleiben mußte. Das belegt unter anderem ein anonymer Aufsatz über die Malerei Corots, der 1864, also im Entstehungsjahr der »Erinnerung an Mortefontaine«, in der Zeitschrift »Die Dioskuren« erschien. »In der Stimmungs-Landschaft gebührt unstreitig unter den französischen Malern der erste Platz Corot. Er ist nicht wie der größte Theil seiner Kunstgenossen anspruchsvoll in der Wahl seiner Motive; ein einfaches Stückchen Erde, ein paar Bäume, ein Weg und ein Streifen Himmel genügen ihm, eine landschaftliche Idylle zu komponieren, in die er seine Gedanken in einer für den Beschauer verständlichen Weise auszusprechen versteht.«[4]

Eine – nur? – zur damaligen Zeit verständliche Auffassung, da man Corots Landschaften folgerichtig in einer Gegenposition zum formelhaften Bombast der Traditionalisten in den »Salons« sieht. Schließlich lassen sich in den diversen Bildern auch der anderen Maler ohne weiteres deutlich idyllentypische Merkmale ausmachen: den begrenzten und mehr oder minder

Charles Jacque, Die Schäferin und ihre Schafe. Öl auf Holz, 24 × 32,5 cm. Collection de la Ville de Fontainebleau

Théodore Rousseau, Der kleine Angler. Um 1848–49. Öl auf Leinwand, 20,6 × 30,5 cm. Musée du Louvre, Paris

in sich geschlossenen Landschaftsausschnitt, eine damit verbundene Suggestion von Zeitlosigkeit sowie eine harmonische Einbettung von Mensch und Tier in die als Landschaft erscheinende Natur.

In Constant Troyons »Die Tränke« (Textabb.) beispielsweise ist der kleine Tümpel im Vordergrund des Bildes durch wallartige Erhebungen klar umgrenzt, eine Umfassung, die noch betont wird durch einige hochragende Bäume, deren ausgebreitetes Laubwerk partienweise den Fernblick verstellt und somit die Aufmerksamkeit auf den Nahraum konzentriert. Einige Kühe, die hier zur Tränke gekommen sind, einen Hund sowie zwei Männer, Wasser in ein großes Faß auf ihrem ochsenbespannten Karren schöpfend, finden sich hier in friedlichem Miteinander. Oder betrachten wir ein klassisches Idyllen-Motiv, »Die Schäferin und ihre Schafe« von Charles Jacque (Textabb.). Idyllentypisch ist der Weideplatz, ein eher karg bewachsener kleiner Hang, nahräumig von einigen Felshügeln begrenzt. Nur am linken Bildrand reicht der Blick über die Nähe hinaus. Vom Motiv her – die Schäferin blickt in entspannter Haltung auf die grasenden Schafe herab – besteht der Eindruck selbstverständlicher Zeitlosigkeit, wie ihn – wenngleich auf andere Weise – auch Théodore Rousseaus Bild »Der kleine Angler« (Textabb.) erweckt. Der Landschaftsausschnitt ist hier zwar weiträumiger gefaßt, aber er bleibt gleichwohl im Verständnis des Idyllischen überschaubar. Ohne Mühe ließen sich weitere Beispiele zitieren, die ob ihrer Grundkonstellation auf den Motiv-Fundus der Idylle verweisen. Aber diese Merkmale sind längst nicht mehr eindeutig im Sinne der Gattungstheorie; die dort geforderte Kleinräumigkeit wird im einzelnen ebenso durchbrochen, wie die bestimmende Zeitlosigkeit zumindest partiell aufgehoben wird in der momenthaften Subjektivität individueller Stimmungen. Doch gleichwohl zeichnen sich damit – wie folgenreich immer auch – erste Bruchlinien innerhalb des überkommenen Vorstellungsbildes ab. Denn die Landschaft bleibt ob ihrer Überschaubarkeit und Vertrautheit mithin eine des menschlichen Maßes. Wohl hat sie ihre Funktion als ästhetische Vermittlung zum Ganzen der Natur eingebüßt, wie sie zum anderen auch keinerlei Form von idyllischer Idealität mehr aufweist, aber sie erscheint eben nach wie vor als ein bergender Nah-Raum. »Diese Natur liegt in Reichweite von Auge und Schritt (selbst wenn sie in Nebelschwaden zu verfließen scheint), nichts Gewaltsames verzerrt sie, keine Uferlosigkeit reißt ihre maßvolle Geschlossenheit auf. Der Mensch ist in ihr geborgen.«[5] Dies freilich um den Preis ihrer realen Zeitgebundenheit, um den Preis ihrer Glaubwürdigkeit als Wunschlandschaft. Das zeigt die Motivgeschichte zum Impressionismus hin: Die Landschaft schrumpft, zunächst zum Park, zum Garten sodann und schließlich, in der Neuen Sachlichkeit, zum schmal parzellierten Schrebergarten. Ernst Bloch hat diese Schwundformen des Idyllischen auf die bildhafte Formel von den Landschaften des »gebliebenen Sonntags« gebracht.[6]

Von hier aus gewinnt die kunsthistorische Kennzeichnung der Barbizon-Landschaften als *paysage intime* unversehens perspektivische Ambivalenz: Wörtlich verstanden und im Zusammenhang unseres Themas gesehen, erweist sich dieses Etikett der intimen Landschaft als Synonym schwindender beziehungsweise sich wandelnder Idyllik. Es sind Bilder einer beschaulichen Stille, Bilder hoffend erfühlten Einklangs von Mensch und Natur, wie Adalbert Stifter sie 1853 in der »Vorrede« zu den »Bunten Steinen« entworfen hat. »Das Wehen der Luft, das Rieseln des Wassers, das Wachsen der Getreide, das Wogen des Meeres, das Grünen der Erde, das Glänzen des Himmels, das Schimmern der Gestirne, den Blitz, welcher Häuser spaltet, den Sturm, der die Brandung treibt, den feuerspeienden Berg, das Erdbeben, welches Länder verschüttet, halte ich nicht für größer als obige Erscheinungen, ja ich halte sie für kleiner, weil sie nur Wirkungen viel höherer Gesetze sind.«[7] Die Würde der kleinen Dinge, der aufscheinenden und vergehenden Einzelheiten, kurz: das »sanfte Gesetz« des einfachen Lebens, der Überschaubarkeit betont Stifter hier ausgesprochen gegen wissenschaftliche Abstraktion und den »entzündeten Geist, der nach Tätigkeit strebt, umreißt, ändert, zerstört«.

»Da die Menschen in der Kindheit waren, ihr geistiges Auge von der Wissenschaft noch nicht berührt war, wurden sie von dem Nahestehenden und Auffälligen ergriffen, und zu Furcht und Bewunderung hingerissen; aber als ihr Sinn geöffnet wurde, da der Blick sich auf den Zusammenhang zu richten begann, so sanken die einzelnen Erscheinungen immer tiefer, und es erhob sich das Gesetz immer höher, die Wunderbarkeiten hörten auf, das Wunder nahm zu.«[8] Die entschwindende Anschaulichkeit des »höheren Gesetzes« wird gleichgesehen mit dem Verlust jedweder Natürlichkeit, auch im sozialen Leben. Insofern darf von Hoffnungsbildern die Rede sein. »[...] wir helfen dem Schwachen und Unterdrückten, wir stellen den Stand wieder her, daß er, ein Mensch, neben den Anderen bestehe, und seine menschliche Bahn gehen könne [...]«[9] – die sozial-utopische – und doch zugleich retrospektive – Grundierung eines naturhaften und als solchen idyllischen Zustandes: Bewahrung gegen Veränderung.

Vor diesem Hintergrund gewinnen die erwähnten Bruchlinien in den einhellig scheinenden Bildern der Maler von Barbizon an Scharfrandigkeit, aber zugleich auch werden die ausgesprochen idyllischen Momente, die unbeeinträchtigte Ruhe des Vertrauten, betont. Die harmonisch umschlossene Individualität des Einzelnen ist hier keine Frage, im Gegenteil: Seine Wirklichkeit ist der stimmungsvollen Subjektivität dieser Bilder immanent, wenngleich freilich vermittelt durch die Wahrnehmung der Landschaften. Doch geschieht die eben nicht schwärmerisch unbestimmt, sondern vielmehr recht konkret. So gesehen erscheint die Subjektivität eher in der »Unmittelbarkeit der malerischen Anschauung« denn in der Stimmungshaftigkeit des Motivs. Diese Sicht entspräche in gewisser Weise den Intentionen Corots, der nicht so sehr nach der Natur malen wollte, vielmehr sollte unmittelbar das Bild selbst naturhaft wirken; ein Verweis auf die altvertraute Vorstellung, die Kunst solle ihre Formen bilden analog der Formwerdung in der Natur.[10] Damit wird entschieden ein empirisches Moment angesprochen – die Voraussetzung eines intensiven Naturstudiums –, zugleich aber wird damit auch eine gewisse Freiheit schon des Künstlers gegenüber der erscheinenden Landschaft behauptet: die Berechtigung der subjektiven Komponente.

Von hier aus differenziert sich nochmals die Bedeutung des Stimmungsvollen in den Barbizon-Bildern. Einmal dient die Landschaft als konturierende Folie einer persönlichen Befindlichkeit, zum anderen aber geht es um den autonom der Landschaft eigentümlichen Erlebnisgehalt, den freilich erst der Künstler zu entbinden vermag – eine nicht nur thematische Ambivalenz. »Nicht die Stimmung des Gemütslebens, auf die Landschaft projiziert, ist das Ziel des Landschaftsbildes, sondern die Darstellung der in der Landschaft gegebenen ›Stimmung des Naturlebens‹, mit der die auch jetzt selten fehlende menschliche oder tierische Staffage eine Erlebniseinheit bildet, in dem die Naturstimmung diejenige des Menschen beeinflußt, die sie reflektiert und durch ihre Reaktion ausdrückt. Der Maler faßt beide Momente zusammen und überträgt sie als ein lebendig Ineinanderwirkendes auf den Betrachter.«[11]

Diese wechselseitige Durchdringung von Ich und Landschaft, von Landschaft und Ich erfolgt in der Barbizon-Malerei jedoch nur scheinbar, denn in Wahrheit bedarf sie ja eines Katalysators, nämlich der »Stimmung«, und diese setzt stets und notwendig spätestens dann eine willentliche Passivität voraus, wo es um ein angeblich autonomes, also angeblich ich-unabhängiges Erlebnis-Potential geht. Umgekehrt: Gerade eine solche Behauptung ist die Frucht (distanzierender) Reflexion, unmöglich also einer wahrhaft gelebten Unmittelbarkeit. Und deshalb zeugt sie vom Verlust jener fraglosen Selbstverständlichkeit, wie sie den als naturhaft geglaubten oder auch als idyllisch behaupteten Zustand einer Mensch und Tier und Natur einschließenden Harmonie auszeichnet. Natur ist da ausgesprochen nicht gleichbedeutend mit Welt und Geschichtlichkeit.[12] Eben diese aber ist in Barbizon im Spannungsfeld zwischen der Vergangenheit des Realismus und der Gegenwart einer subjektiven Aneignung von Landschaft und, wennzwar einsichtig erst im Nachhinein, der Zukunft thematisch. Ein faktisches Zeugnis dafür ist der schon zitierte und zu seiner Zeit wahrhaft als revolutionär zu wertende Vorschlag des Naturschutzes sowie andererseits – kunsthistorisch bedeutsam – die skizzierte phänomenologische Zuspitzung des Idyllischen unter dem bedingenden Einfluß der vielfältig sich entwickelnden und dominant ausbreitenden Moderne. Und das sowohl bezogen auf eine sich zur unanschaulichen Formelhaftigkeit verdichtende Naturvorstellung der Wissenschaft als auch im Zusammenhang der sozial-ökononischen Verwerfungen gesehen, deren Rumor sich bereits zu jener Zeit weithin vernehmlich ankündigt.[13] Das Stimmungsvolle der Barbizon-Landschaften ist – auch – insofern tatsächlich ein Nachschein des Zusammenhang-Denkens, in dessen Radius hier zwar noch die alten Wunschbilder des Idyllischen umrißartig erkennbar bleiben. Deutlich sichtbar treten jedoch auch die Bruchlinien hervor, die zwischen retrospektiver Naturverklärung und zeitgenössischer Ich-Behauptung, zwischen einem Subjektivismus der Empfindung und einem Subjektivismus der Wahrnehmung verlaufen.

Eine gewisse Sonderstellung innerhalb der Maler-Gruppe von Barbizon nimmt zweifelsohne Jean-François Millet mit seinen Bildern vom bäuerlichen Leben ein. Wiewohl von der Intention her wirklichkeitsorientiert, sind seine Figuren-Bilder gleichwohl nicht frei von jener pathetischen Überhöhung, wie sie – in der Tradition des Idyllischen – die Vorstellung des Städters vom Bauern und vom Landleben prägt. Das ist hier um so bemerkenswerter, als Millet selbst vom Lande stammte und somit die Realität der vorgeblich idyllischen Verhältnisse kannte. Um so zwingender indes vermittelt sich vor diesem biographischen Hintergrund in seinen Bildern der die Idylle konstituierende Gegensatz von Natur und Kultur oder, auf Millet bezogen, aktueller: von Land und Stadt. Für ihn ist, nach Erich Steingräber, die bäuerliche Arbeit ein ethischer Wert. »Sie ist ihm Symbol für das sich ständig erneuernde Leben aus der Fruchtbarkeit der Natur.«[14] Der urbanen Künstlichkeit und Isolation wird die naturhafte Ursprünglichkeit ländlichen Daseins vorgehalten; die *vita rustica* als Gegenbild der *vita urbana* – in der zeitgenössischen Fassung einer Schwundstufe des Idyllischen.

Von dieser ist jedoch nicht allein in Hinsicht auf die Motivgeschichte der Idylle zu reden, sondern erst recht im zeitgeschichtlichen Verständnis dieser Bilder; und das war ein durchaus gebrochenes, oder sagen wir besser: ein ambivalentes. In einer Wiener Kunstzeitschrift beispielsweise bekrittelt 1863 ein Anonymus: »Um uns seine bäuerlichen Idyllen vorzutragen, stimmt er die feierlichste Tonart an. Seine Bilder haben denn auch in der Anlage etwas entschieden Großartiges und Poetisches; doch gestehe ich, daß ich die blinde Verehrung einzelner für dieses Talent nicht teilen kann.«[15]

Millets Bilder des bäuerlichen Lebens, der *vita rustica,* werden da mit überraschender Selbstverständlichkeit als Idyllen gesehen, und dem entspricht der Hinweis folgerichtig auf ihre »Großartigkeit« und ihren »poetischen« Gehalt. Denn das sind Indizien dafür, daß der Kritiker diese Bilder eben nicht in ihrer behaupteten Nähe zur Wirklichkeit sah, sondern als Idealisierung verstand. Sein Vorbehalt, er könne indes die Bewunderung dieses Talents nicht teilen, rührt denn wohl auch von einer anderen, zeitgeschichtlich eher zu vermutenden Erwartung her: Zahlreiche Zeitgenossen Millets nämlich sahen seine bäuerlichen Idyllen als überaus realistische Darstellungen ländlicher Arbeit, und das keineswegs unbegründet; denn »Arbeit«, und sei es die des Landmannes, galt bis dahin einfach nicht als bildwürdig. Insofern mochten diese Darstellungen Millets tatsächlich schockierend sein für die Zeitgenossen. Und wirklich, Millets Darstellungen widersprechen eklatant dem in der klassichen Idylle tradierten Bild des Bauern, da er eher in gleichsam feierabendlicher Entspanntheit erscheint, wohingegen sich hier trotz der unübersehbaren Erhöhung doch auch Spuren wirklicher Arbeitsmühe finden (Textabb.).

Wenn gleichwohl die idyllische Komponente – eindeutig – überwiegt, so liegt das wesentlich auch an Millets Verzicht auf Individualisierung, die zudem häufig einhergeht mit einer gewissen statuarischen Feierlichkeit, wie etwa bei dem Bild »Bäuerin mit Kuh auf der Weide« von 1857–58. Während die grasende Kuh einigermaßen realistisch wiedergegeben ist, verharrt die Hüterin in nahezu posenhafter Unbeweglichkeit. Dieses Moment tritt vielleicht noch stärker hervor in den »Ährenleserinnen« aus dem Jahre 1857 (Textabb.), weil hier die Figuren in gebückter Haltung erscheinen und mithin im Augenblick eines Bewegungsablaufs fixiert sind, dem freilich ihre Stilisierung wiederum entgegenwirkt. Millet intensivierte diese Pathos-Formel noch durch die farbliche Fassung der Figuren, die sich dadurch eindeutig von der Feld-Landschaft abheben. Damit wird eine Distanz zwischen Maler und Motiv anschaulich, aus der ihm das Landleben »zum Objekt werden konnte. Aber gerade diese Mischung aus Vertrautheit und Distanz befähigte ihn, seinen Bauernbildern ihren unverwechselbaren Ausdruck zu geben«[16]. Das bezieht sich in unserem Verständnis auf die skizzierte Ambivalenz dieser Bilder zwischen angestrebtem Realismus und idyllischer Projektion.

Franz Roh schrieb dazu 1948 in einer Studie: »Wir spüren heute die gefühlvolle Melancholie seiner Werke, die Zeitgenossen aber sehen nur Rauhes und Häßliches in seinen Arbeiten. [...] Andererseits aber dürfen wir empfinden, wieviel rauher und zackiger inzwischen unsere eigene Lebenstonart und Malerei geworden ist, wenn wir denselben Vortrag Millets, der damals als brutal erschien, heute als übergefühlvoll, ja als sentimental bezeichnen.«[17]

Daß diese Gebrochenheit der idyllischen Momente in der Malerei von Barbizon nicht nur eine ist im Verständnis des heutigen Betrachters, belegt innerhalb der kunstgeschichtlichen Perspektive eine Bemerkung Cézannes, die gerade im Zusamenhang unserer Frage nach dem Wandel der Idylle aufschlußreich ist:

Fritz Mackensen, Worpsweder Bäuerin mit Kind. 1892. Öl auf Leinwand, 180 × 140 cm. Kunsthalle Bremen

Jan-François Millet, Der Holzhacker. Öl auf Leinwand, 38 × 29,5 cm. Musée du Louvre, Paris

»Und ihr in der Literatur, ihr schwatzt, ihr schreit: Venus, Zeus, Apollo, wenn ihr nicht mehr mit tiefer Empfindung sagen könnt: Schaum des Meeres, Wolken des Himmels, Kraft der Sonne. Glaubt ihr denn an diese abgenutzten Olympier? Also? …

Die Revolution muß hereinbrechen, damit man die Natur wieder entdeckt, damit Delacroix seinen ›Strand von Etretat‹ malen kann, Corot seine alten Gemäuer in Rom, Courbet sein Waldinneres und seine Wellen. Und mit welch mühsamer Langsamkeit, in welchen Abständen! man arrangiert [...] Rousseau, Daubigny, Millet. Man komponiert eine Landschaft wie eine Szene der Geschichte. [...] Ich will damit sagen, von außen. Man schafft die Rhetorik der Landschaft, Phrasen, Wirkungen, die man weitergibt. [...] Man hat noch nicht entdeckt, daß die Natur mehr in der Tiefe liegt als an der Oberfläche.«[18]

Die Künstler, entscheidend eben Cézanne, entwickeln ein Natur-Bild, das sich zwar nach wie vor noch auf eine Subjektivität der Wahrnehmung bezieht, sich ihr gegenüber aber gleichwohl verselbständigt, im beschriebenen Sinne autonom wird. Darin zeigt sich – im Blick auf eine zu jener Zeit schon zunehmende Verdinglichung der Natur –, »daß die gleiche Gesellschaft und Zivilisation, die dem Menschen in der Verdinglichung der Natur die Freiheit bringt, zugleich den Geist dazu treibt, Organe auszubilden, die den Reichtum des Mensch-Seins lebendig gegenwärtig halten, dem die Gesellschaft ohne sie weder Wirklichkeit noch Ausdruck zu geben vermag.«[19] – Und wenn es in den Projektionen des Idyllischen die Wirklichkeit »nur« von Vorstel-

Jean-François Millet, Die Ährenleserinnen. 1857. Öl auf Leinwand, 83,5 × 111 cm. Musée du Louvre, Paris

lungsbildern ist, die selbst dann, oder erst recht dann, noch behauptet werden, wenn die Realität der Verhältnisse idyllischen Erwartungen entschieden widerspricht; die 1889 von Fritz Mackensen gegründete Künstlerkolonie von Worpswede bietet dafür einen anschaulichen Beleg.

Der einigende Grund der Künstler – unter anderen Fritz Mackensen (Textabb.), Otto Modersohn (Kat.-Abb. 40) und Paula Modersohn-Becker (Textabb.; Kat.-Abb. 39, 68) oder Klara Westhoff, die spätere Frau Rainer Maria Rilkes –, die sich in dieser dörflichen Abgeschiedenheit versammeln, ist interessanterweise nicht kunstprogrammatischer Natur, gemeinsam war ihnen vielmehr der Traum von einer neuen Einheit wieder von Mensch und Natur. Allein die Überschaubarkeit eines kleinen Ortes, wo die moderne Angst und die soziale Einsamkeit des Städters noch einmal aufgehoben sind, schien die Voraussetzung zu bieten, diesen Traum zu verwirklichen. Der Gang in die Moorwelt von Worpswede wäre mithin undenkbar gewesen »ohne eine gemeinsame Erlebnisgrundlage und Weltanschauung, ohne eine starke Liebe zu Natur und Heimat, die bestätigt und belebt wurde durch die Abneigung gegen Verstädterung und Naturentfremdung [...]«[20]. Geschichtlich gesehen, ist das zweifellos eine Flucht in die Ungleichzeitigkeit, doch wiederum auch ein kulturkritisches Verhalten *ex negativo.* Will man je die Formel von Utopia in Arkadia zitieren, so zu Recht hier, da der Rückzug vor den Konflikten ebenso ein Zurück ist wie ein Vorwärts in Richtung auf den Sehnsuchtshorizont hinter einer als unge-

Paula Modersohn-Becker, Landstraße mit großem Baum. 1900–02. Pappe auf Preßholz, 73 × 37,2 cm. Privatbesitz

nügend begriffenen Gegenwart. Das mag um so eher gelten, als der Gang nach Worpswede keineswegs dem Verhaltensmuster nur einiger Künstler entspricht, sondern durchaus eine allgemeine Bewußtseinslage widerspiegelt, wie sie am Beispiel sogenannter sozialer Widerstandsphänomene einsichtig wird, zu denen etwa die breite Lebensreform-Bewegung gehört. Zwar reicht diese mit ihren Anfängen schon in den Beginn des 19. Jahrhunderts zurück, aber sie erlangt ihre Blüte erst in der Wilhelminischen Ära. »Lebensreformerisches Denken und mehr noch Empfinden war mit unterschiedlichsten politischen und ideologischen Positionen vereinbar und konnte daher in divergierende Richtungen ausstrahlen, in sozialistische, anarchistische und pazifistische ebenso wie in spiritistisch-okkultistische und völkisch-semitische. Mit all diesen Richtungen hatte die Lebensreform-Bewegung eine tiefgreifende Unzufriedenheit mit den bestehenden Verhältnissen gemeinsam. Ihre Kritik war allerdings spezifischer und sehr grundsätzlicher Art: Sie richtete sich nicht nur gegen aktuelle Probleme der technischen Zivilisation, sondern gegen deren Bedingungen – Technisierung, Industrialisierung, Urbanisierung – überhaupt.«[21]

Doch in Wahrheit bietet auch der Nahraum des Dorfes da keine Zuflucht mehr, er bleibt im Grunde des Erhofften den Zuzüglern verschlossen. Das ist der Unterschied zwischen Barbizon und Worpswede: Dort erwies die Landschaft sich noch einer subjektiven Wahrnehmung und Aneignung zugänglich, während der idyllische Ort hier sich nur noch als seine eigene Folie zu erkennen gibt. Er bleibt ein fremdartiges Gegenüber. Rainer Maria Rilke hat das in seiner »Monographie einer Landschaft ...« eindringlich beschrieben, wo es heißt, daß derjenige, der die Geschichte der Landschaft zu schreiben hätte, sich zunächst hilfslos preisgegeben fände »dem Fremden, dem Unverwandten, dem Unfaßbaren [...]. Denn gestehen wir es nur: Die Landschaft ist ein Fremdes für uns, und man ist sichtbar allein unter Bäumen, die blühen, und unter Bächen, die vorüberziehen. Allein mit einem toten Menschen, ist man lange nicht so preisgegeben, wie allein mit Bäumen. Denn so geheimnisvoll der Tod sein mag, geheimnisvoller noch ist ein Leben, das nicht unser Leben ist, das nicht an uns teilnimmt und gleichsam ohne zu sehen seine Feste feiert, denen wir mit einer gewissen Verlegenheit wie zufällig kommende Gäste, die eine andere Sprache sprechen, zusehen.«[22]

Das sind die Maler von Worpswede, Gäste mit einer anderen Sprache, die im Dorf ohne Verständnis bleiben. Statt hier Vertrautheit zu finden, in die sie einbezogen sein könnten, stehen sie vor stummer Fremdheit. Die dunkle Verhangenheit der Landschaft in diesen Bildern ist folglich nicht gleichzusetzen mit einer melancholischen Stimmung, sondern zu sehen als Ausdruck eben dieses fremden Gegenübers. Und daran ändert auch nichts die teilweise aufscheinende Farbigkeit der kleinen Dinge. Die Konstellation ist vergleichbar jener, in der Gauguin sich in der Südsee fand: Der Fremde bleibt ein Fremder. Rilke bereits hat das sehr genau gesehen, wenn er konstatiert, daß die Maler nicht unter den Menschen in dieser Landschaft leben, »sondern ihnen gleichsam gegenüberstehen, wie sie den Bäumen gegenüberstehen und allen den Dingen, die umflutet von der feuchten, tonigen Luft wachsen und sich bewegen. Sie kommen von fern her.«[23] Sie kennen zwar die reale Dürftigkeit dieses ländlichen Lebens, gleichwohl aber oder deswegen gerade werden ihnen die Menschen und ihre karge Landschaft bedeutsam. Was die Künstler beeindruckt, ist ihre ruhige Selbstverständlichkeit und Bescheidung in die Umstände, die weitgezogene Langsamkeit, die erfüllte Stille dieser weitgestreckten Landschaft. Insofern filtern sie ihre Vorstellungsbilder aus der Wirklichkeit und bleiben sich der – nicht nur geschichtlichen – Differenz zwischen Realität und Bild zwangsläufig bewußt, jedenfalls überwiegend.

Darin eben, im Bewußtsein dieser geschichtlichen Ungleichzeitigkeit gewinnt das Selbstverständliche, auch der kleinen Dinge, jene vermittelnde Erlebnis-Qualität, von der Stifter erzählt. Das ist von den Worpswedern durchaus intensiv ins Bild gebracht worden. »Es ist nicht der letzte und vielleicht der eigentümlichste Wert der Kunst, daß sie das Medium ist, in welchem Mensch und Landschaft, Gestalt und Welt sich begegnen und finden. In Wirklichkeit leben sie nebeneinander, kaum voneinander wissend, [...] und in der Kunst scheinen sie sich, wie in einer höheren prophetischen Wahrheit, zusammenzuschließen [...].«[24] – Joachim Ritter spricht in diesem Zusammenhang von der »Funktion des Ästhetischen in der modernen Gesellschaft«. Das gilt auf spezifische Weise erst recht für die Idylle und ihre Schwundstufen, einschließlich der – modernen – Umwertung ihrer Motiv-Fragmente.

Von daher freilich gesehen – man denke im Gegensatz nur an die Dorf-Bilder beispielsweise Gabriele Münters (Kat.-Abb. 44, 69) – wird sogleich auch die Gefahr offenkundig, die seit Barbizon bei allen derartigen Neigungsgruppen die künstlerische Wahrhaftigkeit bedroht, nämlich von der Suche nach bergender Ursprünglichkeit und nach der – symbolischen – Einfachheit des bäuerlichen Lebens abzugleiten in eine platte Schollen-Malerei, in deren Verbund motivbedingte Projektionen des Idyllischen – in welcher Form immer sie erscheinen mögen – peinlich desavouiert werden. Als einzige wohl von den Worpswedern hat schließlich Paula Modersohn-Becker diese Gefahr verspürt, den drohenden Verlust an Welthaltigkeit, der notwendig einhergeht mit einer vorbehaltlosen Verklärung des Ländlichen, wenn sie am 29. Februar 1900 in einem Brief an Otto Modersohn beklagt: »Wir kleben in Deutschland zu sehr an der Vergangenheit. Unsere ganze deutsche Kunst steckt zu sehr im Konventionellen [...]. Überhaupt halte ich mehr von einem freien Menschen, der die Konvention bewußt von sich tut. Ich meine, er muß sie besessen haben und sich in Selbstzucht und Maß geübt haben [...]. Innerlich sehr nahe treten mir die nordischen Völker, nicht so sehr durch die Art des Ausdrucks, als durch den Geist, aus welchem sie schaffen [...]. Zwar stört mich jetzt ein wenig der Mangel an Konstruktion all dieser nordischen Menschen. ›Stört‹ ist nicht der rechte Ausdruck, aber ich sehe ihn, während ich ihn früher nicht sah.«[25]

Lassen wir die Frage unerörtert, wo noch außerhalb des Akademismus nach dem Verständnis Paula Modersohn-Beckers solche Selbstzucht und solches Maß wesentliche künstlerische Mittel gewesen sein mögen – sie kannte schließlich damals schon von ihrem ersten Paris-Besuch her die Kunst eines Gauguin oder Cézanne. Die hatten längst zwar jene beklagte Konventionen durchbrochen, und doch war deren neue Bild-Vorstellung gerade nicht durch den Mangel an Konstruktion charakterisiert, im Gegenteil: Auf die Aspekte nur unseres Themas eingeschränkt, haben sie solcherart, das heißt, durch die Methodik einer bildautonomen Konstruktion erst die – idyllentypische – Einfachheit der Lebensverhältnisse und der entsprechenden Naturgesetzlichkeit – unter den Bedingungen der Moderne – auf ihre neue, aktuelle Glaubwürdigkeit hin radikalisiert.

Ganz sicher war sich spätestens in diesen Brief-Bemerkungen Paula Modersohn-Becker – neben Rilke »der« einzige Worpsweder von Genie, von Weltrang[26] – der Verspätung und konventionellen Erstarrung der anderen »Ideal«-Bilder jener Maler-Kolonie bewußt.

Wie bereits angedeutet, war der Rückzug der Worpsweder von der Stadt aufs Land, von übersteigerter und nivellierende Kultur zu scheinbar unverbrauchter, unerschöpflicher Natur »ein europäisches Phänomen im Rahmen der neu entstandenen Industriegesellschaft gewesen. Und eines der Vorbilder für Worpswede war, wie gesagt, Barbizon«[27].

Wir haben auf die Gefahr hingewiesen, die aus einer vorbehaltlosen, die Bedingungen der Moderne also ignorierenden und mithin gleichsam *a priori* gesetzten ungeschichtlichen Idealisierung ländlich-dörflichen Daseins erwächst; wo immer dies geschieht, ob in Barbizon, in Pont-Aven, in der Bretagne[28] oder in Worpswede: »Die Gefahr war überall die gleiche gewesen: daß man sich zu stark mit dem Boden und seinen Bewohnern identifizierte, im versteckten Winkel die tiefere Wirklichkeit suchte und dabei in die Bindungen neuer Konventionen geriet, das Metier zugunsten der Weltanschauung unterschätzte und jene Zwischenwelt, jene eigentümliche und entscheidende Medio-Sphäre der Kunst aus dem Auge verlor, wo es hart auf hart geht und wo in einem bald begeisterten, bald verbissenen Wettkampf die neuen Formeln ausgeprobt, verworfen oder zu Ende gedacht werden.«[29]

Robert Minder resümiert mit diesen Sätzen zwar diverse Erscheinungsweisen und Schwundformen – des so oder so im Kern Idyllischen – in der zweiten Hälfte des 19. Jahrhunderts, aber seine Bilanz bleibt verbindlich auch für entsprechende Phänomene noch in der Kunst des frühen 20. Jahrhunderts.

Damit ist hier stellvertretend der Expressionismus gemeint, dessen nicht nur motiv-begründete Spannweite von Bildern urbaner Nervosität bis hin zu rückdeutenden Vorstellungsbildern von Ursprünglichkeit reicht – der mithin solcherart ambivalent erscheint im Spannungsfeld einer modernen Kunst, die einerseits neue Formeln ausprobt und zugleich altvertraute Formeln zu Ende denkt, indem sie diese aktualisiert, ja radikalisiert. Am Beispiel expressionistischer Landschaften läßt sich das leichthin belegen, zumal wenn man die Typik ihrer Motive bedenkt. Einerseits läßt sich noch die reale Erscheinung der Landschaft in den Bildern erkennen, andererseits aber ist evident, daß eben diese Realität der erscheinenden Landschaft nicht gemeint ist. Aus den perspektivischen Verschiebungen in ihrer Darstellung wie zugleich von der Farbgebung her, die keineswegs mehr zwingend mit den Gegenstandsfarben identisch ist, ergibt sich eine eindeutige Unterordnung der erscheinenden Realität unter das autonome Gesetz des Bildes; die Landschaft, könnte man sagen, liefert da gewissermaßen das Organisationsschema für die ansonsten autonome Farbgebung. Oder wie es Ernst Ludwig Kirchner einmal formuliert hat: »Der Maler malt die Erscheinung der Dinge, nicht ihre objektive Richtigkeit, ja er erschafft neue Erscheinungen der Dinge.«[30] Und das besagt nichts anderes, als daß sie der Subjektivität und Ich-Bezogenheit entsprechend dem Darstellungskanon autonomer Farbformen eingepaßt werden muß. Diese Landschaften werden, mit einem Wort, vom Subjekt entworfen und bestimmt, und ihr realer Anschauungsgehalt ist nur insoweit von Belang, als sich darin bestimmte Ausdruckshieroglyphen konzentrieren lassen. Von daher rührt die künstlerische Notwendigkeit einer expressiv einfachen Formensprache in Korrespondenz mit breitflächig leuchtenden Farben. Die Farbe wird hier gleichsam zu einer Kategorie der künstlerischen Psyche und ist mithin evident als eine Komponente betonter Subjektivität zu betrachten. Nur, daß diese Subjektivität hier nichts mehr zu tun hat mit jener Subjektivität der Wahrnehmung, von der bei den Malern von Barbizon die Rede war. Vielmehr handelt es sich hier um eine Aneignung der Landschaft vermittels ihrer psychischen Durchdringung. Eine Deutung, die auch dem Verständnis Kirchners entspricht. »Um Künderin unseres Seelenlebens zu sein, muß die Malerei andere Wege einschlagen als die reiner Naturnachahmung. Die innere geistige Vision einer Idee, eines Erlebnisses ist das Vorbild, das der Maler in seinem Werk zu realisieren versucht, nicht die Natur, die sichtbar vor seinen Augen dasteht. Es entsteht so ein Bild, das nicht die Copie eines Naturvorganges ist [...], sondern eine Neuschöpfung, die neben der Natur als selbständiger Organismus lebt und eine künstlerisch geordnete Komposition der Gegenstände dem vielgestalteten Chaos von Form und Farben der Natur gegenüberstellt. Wohl finden sich auf den Bildern Formen und Farben ähnlich denen der Natur, doch sind sie alle nur insoweit dargestellt, als sie der Idee des Bildes dienen und als Schlüssel zum Verständnis für den Beschauer [...].«[31]

Tatsächlich gründet der evokatorische Gehalt expressionistischer Landschaften denn auch weniger emotiv – man könnte auch sagen: in der Großartigkeit der erscheinenden Landschaft –, sondern im Wie ihrer bildnerischen Gestaltung. Expressivität erweist sich als Gegenteil von Anschauung, und insofern wollen und können diese Landschaftsbilder nicht als ideale Deutungen der Natur gesehen und verstanden werden.

Folglich sind die Landschaften des Expressionismus auch keine ästhetische Vergegenwärtigung mehr der Natur im Sinne einer den Menschen einschließenden Ganzheit. Und folglich sollte man wiederum annehmen, daß sich idyllische Komponenten hier nicht einmal mehr auf der Ebene einer letzten Schwundstufe fänden. Und doch ist es so. Sicherlich ist, wie angedeutet, die Landschaft thematisch als Expression des Ich, das darin eben sich erfährt und definiert. Aber zugleich bietet sie solchen Projektionen des Subjekts erst die konstitutive Möglichkeit – der unvermittelten Erfahrung. Ich-Erfahrung in der Durchdringung der als Landschaft erscheinenden Natur – das ist im Grunde aber nichts anderes als der zeitgenössische Reflex des Idylle stiftenden Gegensatzes von Natur und Kultur. Naturhafte Dauer wird auf diese Weise zu einer Kategorie der Selbstbestimmung, zur Ausdruckshieroglyphe psychischer Ursprünglichkeit. Deshalb sind Anklänge an den Motiv-Fundus der Idylle, die beschauliche Einfachheit des Dorfes, die Badenden an den Moritzburger Seen oder die Zigeuner Otto Muellers als Entsprechung des »guten Wilden«, nicht zufällig. Gewandelt hat sich die Erscheinungsform der geschichtlichen Dialektik im Verhältnis von Natur und Kultur, nicht aber diese selbst. Sie hat sich verlagert gleichsam nicht in die Einheit, sondern in die widerspruchsvolle Gleichzeitigkeit des psychischen Innenraumes – da die real erscheinende oder auch von einer idealisierten Realität ausgehende und somit letzthin imaginierte Landschaft sie nicht länger glaubwürdig zu repräsentieren vermag.

Anmerkungen

Zu danken habe ich hier Herbert Schneidler für eine Reihe von Zitat-Hinweisen und, damit verbunden, entsprechende Anregungen.

1 Vgl. Walter Gebhard, Der Zusammenhang der Dinge. Weltgleichnis und Naturverklärung im Totalitätsbewußtsein des 19. Jahrhunderts. Tübingen 1984

2 Gebhard (Anm. 1), S. XV

3 Rolf Wedewer, Landschaftsmalerei zwischen Traum und Wirklichkeit. Köln 1978, S. 124

4 N. N. (Signatur R), Der diesjährige Pariser Salon, in: Die Dioskuren, Jg. 9, 1864, S. 270

5 Werner Hofmann, Das Irdische Paradies. Kunst im 19. Jahrhundert. München 1960, S. 271

6 Ernst Bloch, Das Prinzip Hoffnung. Bd. 2. Frankfurt/M. 1959, S. 952

7 Adalbert Stifter, Werke. 3 Bde. Wiesbaden o. J., Bd. 2, S. 7f.

8 Stifter (Anm. 7), S. 9

9 Stifter (Anm. 7), S. 9

10 Vgl. hierzu Rolf Wedewer, Zur Naturvorstellung Hans Arps, in: Pantheon-Jahrbuch, München 1985

11 Eberhard Ruhmer, Intime Landschaft, in: Die Münchener Schule 1850–1914. Ausstellungskatalog. Haus der Kunst, München 1979, S. 19/20

12 Vgl. dazu u. a. Rolf Wedewer, Landschaft als vermittelte Theorie, in: Manfred Smuda (Hrsg.), Landschaft. Frankfurt/M. 1986

13 Vgl. hierzu u. a. Wilhelm Treue, Wirtschaftsgeschichte der Neuzeit. Stuttgart 1966

14 Erich Steingräber, Zweitausend Jahre europäische Landschaftsmalerei, München 1985, S. 343

15 N. N., Der Pariser Salon von 1863, in: Recensionen und Mittheilungen über bildende Kunst, Wien 1863, S. 115

16 Brigitte Lymant, J.-F. Millet, in: Die Anmut des Einfachen. Druckgraphik aus der Schule von Barbizon. Ausstellungskatalog. Wallraf-Richartz-Museum, Köln 1981, S. 8

17 Franz Roh, Der verkannte Künstler. Studien zur Geschichte und Theorie des kulturellen Mißverstehens. München 1948, S. 249

18 Paul Cézanne, Über die Kunst. Gespräche mit Gasquet. Briefe. Hrsg. v. Walter Hess. Mittenwald 1980, S. 20

19 Joachim Ritter, Landschaft. Zur Funktion des Ästhetischen in der modernen Gesellschaft, in: Joachim Ritter, Subjektivität. Frankfurt/M. 1974, S. 163

20 Karl Veit Riedel, Worpswede im Teufelsmoor bei Bremen, in: Gerhard Wietek, Deutsche Künstlerkolonien und Künstlerorte. München 1976, S. 100f.

21 Janos Frecot, Die Lebensreform bewegt, in: Das Wilhelminische Bildungsbürgertum. Göttingen 1976, S. 139

22 Rainer Maria Rilke, Worpswede. Monographie einer Landschaft und ihrer Maler. Bremen 1975, S. 9

23 Rilke (Anm. 22), S. 26

24 Rilke (Anm. 22), S. 13

25 Paula Modersohn-Becker, Briefe und Tagebuchblätter. München 1925, S. 119f.

26 Vgl. hierzu Robert Minder, Lüneburger Heide, Worpswede und andere Heide- und Moorlandschaften, in: Dichter in der Gesellschaft. Frankfurt/M. 1972, S. 307 und 305

27 Minder (Anm. 26), S. 305f.

28 Vgl. beispielsweise die »Bretonischen Bäuerinnen« Gauguins

29 Minder (Anm. 26), S. 306

30 Ernst Ludwig Kirchner. Ausstellungskatalog. Kunstverein für die Rheinlande und Westfalen. Düsseldorf 1960, o. S.

31 Lucius Grisebach, E. L. Kirchners Davoser Tagebuch. Köln 1968, S. 225

Susanne Wedewer

Neue Sachlichkeit
Von der Idylle zur Staffage

Angesichts der gesteigerten Subjektivität im Expressionismus wie auch der Tendenz zu subjektiver Unmittelbarkeit ist unschwer einsichtig, daß sich in diesem Zusammenhang noch manche Schwundstufen der Idylle finden. Überraschend dagegen ist, daß auch in der Neuen Sachlichkeit idyllische Motiv-Fragmente eindeutig auszumachen sind, ungeachtet ihrer teilweise gravierenden Umwertung.

Die Neue Sachlichkeit verstand sich in dezidiertem Gegensatz zum Expressionismus. Als G. F. Hartlaub 1923 eine erste Ausstellung dieser »neuen« Malerei in der Mannheimer Kunsthalle vorbereitete, schrieb er: »Ich möchte im Herbst eine mittelgroße Ausstellung von Gemälden und Graphik veranstalten, der man etwa den Titel geben könnte ›Die Neue Sachlichkeit‹. Es liegt mir daran, repräsentative Werke derjenigen Künstler zu vereinigen, die in den letzten Jahren weder impressionistisch aufgelöst oder expressionistisch abstrakt, weder rein sinnenhaft äußerlich, noch rein konstruktiv innerlich gewesen sind. Diejenigen Künstler möchte ich zeigen, die der positiven greifbaren Wirklichkeit mit einem Bekennerischen zu getreu geblieben oder wieder treu geworden sind.«[1]

Dies klingt eher nach programmatischer Formel denn nach genauerer Kennzeichnung eines künstlerischen Stils. Tatsächlich geht die Diskussion bis auf den heutigen Tag darum, was denn konkret unter der »Neuen Sachlichkeit« zu verstehen sei; es gibt keine Theorie der »Neuen Sachlichkeit«, kaum programmatische Äußerungen. Das ist insofern nicht verwunderlich, als sich diese Richtung keineswegs so einheitlich darstellt, wie die Bezeichnung suggeriert. Man braucht nur Bilder von Alexander Kanoldt (Kat.-Abb. 70), Heinrich M. Davringhausen, Carlo Mense oder Georg Schrimpf (Kat.-Abb. 46) – die in München arbeiteten – nebeneinanderzustellen, um teils gravierende Unterschiede nicht nur in der Erscheinungsform, sondern auch von der Thematik her festzustellen. Das gilt auch in bezug auf die Hannoversche Gruppe: Ernst Thoms, Grethe Jürgens (Kat.-Abb. 73), Hans Mertens, Erich Wegner (Kat.-Abb. 71) und Gerta Overbeck.

Die Frage, was denn nun »Neue Sachlichkeit« ausmache, verschärft sich, wenn man über einzelne Gruppierungen hinausgeht und bedenkt, daß vielfach so unterschiedliche Künstler wie Otto Dix oder George Grosz neben Christian Schad, Rudolf Schlichter und anderen großzügig dem veristischen Flügel der »Neuen Sachlichkeit« zugeordnet werden. Da diese Frage hier jedoch nicht erörtert werden kann, begnügen wir uns, den größten gemeinsamen Nenner kurz zu skizzieren; denn bei der »Neuen Sachlichkeit« läßt sich eher von einer neuen Sehweise denn von einem neuen Stil sprechen.

Ein einheitlicher Stil herrscht allerdings nicht, lediglich einige gemeinsame Stilelemente lassen sich ausmachen, wie Detail-Realismus, Nüchternheit der Schilderung, Kombination von

Innen- und Außenräumen, Konfrontation von Nah- und Fernbild. Weiter ist den meisten Vertretern dieser neu-sachlichen Malerei gemeinsam die Hinwendung zu und die Auseinandersetzung mit den Dingen, aus denen sich die sichtbare Realität zusammensetzt und aus der allein die Maler ihr künstlerisches Vokabular entnehmen. Diese Malerei bildet nach Franz Roh[2] wieder den Spiegel des greifbaren Außen.

Jegliche persönliche Handschrift, jegliche Spur des Malprozesses ist ausgetilgt. Die malerische Schilderung ist in ihrer Nüchternheit, in ihrer Exaktheit von der Intention her einer fotografischen Schilderung vergleichbar. Alles Atmosphärische ist ausgeschlossen – kaltes Licht, Leblosigkeit, starre, isolierte Dinge sind charakteristisch für diese Art Malerei.

In einer Besprechung der Zeitschrift »Valori Plastici« heißt es über Carrà: »Charakteristisch für sein Schaffen [...], charakteristisch wohl schon für eine ganze Gruppe jüngerer Künstler ist ein eigenartiger, bis aufs Äußerste getriebener Verismus, der sich einer korrekten, harten, jeden Zug der Handschrift unterdrückenden Zeichnung befleißigt. In Deutschland befinden sich, wie man weiß, Grosz und Davringhausen auf ähnlichem Wege.«[3]

Der »Magische Realismus« wurde beeinflußt durch die Pittura Metafisica – de Chirico, Carrà –, welche gekennzeichnet ist durch ihre Hinwendung zu den Dingen, deren Gegenwart als magisches Gegenüber fixiert wird, weiter durch die Betonung der Statik und Starre der Dinge sowie der Hervorhebung des metaphysischen Aspektes. Man wollte das Objekt isolieren, es aus seinen gewohnten Zusammenhängen lösen, um dem reinen Sein der »Dingwelt« näherzukommen. Erst durch die Abstrahierung vom Wissen um das Ding glaubte man, dessen eigentlichen Charakter ausmachen zu können.

So erklärt es sich, daß Franz Roh 1925 den Begriff »Magischer Realismus« einführte. Dieser deutet auf die Nähe zur magischen Erfahrung entfremdeter und unfaßbarer Dinge hin. Das heißt, »[...] daß die neue Gegenstandswelt dem gewöhnlichen Begriffe des Realismus fremd bleibt. Erregt sie doch bei den Gestrigen größte Verwunderung, erscheint sie ihnen doch kaum gemäßer als der Expressionismus selber. Verfügt sie doch über eine Fülle gerade von jener Periode her vererbter Mittel, die alles bedeutsam machen und an Geheimnisse rühren, die den Simplen in seiner Sicherheit immer bedrohen werden: Übergroße Leiber liegen da blockschwer in winzigem Grase; die Gegenstände wollen sich nicht im geringsten rühren und sind doch so unerhört wirklich; sie sind wie fremde Schemen, so rätselhaft und dennoch bis ins Kleinste sehbar.«[4]

Der Mensch erscheint in diesen Bildern meist als reine Staffage-Figur, kaum eingebunden in seine Umgebung – Isolation von Mensch und Ding in einem zur Kulisse degradierten Raum ohne jeglichen Bezug zueinander. »Der alte Sinnzusammenhang der Realität ist zerbrochen, die einzelnen Requisiten stehen fremd nebeneinander, ihre Funktionen scheinen rätselhaft.«[5] Unterstrichen wird diese Zusammenhanglosigkeit, diese Isolation durch die Verbindung von Miniatur und Monumentalismus, durch die Konfrontation des ganz Nahen mit dem weit Entfernten. »Neue Sachlichkeit« – von ihren Charakteristika her gesehen also gewiß keine Bewegung, die von sich aus zur Idyllenbildung neigt. Tatsächlich aber stoßen wir immer wieder auf die Darstellung von Momenten, die unverkennbar auf das Motiv-Repertoire der Idylle verweisen.

Grethe Jürgens, Grüner Garten. 1928. Öl auf Hartfaserplatte, 60,5 × 50 cm. Städtische Galerie im Niedersächsischen Landesmuseum, Hannover. © 1986 by Heide Jürgens-Hitz, Köln

So finden wir durchaus Park- und Gartendarstellungen sowie Stilleben und Interieurs, Motive also, die in der Malerei zuvor im Sinne des Idyllischen verstanden wurden – zwar auf der Ebene von Schwundstufen, doch gleichwohl nicht ohne Berechtigung. Der Garten beispielsweise wurde seit der ersten Hälfte des 19. Jahrhunderts als idyllischer Ort aufgefaßt. Er bot dem Städter die Möglichkeit, sich von der Stadt zu erholen, idyllische Seinsweisen, wie Naturverbundenheit, umzusetzen. Der Garten wurde als Gegenbild zur Zivilisation der Ort, an dem die Idylle – scheinbar noch – verwirklicht werden konnte, Erinnerungsverweis auf den *locus amoenus.* So spiegelt sich auch auf dieser Schwundstufe die bekannte Dialektik der Idylle – Wunschbild Land/Schreckensbild Stadt.

Wie verträgt sich jedoch die Darstellung solcher »idyllischen« Motive mit dem Anspruch auf Sachlichkeit und Ding-Magie? Handelt es sich um Vertuschungsmanöver, von denen Roh spricht, wenn er die »Romantiker« von den »Veristen« abhebt? »So öffnet die linke Gruppe [...] alle Wunden, die sich vorschnell schließen wollen, während die rechte Gruppe, die des Idylls, die Wunden schließt, kühlt und durch Erzeugung innerer Wohligkeit und Wärme austrocknen will.«[6] Sind diese idyllisch besetzten Motive in der Darstellung hier aber wirklich so »warm« und »wohlig«?

Betrachten wir nur einmal das Bild von Grethe Jürgens, »Grüner Garten«, aus dem Jahre 1928 (Textabb.): Der Blick fällt über einen Maschendrahtzaun in einen von Bäumen und Sträuchern umgebenen Garten. Auf der linken Seite wird dieser begrenzt durch eine Hausruine, auf der rechten Seite durch Neubauten. Einige Stühle und ein Tisch stehen in der linken Gartenecke vor Beeten.

Damit sind, zumindest formal, einige Grundbedingungen des Idyllischen erfüllt, wie Kleinräumigkeit und Zeitlosigkeit. Angesichts dieser Merkmale fühlt man sich an Schillers Bemerkung in seiner Schrift »Über naive und sentimentalische Dichtung« (1795) erinnert, wo es heißt: »Denn für den Menschen, der von der Einfalt der Natur einmal abgewichen und der gefährlichen Führung seiner Vernunft überliefert worden ist, ist es von unendlicher Wichtigkeit, die Gesetzgebung der Natur in einem reinen Exemplar wieder anzuschauen und sich von den Verderbnissen der Kunst in diesem treuen Spiegel wieder reinigen zu können.«[7]

Insofern ist der Garten also eine deutliche Schwundstufe des Idyllischen, wobei der hier dargestellte Garten in seiner Kultiviertheit, also seiner Künstlichkeit, keinerlei Naturvorstellungen als Gegenbild zur Stadt mehr zu evozieren vermag – ja nicht einmal mehr als kleinräumige Privat-Idylle. Längst haben wir Menschen die Natur in unsere Formen gepreßt, ihr unsere Ordnung aufgezwungen; sie bildet keine Gegenordnung mehr. Das so lange gültige Bild von der verderbten Stadt und dem unschuldigen Land hat an Eindeutigkeit längst verloren. Doch trotz dieser Unmöglichkeit, reiner Natur ansichtig zu werden, versuchen wir, der Idylle habhaft zu bleiben – und sei es durch einen Garten, ein Stück ausgegrenzter »Natur«.

Zu offensichtlich ist diese »Garten-Idylle« eine Inszenierung, sie ist nur noch äußerlich, rein formal. Sie wahrhaft noch durch Erleben auszufüllen, dazu ist der Mensch nicht mehr fähig. Doch sucht er nach wie vor das »Vollglück in der Beschränkung«[8], auch wenn dieses nur noch dem Scheine nach besteht.

So gesehen erscheint die Hausruine im Gartenbild von Grethe Jürgens wie ein Relikt aus einer Zeit, in der das private Glück noch realisierbar schien – im privaten Garten, in der Beschränkung. Die Stühle sind Verweis auf eine ehemalige Anwesenheit von Menschen, die dieses Gartens als einer Möglichkeit der Idylle noch habhaft gewesen sind.

Der Versuch, über die Unmöglichkeit der Idylle selbst auf der Ebene ihrer Schwundstufe hinwegzutäuschen, wird durch die Übergnauigkeit der Schilderung, der gleichmäßig präzisen Erscheinung aller Details vereitelt. Die unsentimentale, nüchterne Sehweise verrät einen Betrachter, in dem dieser Ort nichts mehr hervorruft, der sich des längst Vergangenen dieser »Teilwelt« bewußt ist. Künstlichkeit und Leblosigkeit dominieren, wie auch das Vergangene. Hierin ist der raumzeitliche Stillstand als ein wesentlich idyllisches Moment aufgehoben – er besteht nur noch scheinhaft. Der Vergangenheitscharakter dieser inszenierten Idylle wird geradezu in gesteigerter Weise betont, der Ablauf von Zeit also – und somit ihre heutige Unmöglichkeit.

Eine solche äußerlich konstituierte Idylle vermag den Anspruch auf Glaubwürdigkeit in keinerlei Weise mehr einzulösen – im Unterschied zu den Park- und Gartendarstellungen der zweiten Hälfte des 19. Jahrhunderts. Zu sehr dominieren Künstlichkeit und Leblosigkeit. Hierin zeigt sich, daß die Idee des Idyllischen auch in der Darstellung von Schwundstufen nicht mehr (künstlerisch) überzeugend ist.

Diese Scheinhaftigkeit charakterisiert auch das 1932 entstandene Bild »Landschaft bei Dangaster Moor« von Grethe Jürgens (Kat.-Abb. 73): Dominierend zieht sich eine Landstraße mittig zum oberen Bildrand hin. Links und rechts befinden sich Felder, die von Menschen bestellt werden, sowie Häuser, Pferdewagen und weidende Kühe.

»Die Ruhe und Beschaulichkeit der Personen, das Einfache und Natürliche des Sujets, das nah Gesehene und das räumlich Begrenzte, die ›Derbheit‹ (Schelling) des ländlich einfachen Lebens sind Bildqualitäten des Idyllischen«[9] – für den Städter, der dieses »einfache« Leben rückblickend, von seinem Standort als Außenstehender, als idyllisch versteht und interpretiert, aus einer natursuchenden, sentimentalischen Haltung heraus.

Mit zunehmender Industrialisierung und dem damit zusammenhängenden Wachstum der Städte wird das Dorf – das ländliche Leben – ähnlich wie der Garten als ein Vorstellungsbild des Natürlichen der städtischen Künstlichkeit entgegengesetzt; es soll die Rekonstruktion der verlorenen Naturbindung leisten, denn das Dorf bietet in seiner Kleinräumigkeit einen überschaubaren Lebensraum, der Geborgenheit verheißt.

Das Bild von Grethe Jürgens stellt keinen in sich abgeschlossenen Raum dar – nur durch das Bildformat wird diese Landschaft begrenzt. Ein Ausschnitt also, auf dem jedoch einige idyllische Momente auszumachen sind; Personen, die naturverbundene, zeitlose, das heißt, »idyllische« Tätigkeiten ausüben, sowie grasende Kühe – Harmonie von Mensch und Tier und Natur, so scheint es.

Für den Städter weckt das Dorf nur im Moment des kurzen Verweilens die Illusion, diesen naturverbundenen Zustand wiedergewinnen zu können. Der Kulturprozeß jedoch ist irreversibel, »die Dichotomie von naiv und sentimentalisch, von Natur und Kunst, ist eine Bedingung des Idyllischen. Der Drang zu ihrer Auflösung beziehungsweise der Drang zur Wiedergewinnung des als Verlust empfundenen Zustandes bringt die Idylle erst hervor.«[10] Die »Landschaft bei Dangaster Moor« hat in diesem Sinne noch Idyllisches an sich, auch im alltäglichen Wortverständnis. Grethe Jürgens unterstreicht allerdings durch ihre Darstellungsweise den Aspekt des Beobachtens, des Außenbleibens. Dieser wird wesentlich bedingt durch die Betrachterperspektive: Wir blicken – fast aus der Vogelperspektive – auf die Szenerie hinab. Dieser Distanz entspricht eine seltsame Starrheit der Figuren. Die Person links im Bildmittelgrund beispielsweise, die einen Rechen führt, wird zwar eindeutig im Schreitgestus gezeigt, tatsächlich aber ist ihre Gesamterscheinung unstrittig statisch. Ein Gleiches gilt auch für die einen Wagen ziehende Frau unmittelbar im Bildvordergrund oder auch für das Pferd im Mittelgrund rechts. Die Personen repräsentieren somit zwar zeitlose und als solche idyllische Tätigkeiten, aber sie üben sie nicht mehr tatsächlich aus. Insofern kann man gewissermaßen von einem »lebenden Bild« sprechen. Idyllisches wird vorgezeigt.

Auch in Landschaften von Georg Schrimpf finden wir Menschen dargestellt, wie etwa in der »Schlafenden« von 1929. Unabhängig davon, ob es sich noch um Schwundstufen im beschriebenen Sinn handelt, wird hier das »Einssein« von Mensch und Natur – zwei Frauen liegen friedlich schlafend in einer weitläufigen Landschaft – suggeriert. Doch die Verbindung von Miniatur und Monumentalismus, von Nah- und Fernbild, jenen Charakteristika der »Neuen Sachlichkeit«, weist auch bei Schrimpf auf die Brüchigkeit dieses Bildes hin – »übergroße Leiber in winzigem Grase« verdeutlichen sehr eindringlich die Kluft zwischen beiden. So wird auch hier eine Gebrochenheit deutlich, wie schon in der Darstellung des Gartens, wenn auch längst nicht so kraß.

Einen weiteren Punkt in der Entwicklung der Schwundstufen des Idyllischen bis hin zu ihrer Unmöglichkeit markiert die »Winterlandschaft« von Erich Wegner (Kat.-Abb. 71). Dieses verschneite Dorf hat entgegen dem ersten Augenschein nichts Trauliches; nichts hier lädt den Vorübergehenden zum Verweilen oder gar zum Eintritt ein. Im Gegenteil, dieses Dorf demonstriert kühle Abweisung. Aus den Kaminen steigt kein Rauch, die Häuser erscheinen im spurenlosen Schnee als einheitliche, abweisende dunkle Flächen – ohne Fenster. Kein Anzeichen von Leben also. Kahle Bäume ragen starr aus dieser von Schnee bedeckten Landschaft auf. Kälte und Leblosigkeit lassen den Eindruck des Friedlichen gar nicht erst aufkommen, so wenig wie den von Behaglichkeit und Geborgenheit. Nichts lädt zum Verweilen ein. Der Zustand des Verlassenseins verweist auf die Unmöglichkeit, in das Dorf als einen Ort des Idyllischen zurückzukehren.

Das Motiv und seine traditionelle Bedeutung stimmen somit nicht mehr überein. Dieser Widerspruch ist auch in dem »Winterbild« von Karl Rüter thematisch (Textabb.). Es handelt sich um die Darstellung einer »Stadtrand-Idylle«. Die Grenze zwischen Stadt und Nicht-Stadt ist hier naturgemäß fließend und mithin das Empfinden des Idyllischen dieser Darstellung weithin in das Verständnis des Betrachters verlegt. Damit ist dieses gewissermaßen die letztmögliche, extreme Ausprägung des Idyllischen, wie Jean Paul es verstand. Jean Paul hatte den Sinn und die Idee der Idylle in das Subjektive des Rezipienten verlegt, wodurch bereits eine Relativierung erfolgt war. Der Anspruch auf absolute Verbindlichkeit wurde aufgegeben.

Die formalen Anhaltspunkte einer Bestimmung des Idyllischen sind in diesem Bild aufs Äußerste reduziert und damit nur mittelbar noch gegeben, etwa in der Abgrenzung des Lagergeländes, wo noch ein Stück Schiene liegt und eine Kipplore abgestellt ist. Gerade weil diese Gegenstände auf nicht zeitlose Tätigkeit deuten, kontrastiert um so auffallender mit ihnen die Baumgruppe im linken Teil dieses Geländes; von einem Kontrast können wir deshalb sprechen, weil sie, diese Baumgruppe, die Nutzung des Hofes beschränkt. Das Idyllische erfährt durch die fließende Grenze zwischen Stadt und Nicht-Stadt eine immer stärkere Reduktion.

Um eine gänzlich andere Art von Schwundstufe handelt es sich bei einer Reihe von Stilleben der »Neuen Sachlichkeit«, denn das Stilleben war zu keiner Zeit ein idyllisch besetztes Gebiet. Wenn wir es gleichwohl in die Folge der Schwundstufen einführen, dann ist das folglich nur unter bestimmten Voraussetzungen möglich. Bedeutsam bei den hier zu erörternden Stilleben ist ihre Präsentation innerhalb einer zwar offenkundigen, doch nicht definierbaren Räumlichkeit. Von daher sehen wir sie in einem gewissen Zusammenhang mit der Darstellung des Interieurs und interpretieren das Stilleben im angedeuteten Sinne als Schwundstufe eben dieses Interieurs. Die Idylle des Biedermeier, inszeniert in der Privatheit, in der Beschränkung der eigenen vier Wände, wird im Stilleben der »Neuen Sachlichkeit« ad absurdum geführt.

Ein treffendes Beispiel dafür ist Alexander Kanoldts »Großes Stilleben mit Krügen und roter Teedose« von 1922 (Textabb.). Auf einem in schräger Aufsicht gegebenen Tisch befinden sich Krüge, Dosen, zwei Pflanzen, eine Teetasse sowie ein Pfirsich; alle Gegenstände sind in eigentümlicher, fast verschobener Perspektive gegeben. Diese bewirkt eine Fremdheit der Dinge, die sie ohne jeglichen Gebrauchszweck erscheinen läßt. Das Ding ist hier zum Objekt geworden, das, analog zur Vorstellung der Pittura Metafisica, als magisches Gegenüber erlebt wird. Erst in der Verlassenheit, in ihrer »nutzlosen« Existenz gewinnen die Dinge an Eigenbedeutung – und verlieren damit an Vertrautheit. Und gerade aus dieser mangelnden Vertrautheit, aus der daraus resultierenden Distanz entsteht jene »Ding-Magie«, die so kennzeichnend ist für den »Magischen Realismus«. Diese Distanz ist es auch, die das Ding zum Thema der Auseinandersetzung bestimmt und es zugleich in die Eigenwertigkeit und Eigenständigkeit erhebt.[11]

So ist es auch zu verstehen, daß die Gegenstände dieser Stilleben der »Neuen Sachlichkeit« auf nichts als auf sich selbst verweisen, mit anderen Worten: sie haben keinerlei symbolische Funktion mehr. Sie gelten als Realität, übersteigen diese aber gleichwohl: Sie schaffen eine Atmosphäre des Leblosen, der Verlassenheit. Entsprechend kühl und befremdlich erscheint auch der das Stilleben umschließende Raum. Er ist in keiner Weise näher bestimmbar, weder Größe noch Charakter sind aus dem Raumsegment erschließbar – er wird nicht individualisiert.

Diese fehlende Abgrenzung zum Außen, diese Unüberschaubarkeit, sprich: die nicht mehr vorhandene Privatheit, steht im Gegensatz zu jener qualitativen Funktion, die das Interieur im

Karl Rüter, Winterbild. 1932. Öl auf Leinwand, 74 × 74,5 cm. Städtische Galerie im Niedersächsischen Landesmuseum, Hannover

Alexander Kanoldt, Großes Stilleben mit Krügen und roter Teedose. 1922. Öl auf Leinwand, 75,5 × 88,5 cm. Staatliche Kunsthalle Karlsruhe

Biedermeier als idyllisch erscheinen ließ – auf die jedoch noch andeutungsweise verwiesen wird. Nochmals wird die Unmöglichkeit sogar der Inszenierung des Idyllischen einsichtig.

In dem Aufsatz über Gauguin und Cézanne wurde unter anderem die ästhetische Aufhebung der Idylle als Voraussetzung ihrer Radikalisierung diskutiert und gezeigt, daß sie nicht gleichbedeutend ist mit dem Ende der Idee des Idyllischen. Anders verhält es sich in der »Neuen Sachlichkeit«; hier erkennen wir nicht eine ästhetische, sondern vielmehr eine inhaltliche Aufhebung des Idyllischen und damit das Ende auch der motivbezogenen Schwundstufen. Von »Erzeugung innerer Wohligkeit und Wärme« kann nicht mehr die Rede sein.

Anmerkungen

1 Zit. nach: Fritz Schmalenbach, Die Malerei der Neuen Sachlichkeit, Berlin 1973, S. 74
2 Vgl. Franz Roh, Nach-Expressionismus. Magischer Realismus. Leipzig 1925
3 Valori Plastici, 1919, S. 319, zit. nach Schmalenbach (Anm. 1), S. 41, Fußnote 48
4 Roh (Anm. 2), S. 25
5 Wieland Schmied, Neue Wirklichkeit – Surrealismus und Neue Sachlichkeit, in: Tendenzen der Zwanziger Jahre. 15. Europäische Kunstausstellung, Berlin 1977, S. 4/3
6 Roh (Anm. 2), S. 95
7 Friedrich Schiller, Werke. Insel-Ausgabe, Bd. 4. Frankfurt/M. 1966, S. 336
8 Jean Paul, Vorschule der Ästhetik, in: Jean Paul, Werke. Darmstadt 1965 ff., Bd. 5, S. 257 f.
9 Klaus Bernhard, Idylle – Theorie, Geschichte, Darstellung in der Malerei 1750–1850. Köln und Wien 1977, S. 293
10 Bernhard (Anm. 9), S. 101
11 Vgl. hierzu u. a. Métamorphose de l'Objet, Art et Anti-Art. Ausstellungskatalog. Brüssel 1971

Rolf Wedewer

Die stete Suche nach Identität
Statt eines Nachwortes

Wir haben im Vorhergehenden den Wandel der Idylle über eine Anzahl von Schwundstufen ihrer Motivik verfolgt, wie auch den Fortgang der Idee des Idyllischen über das Ende der Gattung hinaus markiert. Unsere Arbeit endet mit der Neuen Sachlichkeit, in deren Bildern einige idyllische Motiv-Fragmente so radikal umgedeutet worden sind, daß danach auch nicht mehr von Schwundstufen die Rede sein kann; was einstens, im Biedermeier und später, wenigstens den Anschein von Geborgenheit noch zu suggerieren vermochte, wie beispielsweise das Interieur, ist hier zur Metapher der Verlassenheit, einer mitunter bedrohlichen Fremdheit geronnen. Folglich ist damit unser Thema, weil von charakteristischen Komponenten idyllischer Motivformen ausgehend, beschlossen. Andererseits haben wir im Gang unserer Erörterungen vielfach darauf verwiesen, daß der die Idylle begründende Gegensatz von Natur und Kultur so etwas wie eine Konstante in der Selbstreflexion des Menschen darstellt; deshalb allein vermochte die Idylle den Wandel ihrer Bedingungen überhaupt auszuhalten, wie auch aus diesen Gründen wiederum nur die Idee des Idyllischen über das Ende der Gattung hinaus fortzuleben vermochte. Schließlich kommt ja die geschichtliche Dialektik im Verhältnis von Natur und Kultur nicht irgendwann zum auflösenden Stillstand, sondern im Gegenteil: Sie verschärft sich notwendig im zeitlichen Fortgang, und unsere These war, daß die künstlerische Form der Veranschaulichung dieses Konfliktes sich stets dann wandelt, wenn ihre aktuelle Tragfähigkeit und Glaubwürdigkeit sich erschöpft hat. Mit anderen Worten: Das Problem bleibt bestehen, es verändern sich nur die Erscheinungsformen seiner künstlerischen Reflexion. Diese werden häufig nur deshalb nicht mit den Problemen und dem Fragenkreis der Idylle beziehungsweise der Idee des Idyllischen in Zusammenhang gebracht, weil überwiegend das Augenmerk mehr dem offenkundigen Motiv-Bestand gilt, als daß man die Aufmerksamkeit einmal auf den verbindenden thematischen Kern anderer Erscheinungsformen richten würde, die, nur vordergründig betrachtet, nichts zu tun haben mit dem Gegensatz von Natur und Kultur.

Thematische Manifeste dieser geschichtlichen Dialektik sind in der Moderne seit langem nicht mehr fraglich; nicht nur wissen wir mittlerweile einiges über die Intentionen des sogenannten Primitivismus, der ja nicht eine Frage der außereuropäischen Kulturen ist, sondern, wie William Rubin eindeutig analysiert hat, ein Aspekt der Geschichte der modernen Kunst.[1] Auch die Naturvorstellungen mancher Künstler, wie Henry Moore beispielsweise oder Hans Arp, Mondrian usw., die man nicht selten in einem Gegensatz zur Avanciertheit ihrer formalen Veranschaulichung sehen kann, gehören zumindest in den Einzugsbereich unseres Themas.[2] Und nicht zuletzt gehört – programmatisch – hierher der weitgefaßte Problembereich von »Mythos und Moderne«.

Manchem mögen diese Verweise zu pauschal erscheinen und somit als ein gewaltsamer Versuch, ohne Rücksicht auf doch höchst unterschiedliche Intentionen Verbindungen zum Problembereich der Idylle zu behaupten. Streng kunstgeschichtlich gesehen, läßt sich einem solchen Eindruck – scheinbar – wenig entgegenhalten. Unsere Position stellt sich indes in einem anderen Licht dar, wenn man einmal von dem Faktum ausgeht, daß ungeachtet aller Unterschiedlichkeiten – im (kunst-)geschichtlichen Ganzen wie erst recht im einzelnen des konkreten künstlerischen Objektes – in zugestanden mannigfacher Nuancierung des Begriffs es jeweils um ein wie immer zu bestimmendes Verhältnis von »Ursprünglichkeit« geht. Verständigen wir uns auf die Rahmenfunktion dieses Begriffs, dann halten wir jenen Schlüssel in Händen, der uns ein Verständnis des Gemeinsamen – scheinbar – verschiedenartiger Tendenzen, Intentionen und Erscheinungen ermöglicht.

Auch Ursprünglichkeit ist in seinem Kern ein korrelativer Begriff, der seine volle Bedeutung erst vom Gegenteil aus gewinnt – wie Natur erst von Kultur her konturiert wird und umgekehrt jeweils. Ursprünglichkeit ist folglich notwendigerweise ein immer schon überwundener, ein verlorener Zustand, und dieser Verlust ist logischerweise geschichtlich bedingt. So gesehen, definiert sich Ursprünglichkeit durch Mittelbarkeit, Vermittlung; sie stellt das Gegenteil dessen dar, was durch einen vorgegebenen Kanon – also kulturell – gefiltert ist. Insofern entspricht dieser Begriff, auf die Moderne bezogen, exakt jener geschichtlichen Dialektik, wie sie für die Konstituierung der Idylle erheblich ist, nur eben in einer problemgeschichtlichen Versetzung gewissermaßen, wenngleich deren Anfänge auch schon in das letzte Viertel des 19. Jahrhunderts zurückreichen. Dieser thematische, dieser problemgeschichtliche Zusammenhang wird spätestens wohl dann in seinem Zentrum wie in seinem Radius einsichtig, wenn wir an dieser Stelle an die entsprechenden Intentionen und die Position auch Gauguins erinnern.

Ursprünglichkeit, das war bei Gauguin vom Motiv her noch die radikalisierte Idylle unter der Bedingung ihrer ästhetischen Aufhebung; von vergleichbaren Motiv-Fragmenten ist natürlich bei den Arbeiten des Primitivismus wie jenen im Bereich von »Mythos und Moderne« nichts mehr zu finden. Deren Formulierungen sind im Gegenteil vielfach abstrakter Art und deuten mithin nur auf indirekte Weise noch auf die thematischen Facetten von Ursprünglichkeit. Der spannungsvolle geschichtliche Widerspruch zwischen dem Thema und seiner pointiert »modernen« künstlerischen Veranschaulichung ist unter anderem ein Beleg dafür, daß es hier nicht – wie bei der Idylle – durchweg um die Behauptung mehr eines raumzeitlichen Stillstandes, um eine Aufhebung der Zeit und den Entwurf einer retrospektiven Utopie geht, sondern um eine aktuelle Reflexion des Vergangenen, freilich verbunden mit der Intention seiner lebendigen Wiederaufnahme und Fortführung – Entwürfe einer »anderen« Ordnung, die lebensvoller erscheint als jene der Begriffe und ihrer Abstraktionen. Insofern impliziert das Thema Ursprünglichkeit zumindest in unserem Zusammenhang weithin den Rekurs auf Mythos und Mythisches wie umgekehrt.

Für die andauernde Aktualität dieser Probleme steht unter anderem eine Reihe von Ausstellungen. In den 70er Jahren etwa war aktuell die Rede von den »Individuellen Mythologien« oder von der »Spurensicherung«; die documenta 5 hat 1972 diese Tendenzen in aller Breite vorgestellt. Später, 1981, zeigte das Kunsthaus Zürich eine Ausstellung »Mythos und Ritual«, und

1966 bereits beschäftigte sich eine Ausstellung sowie ein damit verbundenes Colloquium des Leverkusener Museums mit den »Fetisch-Formen« und eben das hier kommentierte Unternehmen.

Dieses Faktum bedarf der Erläuterung, und zwar im allgemeinen wie im einzelnen, nicht zuletzt, um den konstatierten problemgeschichtlichen Zusammenhang über das Bisherige hinaus zu verdeutlichen.

Worin ist die ungebrochene Aktualität dieses Problemkreises begründet? Zunächst in der Tatsache allgemein eines reichen Beziehungsgeflechts zwischen »Mythos und Moderne« – wie jüngst Karl Heinz Bohrer eine Sammlung von Arbeiten verschiedener Fachrichtungen über den Zusammenhang von modernem Bewußtsein und Mythenbildung überschrieben hat. Die Frage ist nur, welcher Art diese Beziehungen sind. Keinesfalls geht es dabei um eine wie auch immer geartete Rückkunft des Mythos und ebensowenig um eine Diskussion der einstigen irrationalistischen Besetzung dieses Begriffs. Nicht erst seit den Forschungen von Lévi-Strauss wissen wir, daß der Mythos tatsächlich ein Ordnungsgefüge eigener Art und Struktur ist und mithin keineswegs eine vorwissenschaftliche Entwicklungsstufe auf dem geschichtlichen Weg zur theoretischen Begrifflichkeit darstellt. Gleichwohl beansprucht die Aufklärung, die Moderne also, den Mythos überwunden zu haben, und das zwar nicht ohne Berechtigung, doch ohne definiten Erfolg.

Was aber verbirgt sich dann hinter der Formel von »Mythos und Moderne«? Offenkundig zunächst eine Relativierung dieses Gegensatzpaares zu Lasten des Anspruchs der Aufklärung, der Moderne; ein Paradoxon, das sich, scheint's, nur schwer auflösen läßt. Doch gewinnen wir einen ersten Ansatz zur Auflösung dieses Widerspruchs, wenn wir den Mythos und die Moderne jeweils als einen korrelativen Begriff definieren; das heißt, jeder der beiden Begriffe gewinnt in unserem Zusammenhang wenigstens sein volles Verständnis nur vom jeweils anderen her: Der Mythos wird als solcher zum Gegenstand der Erörterung erst vom Standpunkt der Aufklärung aus, wie sich umgekehrt die Moderne – unter anderem – in der Abhebung vom Mythos versteht.

Wir erkennen darin auf dem Grunde wieder jene geschichtliche Dialektik, wie sie zuvor die Idylle und die Idee des Idyllischen charakterisiert hat, nur haben sich einsichtigerweise die Akzente seither um einiges verschoben. Doch wieso hat es die Ausfaltung wissenschaftlicher Erkenntnis nicht vermocht, jedwede mythische Vorstellung abschließend aus unserem Denken zu verbannen?

Hans Blumenberg hat diese Frage mit der Feststellung beantwortet, das Fortleben des Mythos zeige die Menschheit dabei, »etwas zu bearbeiten und zu verarbeiten, was ihr zusetzt, was sie in Unruhe und Bewegung hält. Es läßt sich auf die einfache Formel bringen, daß die Welt den Menschen nicht durchsichtig ist, und nicht einmal sie selbst sich dies sind«[3]. Mit anderen Worten: Der Fortgang der Wissenschaft hat nicht nur nicht vermocht, bestimmte Hoffnungsdefizite des Menschen auszugleichen, sondern im Gegensatz zu derartigen frühen Erwartungen auf Sinnerfüllung – eben durch Erkenntnis – diese Defizite vergrößert und mithin wie in einem System kommunizierender Röhren einen verstärkten Bezug auf Mythisches, auf die Vorstellung von Ursprünglichkeit provoziert.

Kurt Hübner bezeichnet diesen Zwiespalt zwischen dem mythischen und dem naturwissenschaftlichen Denken geradezu als ein Kennzeichen unserer Kultur seit den letzten 400 Jahren. Ob der Spannweite dieses Problemhorizontes – und der damit gegebenen Perspektive hinsichtlich auch unserer Fragestellung – sei ein ausführliches Zitat gestattet.

»Von Anfang an stieß die wissenschaftlich-technische Denkweise vielfach auf heftigen Widerstand. Ungeachtet der wissenschaftlichen Auffassung, daß die Natur durchgehend von Kausalgesetzen beherrscht wird, hielt man immer wieder an der Überzeugung fest, in ihr walteten Sinn- und Zweckzusammenhänge. [...] Man fand sich ferner nicht damit ab, daß die Natur in wissenschaftlicher Sicht wie ein lebloses Wesen behandelt wird, und versuchte unbeirrt, in einer Art Gefühlsbeseelung ihr numinoses Wesen zu erkennen. Aus diesem Grunde hielt man sich mehr an ihre unmittelbar sinnlich erfaßbaren Gestalten, die uns, wie schon gesagt, beinahe unwillkürlich entgegentreten, und wies die theoretischen Abstraktionen der Wissenschaft, mit denen sie die anschaulichen Erscheinungen auf etwas Unsichtbares zurückführt [...] als bloße Denkkonstruktionen zurück. Im Widerspruch zum analytischen Vorgehen der Wissenschaft, die alles erst in seine Elemente zerlegt, um es dann etwa mit Hilfe von mathematischen Funktionen wieder miteinander in Beziehung zu setzen, forderte man ein ›ganzheitliches Denken‹. [...] Der heute aufkommende Kulturpessimismus und die Revolte gegen Wissenschaft und Technik erweisen sich hier nur als ein letztes Glied in einer langen Kette. Nicht, daß diese Revolte sich auf der geistigen Höhe ihrer Vorgänger befände, aber auf eine mehr oder weniger verworrene Weise dringt hier Ähnliches aus der Tiefe zum Ausbruch: nämlich eine unbestimmte Sehnsucht nach Weltbeseelung, nach einem ganzheitlichen, nicht in lauter Teilfunktionen zerfallenden Dasein und Leben, und vielleicht sogar nach einem letzten göttlichen Sinn.«[4]

Damit ist zum einen die geschichtliche Distanz zwischen den beiden Formen des Weltverständnisses aufgewiesen wie zum anderen aber auch ihre die Geschichtlichkeit des Mythos übergreifende Verknüpfung. In der geschichtlichen Distanz wird offenkundig, daß der Mythos als ein lebendiger notwendig und immer schon das Verlorene und Einstige bedeutet; seine Verknüpfung mit der Aufklärung hingegen deutet darauf, daß auch in der Moderne als programmatischer Gegenwart sich noch stets Spuren mythischer Vergangenheit finden. Wir vergewissern uns des Mythos als einer Form der Welterklärung allgemein, in der über die Analogie alles mit allem zusammenhängt, der folglich auch die Dinge nicht bloß leblose Objekte, sondern eingefügte Teile einer allumfassenden lebendigen Ordnung sind und als solche jeweils bestimmte Qualitäten repräsentieren. Dementgegen bedeutet das rationale und also funktionale Denken notwendig Kritik am Mythos und bewirkt schließlich die Auflösung einer solcherart repräsentierten Ganzheit: An die Stelle einer unmittelbaren Erlebnisfülle tritt das wissenschaftliche Prinzip der Vereinzelung und Klassifizierung: Kausalität statt Sinngebung.

Bei aller zugegebenen Verkürzung des Sachverhalts läßt diese Formel gleichwohl anklingen, daß wissenschaftliche Erkenntnis stets und notwendig mit einem gewissen Verlust gekoppelt ist, der sich als ein allgemeines Empfinden in sozial-psychologische Dimensionen ausweiten kann, wenn und sobald die Vereinzelung zum Radikalen vorgetrieben wird, und das in einer Weise, deren Folgen sich eben nicht im Theoretischen nur auswirken. Entsprechend ist Gottfried Boehm zuzustimmen, wenn er in der nahezu demonstrativen Ausprägung mythischer

Komponenten vornehmlich in der Kunst der 70er Jahre nicht nur eine entschiedene Umkehr in der künstlerischen Orientierung sieht, sondern darüber hinaus vermerkt, daß diese Tendenzen einem weiterreichenden Klimawechsel entsprechen, der soziale und politische Vorgänge nicht ausspart.[5] Mit anderen Worten: Erst wenn der Preis wissenschaftlicher Erkenntnis eine zwar bestimmte, gleichwohl aber nicht präzise bestimmbare Marke überschritten hat, wird er zu einem allgemeinen Faktum, und zwar auch insofern, als der Verlust den spürbaren Gewinn fraglich erscheinen läßt. Der in der Kunst, in der »Spurensicherung« wie in den »Individuellen Mythologien« und vielen anderen Arbeiten, analog hierzu hochgesteigerte Subjektivismus wird derart zum untrüglichen Beleg für seine Reduzierung beziehungsweise Unterdrückung auch und nicht zuletzt in der alltäglichen Lebenswirklichkeit, wo sich zunehmend und unwiderruflich wissenschaftlich-technisch wie gesellschaftlich die Herrschaft der »Mechanik« etabliert hat. Ernst Bloch hat die – nicht nur auf die Kunst beschränkten – Folgen auf die Formel gebracht, wenn er in »Subjekt-Objekt« schreibt: »Durch diese doppelte Buchführung aber (Qualitäten für die Naturbeschreibung, Quantitäten für die Mechanik) ist nicht bloß die gesamte Erlebniswirklichkeit der Natur, sondern eben der alte, eben immer wieder andrängende Quell-, Qualitäts- und Bedeutungssektor Natur wissenschaftlich ausgekreist worden, ohne Willen, ihm auf eigene, nicht künstlerisch abgedrängte, sondern erkennende Weise gerecht zu werden.«[6] Das romantische Naturverständnis, so wie es die Landschaftsmalerei etwa geprägt hat, setzt dem seine Überzeugung entgegen, daß es eben noch eine andere und im qualitativen Sinne konkretere Beziehung zur Natur geben könne »als diejenige, welche dem bürgerlichen Kalkül gemäß ist« (Bloch), ohne daß man damit gleich hinter den Erkenntnisstand der Zeit zurückgerate. Eben darum wird von den verschiedenen Positionen her – sei es von Hegel oder von Carus, von Novalis oder von Caspar David Friedrich – der Einklang von Wahrnehmung und Empfindung, von Gefühl und Verstand gefordert. Wenn etwa das Licht nach Newtons Definition physikalisch als eine Folge von Schwingungen im Äther besteht, so ist das eine Sache, und sie soll auch nicht ignoriert werden; wohl hingegen verwahrt sich der Künstler – wie Goethe in seiner Farbenlehre – dagegen, deshalb nun auf die qualitativen Stimmungswerte des Lichtes zu verzichten, weil diese als ein Rest von Mythologie der Zeit nicht mehr angemessen seien.

Die Landschaftsmalerei als eine ästhetische Vergegenwärtigung der Natur – als einer lebendigen Ganzheit – besetzt in der neueren Kunst keine prominente Position mehr. An ihre Stelle ist gewissermaßen die Thematisierung des Mythos getreten – zur Debatte stehen freilich nicht mehr Darstellungen mythologischer Themen wie in der Malerei des 19. Jahrhunderts, sondern »Formen« des Mythischen allgemein. Heute repräsentiert der Mythos, wie allgemein mythische Vorstellungen, jene verlorene Einheit oder *unitas.* Anders jedoch als die Landschaftsmalerei, eine traditionelle Bildgattung, begegnet uns seine aktuelle Veranschaulichung in ausdrücklich zeitgenössischen und das heißt »avantgardistischen« künstlerischen Erscheinungsformen, die nicht nur programmatisch den Bruch mit der Tradition behaupten.

Angesprochen ist damit zunächst eine geschichtsphilosophische Dimension unseres Themas: Der Mythos als das Verlorene und Einstige dessen, von dem er kündet, und die Moderne als programmatische, im Traditionsbruch sich konstituierende Gegenwart – sie stehen offenkundig einander nicht so diametral gegenüber, wie ein lineares Geschichtsverständnis suggerieren möchte. Ihm zufolge wäre der Traditionsbruch zu verabsolutieren im Sinne eines mehr oder minder als voraussetzungslos behaupteten Neuanfangs jeweils. Darauf zu beharren, zeugt mittlerweile freilich nur von einem ideologischen Anspruch, der von der geschichtlichen Wirklichkeit nicht eingelöst wird. Unmißverständlich hat das Karl Otto Werckmeister in seinem Aufsatz über »Die neue Phase der Klee-Literatur« dargelegt. »Aber radikal subjektive ästhetische Selbstbestimmung ist ein allgemein verbreitetes Ideal moderner Künstler, also geschichtlich bedingt, im Widerspruch zu dem, was er besagt.« Und er zitiert einen Satz Adornos: »Der geschichtlichen Tendenz verfällt erst recht, was mit ihr nichts zu schaffen haben möchte.«[7]

Entsprechend heißt es bei Gottfried Boehm, auf das Verhältnis der Moderne zum Mythos gemünzt: »Es sind altbekannte rethorische Kampfmittel der modernen Kunst, die jeweilige Wendung ihres Weges so erscheinen zu lassen, daß sie als überwältigend neu sichtbar wird – was um so besser gelingt, je kürzer die historischen Maßstäbe gewählt werden. [...] Das Recht einer jeden neuen künstlerischen Konzeption, ihr jeweiliges historisches Umfeld zu destruieren oder gering zu achten, um die eigene Perspektive geschlossen zu halten, deckt sich freilich nicht mit dem Erkenntnisinteresse der Kritik und des Verstehens. Für diese sind ›gemachte‹ Erfahrungen ebenso ernst zu nehmen wie das Angebot ›neuer‹ Erfahrungen. Die Proklamation des Mythos oder die Devise seiner ›Rückkehr‹ rückt ihrerseits in die ›Tradition des Neuen‹ ein. [...] Dieser Hinweis zielt nicht darauf, auch die jüngste Vergangenheit hinter der Glasscheibe des Historismus zu distanzieren, aus der Gefahrenzone der Bewertung zu holen. Er verdeutlicht vielmehr die Bedingungen, unter denen Phänomene mythologischer Erneuerung an der eigenen Erfahrung geprüft werden können, die ihrerseits nicht im Tage aufgeht, vielmehr die Geschichte der Moderne mit umfaßt. Die Kontinuität unserer Erfahrung ist angesprochen, wenn das ›Außerordentliche‹ einer neuen Mythologie verstanden werden soll.«[8]

Wir können uns hier nicht auf die daraus folgende »Rückfrage nach der bisherigen Rolle des Mythos in der modernen Kunst« einlassen, wir nehmen aber die Stichworte »Erfahrung« und »Verstehen« auf. Zweifelsfrei gehört die bewußte und als solche gezielte Destruierung ihres historischen Umfeldes, seine Nichtbeachtung zumindest, zur Strategie der Moderne. Zugleich aber ist sie mehr als nur ein rethorisches Kampfmittel – was Werckmeister mit der Bemerkung über die geschichtliche Bedingtheit dieser Strategie andeutet –, nämlich die Bedingung der Möglichkeit, gegen die verpflichtenden Schemata der Tradition sich »neuen« Erfahrungen zu öffnen, »neue« Erfahrungen überhaupt machen zu können. Die Kluft zwischen künstlerischer Praxis – die im Bruch mit der Tradition noch notwendig auf diese bezogen bleibt – und dem programmatischen Anspruch, der eben diesen Bezug leugnet, ist ein anderes. Was sich da ereignet, ist nichts anderes als die Dialektik jeglichen Traditionsbruchs; man kann mit der Überlieferung nicht brechen, ohne sich evident auf sie zu beziehen. Insofern kann Traditionsbruch auch bedeuten: Anverwandlung des Früheren in ein Gegenwärtiges, das zugleich auf Morgen geöffnet ist. Dieser Verschränkung entspricht das Verständnis von Erfahrung, wie es Hans Georg Gadamer definiert hat: »Wird Erfahrung so [im Sinne des Aristoteles] auf ihr Resultat hin betrachtet, so wird damit der eigentliche Prozeß der Erfahrung übersprungen. Dieser Prozeß nämlich ist ein wesentlich negativer. Er ist nicht einfach als die bruchlose Herausbildung typischer Allgemeinheiten zu beschreiben. Diese Herausbildung geschieht vielmehr dadurch, daß ständig falsche Verallgemeinerungen durch die Erfahrung widerlegt, für typisch Gehaltenes gleichsam enttypisiert wird. Das prägt sich schon sprachlich darin aus, daß wir in einem doppelten Sinne von Erfahrung sprechen, einmal von den Erfahrungen, die sich unserer Erwartung einordnen und sie bestätigen, sodann aber von der Erfahrung, die man ›macht‹. Diese, die eigentliche Erfahrung, ist immer eine negative. Wenn wir an einem Gegenstand eine Erfahrung machen, so heißt das, daß wir die Dinge bisher nicht richtig gesehen haben und nun besser wissen, wie es damit steht. Die Negativität der Erfahrung hat also einen eigentümlich produktiven Sinn. Sie ist nicht einfach eine Täuschung, die durchschaut wird, und insofern eine Berichtigung, sondern ein weitgreifendes Wissen, das erworben wird. Es kann also nicht ein beliebig aufgelesener Gegenstand sein, an dem man eine Erfahrung macht, sondern er muß so sein, daß man an ihm ein besseres Wissen nicht nur über ihn, sondern über das, was man vorher zu wissen meinte, also über ein Allgemeines gewinnt. Die Negation, kraft derer sie das leistet, ist eine bestimmte Negation. Wir nennen diese Art der Erfahrung dialektisch [...]. Die Dialektik der Erfahrung hat ihre eigene Vollendung nicht in einem abschließenden Wissen, sondern in jener Offenheit für Erfahrung, die durch die Erfahrung selbst freigespielt wird.«[9]

Diese Sätze treffen zwar den eigentümlichen Erfahrungsmodus allgemein von Kunst, indes erscheint dieser besonders prägnant am Beispiel des Verhältnisses von modernem künstlerischem Bewußtsein und Mythos, dem Mythos der Ursprünglichkeit im Besonderen. Wie angedeutet, beziehen sich in diesem Verhältnis Vergangenheit und Gegenwart derart aufeinander, daß die vermittels des Mythos »gemachte« Erfahrung in der Anverwandlung einer modernen und also »neuen« künstlerischen Form zu einem »besseren Wissen nicht nur über ihn [den Mythos], sondern über das, was man vorher zu wissen meinte, also über ein Allgemeines« führt, über ein Allgemeines, darin das Ich wesentlich einbezogen ist. Mit anderen Worten: Erfahrung in diesem Verständnis gehört zum geschichtlichen Wesen des Menschen und wird damit zur Bedingung des »entfalteten Ich«.

Wieso aber tritt die von Gadamer beschriebene Dialektik der Erfahrung so zwingend hervor im Blick auf den Mythos der Ursprünglichkeit? Was überhaupt verstehen wir genau darunter? Der Mythos ist, wie eingangs skizziert, eine Art Erklärungsmodell für die Erschaffung der Welt und des Menschen; das Ursprüngliche ist darin gleichbedeutend mit dem Uranfänglichen, und das ist zunächst das noch Ungeordnete – mit einem Wort: ein vorkultureller Zustand, wie ihn auf ihre Weise die Idylle behauptet. Intensiv hat Hölderlin das in seiner Deutung des 166. Pindar-Fragments »Als die Kentauren« gezeichnet. Danach geschieht die allmähliche Ordnung des Ursprünglichen zunächst durch das Wasser; sie ist eine durch die Flüsse geschaffene Ordnung, sodann eine Ordnung der Götter und durch die Götter. Verkürzt sagt das: Die Ordnung der Götter und durch die Götter fällt in eins mit der Ordnung der Natur und durch die Natur.

Natürlich wird »Ursprünglichkeit« von der Moderne nicht in diesem Sinn verstanden. Und doch bleibt ihre in den Kunstwerken evidente Auffassung darauf bezogen. Nichts anderes nämlich ist hier unter Ursprünglichkeit zu verstehen als ein Zustand, der, vom Standpunkt der Moderne aus, als vorkulturell zu charakterisieren ist, was insofern berechtigt oder zumindest verständlich ist, als er sich durch die Einheit von Mensch und Natur auszeichnet, von anschaulichem Denken und Empfinden, von Anschauung und Gesetz – ein Zustand, den sie nur noch bei den Naturvölkern zu finden glaubten. Nur bei ihnen fällt nach ihrer Auffassung noch die Ordnung der Götter und durch die Götter in eins mit der Ordnung der Natur und durch die Natur. Das Sinnvolle des Ganzen wird der Kenntnis des Einzelnen entgegengehalten. Ursprünglichkeit meint hier, mit anderen Worten, einen vorwissenschaftlichen, noch nicht durch rationales und funktionales Denken verdinglichten Lebenszustand. Diese Vorstellung ist allgemein geprägt von der Einsicht, die Walter Killy auch bei Hölderlin herausgearbeitet hat, daß nämlich der Gedanke – man kann auch sagen, der Begriff – die Unendlichkeit des Lebens nicht erschöpft.[10] Die Dinge sind in diesem vorwissenschaftlichen Zustand noch nicht vom Begriff »zerbrochen«, sie stehen vielmehr verweisend da, das heißt, sie deuten über sich hinaus auf ein Anderes, Höheres, Mächtigeres, kurz: Ding, Natur, Wort und Mensch sind noch eins.

Das erscheint einleuchtend und zutreffend – jedenfalls bis zu dem Punkt, der hier zunächst mit der Frage markiert wird, ob denn nicht die Distanzlosigkeit des Mythos einer Selbstbefreiung des Menschen diametral entgegensteht. So naheliegend die Antwort dünkt, so schwierig ist sie doch zu geben, wenn man ihre verschiedenen Aspekte zu berücksichtigen versucht. Gehen wir davon aus, daß unter Mythos im Eigentlichen der »Einklang mit der Natur« zu verstehen ist, so gewinnen wir in unserem Zusammenhang eine erste grobe Vorstellung von der Selbstbefreiung des Menschen als Loslösung von den Bedingungen der Natur. Ein allmählicher Prozeß, an dessen Ende die Autonomie des Menschen steht, und zwar in materiall-technischer wie in intellektueller Hinsicht. Das heißt, die Ordnung der Natur und durch die Natur verliert ihre Mächtigkeit, und immer ausdrücklicher tritt an ihre Stelle die Ordnung des Menschen und durch den Menschen. Statt Einklang mit der Natur lautet die Formel jetzt: Beherrschung der Natur. Von hier aus, also retrospektiv, kann überhaupt die Frage nach dem diametralen Verhältnis von Mythos und Selbstbefreiung gestellt werden; und daß sie gestellt wird und daß sie so gestellt wird, zeugt wiederum von der Linearität unseres Geschichtsverständnisses, das sich primär an der Idee des Fortschritts orientiert.

Das ist notgedrungen pauschal verkürzt, gleichwohl aber deutet diese Skizze auf das Grundsätzliche unseres Problemkreises: Der Fortschritt tritt als Überwindung des »Idyllischen«, des Mythos auf, und zwar von einem Zielpunkt aus – Beherrschung der Natur –, der sich nicht im Vorhinein bestimmen läßt, sondern sich erst im Moment des Erreichens als ein solcher definiert. Nicht zuletzt damit auch hängt seine Verabsolutierung zusammen, die Totalsetzung des rationalen Prinzips nicht allein von seiner Praxis her.

Die entscheidende Frage nun gilt der Weise des Überlebens des Mythos im Ästhetischen. Offenkundig ist damit nicht die Mächtigkeit des Mythos, der mythischen Bilder gemeint und ebenso wenig seine Verbindlichkeit als die eines eigenständigen Ordnungssystems. Denn wir können nicht hinter das Erreichte zurück, und wer wollte es schon in seiner vollen Konsequenz? Damit stellt sich die Frage so, ob das Überleben des Mythos im Ästhetischen allein als Ausklang einer sich neigenden Kontinuität verstanden werden muß oder als eine zwar wesentlich reduzierte, aber doch noch währende Lebendigkeit – oder schließlich, ob dieses ästhetische Überleben als ein Aufruf zur Remythisierung gelten soll. Das letzte dürfte wohl ausscheiden; wie aber verhält es sich mit den beiden anderen Möglichkeiten?

Für unsere Antwort ist zunächst die Feststellung wesentlich, daß die ästhetische Erscheinungsform des Mythischen, im Besonderen der Ursprünglichkeit – nicht zuletzt als einer Radikalisierung des Idyllischen –, diejenige der modernen beziehungsweise der zeitgenössischen Kunst ist. Sie bezeichnet also ein Instrument entschiedener Reflexion und Distanz. Damit ist zweierlei bedeutet: Zum einen die Geschichtlichkeit des Mythos, zum anderen und zugleich seine Aktualität. Indessen ist Aktualität in unserem Zusammenhang ein der näheren Bestimmung bedürftiger Begriff, kann er doch einerseits gegenwärtiges Interesse an einem historischen Thema anzeigen, andererseits aber dahin verstanden werden, daß eben dieses Thema ungeachtet seiner kernhaften Geschichtlichkeit noch immer nicht ausgestanden ist. Die Entscheidung für das Verständnis im letztgenannten Sinn stützt sich auf das Faktum des Traditionsbruchs als des nicht nur programmatisch behaupteten Konstituens der modernen Kunst. Denn zugleich bleibt diese Kunst, und sei es in einer dialektischen Kehre, auf die Vergangenheit bezogen.

Ein Beispiel mag das verdeutlichen: die Arbeiten von Jannis Kounellis. Sowohl in seinen Objekten, Zeichnungen und Inszenierungen wie auch in seinen Äußerungen wendet Kounellis sich gegen eine Kunst, die Inhaltliches aufgegeben hat zugunsten formaler Strukturen und Farbnuancen. Gegen den Anspruch der Logik klagt er den Anspruch der Fülle ein; und er meint dabei mit Fülle die Gleichzeitigkeit von Vergangenem und Gegenwärtigem. Kultur, und mithin die Kunst, kann sich nicht vom Einstigen lösen. Die Aktualität menschlichen Ausdrucks schließt für ihn immer und notwendig auch die Ursprünglichkeit des Ausdrucks – zumindest reflektierend – ein. Ausdruck ist da nicht allein psychologisch zu verstehen: Der Begriff umschließt vielmehr jedwede künstlerische Gestaltung – als Ausdruck eben menschlichen Hoffens und Handelns, Empfindens und Denkens. Insofern erweist sich der Bedacht des Alten als ein Akt kritischer Reflexion des Gegenwärtigen und, unausgesprochen, zugleich als ein Anspruch auf Totalität. Bezeichnenderweise nennt Kounellis sein Schaffen ein »Lamento«, weil es, mit den Worten Jean Christoph-Ammans, »die stete Suche nach einer Identität mit den Fragmenten einer vergangenen und heutigen Kultur darstellt. Daraus resultiert der utopische Ansatz. Eine solche Identität beinhaltet Vision«. Diese Position macht verständlich, daß es für Kounellis nicht darum gehen kann, mythische Bilder unverändert wiederzubeleben, sondern darum, ihren Gehalt als etwas Allgemeingültiges zu interpretieren; darum, noch einmal mit Jean Christoph-Amman, dieses Bild »seiner Geschichtlichkeit zu entreißen, um es in seiner Wirklichkeit als umfassend gegenwärtig einzusetzen«.

Es geht also um ästhetische Vergegenwärtigung. Was aber heißt das, was bedeutet das? Wörtlich vorab: Es kann nur vergegenwärtigt werden entweder, was im örtlichen Sinne nicht anwesend ist, oder ein zeitlich Vergangenes, das im Ästhetischen als ein Gegenwärtiges vorgestellt wird. Beide Male steht Vergegenwärtigung unter der Bedingung reflektierter Distanz. Das heißt, im Prozeß der Vergegenwärtigung wird ein geschichtlich Vergangenes aktuell an die Gegenwart herangebracht als etwas diese Berührendes: Die Zeit des lebendigen Mythos ist lange schon vergangen, und doch hallt sein Echo noch bis unmittelbar in unsere Zeit. Insofern mag es berechtigt sein, derartige Erscheinungsformen als einen zeitgenössischen Reflex auf die schärfer gewordene Dialektik im Verhältnis von Natur und Kultur, also des einst idyllenkonstitutiven Konflikts, zu verstehen.

Anmerkungen

1 William Rubin, Primitivismus in der Kunst des 20. Jahrhunderts. München 1984, S. 13
2 Vgl. u. a. Rolf Wedewer, Zur Naturvorstellung Hans Arps, in: Pantheon-Jahrbuch, München 1985, S. 171 ff.
3 Hans Blumenberg, Arbeit am Mythos. Frankfurt/M. 1979, S. 303
4 Kurt Hübner, Die Wahrheit des Mythos. München 1985, S. 48 f.
5 Gottfried Boehm, Mythos als bildnerischer Prozeß, in: Karl Heinz Bohrer (Hrsg.), Mythos und Moderne – Begriff und Bild einer Rekonstruktion. Frankfurt/M. 1983, S. 528
6 Ernst Bloch, Subjekt – Objekt. Frankfurt/M. 1972, S. 212
7 Karl Otto Werckmeister, Die neue Phase der Klee-Literatur, in: Neue Rundschau, Heft 3, Frankfurt/M. 1978, S. 408
8 Boehm (Anm. 5), S. 528
9 Hans Georg Gadamer, Wahrheit und Methode. 4. Aufl., Tübingen 1975, S. 335 ff.
10 Walter Killy, Wandlungen des lyrischen Bildes. 7. Aufl., Göttingen 1978

Literaturhinweise

Hermann Bauer (Hrsg.) Wandlungen des Paradiesischen und Utopischen. Studien zum Bild eines Ideals, in: Probleme der Kunstwissenschaft. Bd. 2. Berlin 1966

Klaus Bernhard, Idylle – Theorie, Geschichte, Darstellung in der Malerei 1750–1850. Zur Anthropologie deutscher Seligkeitsvorstellungen. Köln und Wien 1977

Martin Bircher/Bruno Weber, Salomon Geßner. Zürich 1982

Eva Börsch-Supan, Garten-, Landschafts- und Paradiesmotive im Innenraum. Berlin 1967

Renate Böschenstein-Schäfer, Idylle. Stuttgart 1967, 2. Aufl. 1977

Ulrich Christoffel, Italienische Kunst. Die Pastorale. Wien 1952

Kenneth Clark, Landscape into Art. London 1949 (deutsch: Landschaft wird Kunst. Köln 1962)

Herbert von Einem, Deutsche Malerei des Klassizismus und der Romantik. München 1978

Max J. Friedländer, Über Landschaftsmalerei und andere Bildgattungen. O.O. (Den Haag und Oxford) 1947

Klaus Garber (Hrsg.), Europäische Bukolik und Georgik. Darmstadt 1976

Walter Gebhard, Der Zusammenhang der Dinge. Weltgleichnis und Naturverklärung im Totalitätsbewußtsein des 19. Jahrhunderts. Tübingen 1984

Klaus P. Hansen, Utopische und retrospektive Mentalität: Überlegungen zu einer verkannten Tradition, in: Deutsche Vierteljahresschrift für Literaturwissenschaft und Geistesgeschichte, Heft 4, Dezember 1983, S. 569–592

Werner Hofmann, Das Irdische Paradies. Kunst im 19. Jahrhundert. München 1960

Gerhard Kaiser, Wanderer und Idylle. Goethe und die Phänomenologie der Natur in der deutschen Dichtung von Geßner bis Gottfried Keller. Göttingen 1977

Horst Keller, Deutsche Malerei des 19. Jahrhunderts. München 1979

Petra Maisak, Arkadien. Genese und Typologie einer idyllischen Wunschwelt. Frankfurt/M. und Bern 1981

Armand Nivelle, Kunst- und Dichtungstheorien zwischen Aufklärung und Klassik. Berlin 1960

Eckart Peterich, Die klassische Landschaft. München 1980

Erwin Panofsky, Et in Arcadia ego. Poussin und die Tradition des Elegischen, in: Erwin Panofsky, Sinn und Deutung in der bildenden Kunst. Köln 1975, S. 351ff.

Erwin und Gerda Panofsky, »The Tomb in Arcady« at the »fin de siècle«, in: Wallraf-Richartz-Jahrbuch, Bd. XXX. Köln 1968, S. 287–304

Joachim Ritter, Landschaft. Zur Funktion des Ästhetischen in der modernen Gesellschaft, in: Joachim Ritter, Subjektivität. Frankfurt/M. 1974, S. 141ff.

Hella Robels, Sehnsucht nach Italien. Bilder deutscher Romantiker. München 1974

Friedrich Schnack, Traum vom Paradies. Eine Kulturgeschichte des Gartens. Hamburg 1962

Hans Ulrich Seeber/Paul Gerhard Klussmann (Hrsg.), Idylle und Modernisierung in der europäischen Literatur des 19. Jahrhunderts. Bonn 1986

Friedrich Sengle, Wunschbild Land und Schreckbild Stadt. Zu einem zentralen Thema der neueren deutschen Literatur, in: Studium generale, 16, 1963, S. 616–631

Georg Simmel, Philosophie der Landschaft, in: H. Landmann (Hrsg.), Brücke und Tür. Stuttgart 1957

Bruno Snell, Arkadien. Die Entdeckung einer geistigen Landschaft, in: Antike und Abendland, 1, 1945, S. 26–41. Nachdruck in: Klaus Garber (Hrsg.) Europäische Bukolik und Georgik. Darmstadt 1976, S. 14–43

Erich Steingräber, Zweitausend Jahre europäische Landschaftsmalerei. München 1985
Jens Tismar, Gestörte Idyllen. München 1973
Jörg Träger, Weltlandschaft und Landschaftsbild. Metamorphosen deutscher Landschaftsmalerei des 19. Jahrhunderts, in: Anzeiger des Germanischen Nationalmuseums (Nürnberg), 1982, S. 92–108
Wilhelm Voßkamp (Hrsg.), Utopieforschung. Interdisziplinäre Studien zur neuzeitlichen Utopie. 3 Bde., Stuttgart 1982
Rolf Wedewer, Landschaftsmalerei zwischen Traum und Wirklichkeit. Idylle und Konflikt. Köln 1978, 2. Aufl. 1980
Brigitte Wormbs, Über den Umgang mit Natur. Landschaft zwischen Illusion und Ideal. München und Wien 1976; darin: Arcadia oder Natur und Landschaft als Welt des schönen Scheins, S. 11–57
E. Wünsche, Der Oldenburger Idyllenzyklus Wilhelm Tischbeins. Diss. München 1956

Ausstellungskataloge

Klassizismus und Romantik in Deutschland. Gemälde und Zeichnungen aus der Sammlung Georg Schäfer, Schweinfurt. Germanisches Nationalmuseum Nürnberg. 1966
Auch ich in Arcadien. Kunstreisen nach Italien 1600–1900. Stuttgart 1966
Sehnsucht nach Italien. Deutsche Zeichner im Süden 1770–1830. Köln 1972/73
Idylle, Klassizismus, Romantik. Deutsche Druckgraphik in Wallrafs Zeiten. Wallraf-Richartz-Museum, Köln. 1974
Landschaft – Gegenpol oder Fluchtraum. Leverkusen 1974
Münchener Landschaftsmalerei 1800–1850. Städtische Galerie im Lenbachhaus, München. 1979
Maler und Dichter der Idylle. Salomon Geßner, 1730–1788. Zürich und Wolfenbüttel 1980, 2. Aufl. 1982
Bilder vom irdischen Glück. Berlin 1983
Im Licht von Claude Lorrain. Landschaftsmalerei aus drei Jahrhunderten. Haus der Kunst, München. 1983
Heroismus und Idylle. Formen der Landschaft um 1800. Hackert – Reinhart – Koch. Köln 1984

Verzeichnis der ausgestellten Werke

Das Verzeichnis folgt dem Künstler-Alphabet. Die jeweils vor dem Bildtitel in Klammern stehenden Zahlen bezeichnen die Abbildungsnummer.

Andreas Achenbach (1815–1910)
(23) Der Bücherwurm. Um 1845
Öl auf Holz, 46,5 × 61 cm
Sammlung Georg Schäfer, Schweinfurt

August Wilhelm Ahlborn (1796–1857)
(49) Syrakus bei Morgenbeleuchtung. 1836
Öl auf Leinwand, 111 × 151,5 cm
Niedersächsisches Landesmuseum Hannover

Philipp Hieronymus Brinckmann (1709–1761)
(14) Waldige Landschaft. Um 1750
Öl auf Holz, 51,5 × 40 cm
Sammlung Georg Schäfer, Schweinfurt

Emmy Buchka-Lenbach (1868–1960)
(41) Bauernhaus im Abendlicht. Um 1910
Öl auf Leinwand, 104 × 79,5 cm
Dachauer Gemäldegalerie, Museumsverein Dachau e. V.

Heinrich Bürkel (1802–1869)
(25) Oberbayerische Landschaft mit Viehstaffage. 1839
Öl auf Leinwand, 60 × 58 cm
Sammlung Georg Schäfer, Schweinfurt

Georg Heinrich Busse (1810–1868)
(18) Italienische Landschaft. Um 1850 (?)
Öl auf Leinwand, 96 × 134,5 cm
Wallraf-Richartz-Museum, Köln

Franz Ludwig Catel (1778–1856)
(52) Italienische Landschaft bei Rom. Um 1830
Öl auf Leinwand, 65 × 91 cm
Sammlung Georg Schäfer, Schweinfurt

Eugène Antoine Durenne (1860–1944)
(64) Sommerliche Kammermusik. Um 1900
Öl auf Leinwand, 65 × 80,5 cm
Kunsthalle Bremen

August von der Embde (1780–1862)
(21) Georg Friedrich von Ditfurth (1794–1871) und Familie. 1829
Öl auf Leinwand, 137 × 105 cm
Neue Galerie - Staatliche und Städtische Kunstsammlungen Kassel

August von der Embde
(54) Kinder. 1845
Öl auf Kupfer, 48 × 39 cm
Kunstmuseum Düsseldorf

Salomon Geßner (1730–1788)
Aus der Folge der Landschaften in Waterloos Geschmack »X Paysages dédiés A Mr. Watelet Auteur du Poême sur l'Art de Peindre. Par son ami S. Gessner«. 1764–65
Kunsthalle zu Kiel
(1) Titelblatt (L. 1)
Radierung, Darstellung: 18,6 × 16,6 cm, Platte: 20,9 × 18,7 cm

(2) Blatt 2: Bauernhütten mit zurückkehrendem Fischer, zwei Kindern einen Fisch reichend (L. 2)
Radierung, 19,1 × 17,3 cm (im Plattenrand beschnitten)

(3) Blatt 3: Ländliches Gehöft mit offenem Holztor am Seeufer und Angler in der Fischerhütte (L. 3)
Radierung, Darstellung: 19,3 × 17,4 cm, Platte: 20,8 × 19,2 cm

(4) Blatt 4: Felslandschaft am See mit Herde; vorn Hirtenpaar, die Füße im Bache kühlend (L. 4)

Radierung, Darstellung: 19,1 × 17,4 cm, Platte: 20,8 × 17,4 cm

Salomon Geßner
Aus der Folge »Landschaften in antikem Geschmack«. 1767–68
Kunsthalle zu Kiel

(5) Blatt 2: Bewaldeter Hügel mit antiker Burg am Fluß mit Bögenbrücke (L. 12)
Radierung, Darstellung: 15 × 23,4 cm, Platte: 16,4 × 24,4 cm

(6) Blatt 4: Zwei Wasserschöpferinnen bei kleinem Wassersturz (L. 14)
Radierung, Darstellung: 15 × 19,5 cm, Platte: 16,9 × 20,3 cm

(7) Blatt 5: Zwei ruhende Hirten auf dem Fels am Wasserfall (L. 15)
Radierung, Darstellung: 15,7 × 20,6 cm, Platte: 16,8 × 21,4 cm

(8) Blatt 6: Gebirgige Landschaft mit zwei ruhenden Hirten auf einem Fels und Hirtin im Hohlweg (L. 16)
Radierung, Darstellung: 15,4 × 20,3 cm, Platte: 17,3 × 21,2 cm

(9) Blatt 7: Bewaldeter Hügel am Fluß, mit antikem Tempel bekrönt (L. 17)
Radierung, Darstellung: 15 × 23,3 cm, Platte: 16,5 × 24,8 cm

(10) Blatt 8: Musizierendes Trio auf einem Fels am Wasser im Walde (L. 18)
Radierung, 16,2 × 24,8 cm (im Plattenrand beschnitten)

(11) Blatt 10: Waldige Landschaft mit Tempelgebäude und beim Fels vier badende Mädchen (L. 20)
Radierung, Darstellung: 10,2 × 16 cm, Platte: 10,7 × 16,8 cm

Salomon Geßner
Aus der Folge der Landschaften mit mythologischen Figuren. 1769–71
Kunsthalle zu Kiel

(12) Blatt 2: Drei schlafende Wassernymphen, von einem Satyr beobachtet (L. 24)
Radierung, Darstellung: 10 × 13,3 cm, Platte: 11,7 × 14,3 cm

Karl Haider (1846–1912)
(62) Frau in Frühlingslandschaft. 1894
Öl auf Leinwand, 77 × 106,5 cm
Sammlung Georg Schäfer, Schweinfurt

Erich Heckel (1883–1970)
(42) Flußlandschaft (Parksee). 1919
Öl auf Leinwand, 96 × 69 cm
Krefelder Kunstmuseen – Kaiser Wilhelm Museum

Karl Hofer (1878–1955)
(45) Blumenwerfende Mädchen. Um 1925
Öl auf Leinwand, 120 × 90 cm
Staatsgalerie Stuttgart

Carl Heinrich Hoff (1838–1890)
(32) Der Lauscher. 1868
Öl auf Leinwand, 75 × 58,5 cm
Hamburger Kunsthalle

Wilhelm Horchler (1898–1967)
(74) Fensterblick. 1937
Öl auf Holz, 68 × 85,7 cm
Sprengel Museum Hannover

Grethe Jürgens (1899–1981)
(73) Landschaft bei Dangaster Moor. 1932
Öl auf Leinwand, 63 × 80 cm
Sprengel Museum Hannover

Leopold Graf von Kalckreuth (1855–1928)
(63) Garten. 1908–10
Öl auf Leinwand, 96 × 119,5 cm
Kunstmuseum Düsseldorf

Alexander Kanoldt (1881–1939)
(70) Winterlandschaft. 1921
Öl auf Leinwand, 70,5 × 91 cm
Staatsgalerie Stuttgart

Hermann Kauffmann d. Ä. (1808–1889)
(24) Ausruhende Älpler in Oberbayern. 1841
Öl auf Mahagoni, 53 × 47,8 cm
Hamburger Kunsthalle

Georg Friedrich Kersting (1785–1847)
(51) Am Stickrahmen. 1827
Öl auf Holz, 47,5 × 36,5 cm
Kunsthalle zu Kiel

Vincenz Georg Kininger (1767–1851)
(50) Alois Wenzel Fürst Kaunitz und Familie im Garten. Um 1810
Gouache auf Papier, 48,2 × 37,2 cm
Sammlung Georg Schäfer, Schweinfurt

Sophie Kleinfeller-Pühn (1864–1931)
(35) Frau von Pühn. 1889
Öl auf Leinwand, 121 × 137 cm
Kunsthalle zu Kiel

Ferdinand und Wilhelm von Kobell (1740–1799 und 1766–1855)
(16) Gebirgslandschaft mit Weidetieren. Um 1792–93
Öl auf Leinwand, 33,3 × 43,1 cm
Bayerische Staatsgemäldesammlungen München, Neue Pinakothek

Franz Kobell (1749–1822)
(47) Heroische Landschaft. 1804
Öl auf Leinwand, 121 × 157 cm
Sammlung Georg Schäfer, Schweinfurt

Joseph Anton Koch (1768–1839)
(48) Landschaft mit Regenbogen. 1805
Öl auf Holz, 32,8 × 43,2 cm
Sammlung Georg Schäfer, Schweinfurt

Wilhelm Krause (1803–1864)
(15) Südliche Ideallandschaft. 1830
Öl auf Holz, 93,5 × 124 cm
Kunsthalle Bremen

Gotthardt Kuehl (1850–1915)
(65) Nähendes Mädchen. Um 1910
Öl auf Leinwand, 80 × 60 cm
Kunsthalle zu Kiel

Max Liebermann (1847–1935)
(38) Holländisches Interieur. 1882
Öl auf Pappe, auf Sperrholz aufgezogen, 78 × 59 cm
Sammlung Georg Schäfer, Schweinfurt

Max Liebermann
(66) Die Gartenbank. 1917
Öl auf Leinwand, 71 × 86 cm
Staatliche Museen Preußischer Kulturbesitz, Nationalgalerie, Berlin (West)

Adolf Lier (1826–1882)
(26) Brotzeit am waldigen Ackerrand. Um 1870
Öl auf Leinwand, 44,5 × 96 cm
Sammlung Georg Schäfer, Schweinfurt

August Macke (1887–1914)
(67) Stickende Frau auf Balkon (Elisabeth auf dem Balkon des Staudacherhauses in Tegernsee). 1910
Öl auf Leinwand, 61 × 48 cm (Rahmen wurde von Macke selbst bemalt)
Städtisches Kunstmuseum Bonn

Theodor Matthei (1857–1920)
(61) Am Parkrand. 1894
Öl auf Leinwand, 39 × 53 cm
Neue Galerie - Staatliche und Städtische Kunstsammlungen Kassel

Theodor Matthei
(60) Feldweg mit kleiner Schwälmerin. 1900
Öl auf Leinwand, 44,5 × 60,5 cm

Neue Galerie – Staatliche und Städtische Kunstsammlungen Kassel

Otto Modersohn (1865–1943)
(40) Herbstabend im Moor. 1904
Öl auf Leinwand, 107,5 × 125 cm
Museum Folkwang Essen

Paula Modersohn-Becker (1876–1907)
(39) Bäuerin an der Birke. 1900
Öl auf Pappe, 70,5 × 47 cm
Westfälisches Landesmuseum für Kunst und Kulturgeschichte, Münster – Westfälischer Kunstverein

Paula Modersohn-Becker
(68) Alte Armenhäuslerin mit Glasflasche und Mohn. 1906
Öl auf Leinwand, 96 × 80,2 cm
Privatbesitz

Gabriele Münter (1877–1962)
(44) Spreufuhren, 1910–11
Öl auf Pappe, 32,9 × 40,8 cm
Städtische Galerie im Lenbachhaus, München

Gabriele Münter
(69) Dorfstraße im Winter. 1911
Öl auf Pappe, auf Holz aufgezogen, 52,4 × 69 cm
Städtische Galerie im Lenbachhaus, München

Max Pechstein (1881–1955)
(43) Am Seeufer. 1910
Kohle und Aquarell, 34,8 × 45 cm
Brücke-Museum, Berlin

Ernst Carl Friedrich te Peerdt (1852–1932)
(33) Gesellschaft im Park. 1873
Öl auf Leinwand, 85 × 115 cm
Wallraf-Richartz-Museum, Köln

Adrian Ludwig Richter (1803–1884)
(30) Rast der Pilger. 1839
Öl auf Leinwand, 82 × 130 cm
Kunsthalle Bremen

Adrian Ludwig Richter
(53) Frühlingsabend. 1844
Öl auf Leinwand, 72 × 109,5 cm
Kunstmuseum Düsseldorf

Karl (Charles) Ross (1816–1858)
(20) Die Grotte der Egeria bei Rom. 1856
Öl auf Leinwand, 99 × 153,5 cm
Bayerische Staatsgemäldesammlungen München, Schack-Galerie

Karl (Charles) Ross
(19) Der Tempel von Phigalia. 1857
Öl auf Leinwand, 129 × 194 cm
Kunsthalle zu Kiel

Georg Scholz (1890–1945)
(75) Kakteenstilleben. 1925
Öl auf Pappe, 49,5 × 40 cm
Pfalzgalerie Kaiserslautern

Georg Schrimpf (1889–1938)
(46) Knabe mit Kaninchen auf einer Schwelle. 1924
Öl auf Leinwand, 56 × 42 cm
Marburger Universitätsmuseum für Kunst und Kulturgeschichte

Moritz von Schwind (1804–1871)
(28) Ein Spielmann bei einem Einsiedler. Um 1846
Öl auf Pappe, 60,9 × 45,7 cm
Bayerische Staatsgemäldesammlungen München, Neue Pinakothek

Otto Speckter (1807–1871)
(27) Gänseweide. 1854
Öl auf Leinwand, 27,2 × 34,5 cm
Hamburger Kunsthalle

Johann Sperl (1840–1914)
(36) Lesende Frau im Garten. Um 1870
Öl auf Leinwand, 46,5 × 25,5 cm
Sammlung Georg Schäfer, Schweinfurt

Johann Sperl
(58) Frühlingszeit. Um 1880
Öl auf Leinwand, 60 × 88,5 cm
Sammlung Georg Schäfer, Schweinfurt

Carl Spitzweg (1808–1885)
(29) Sonntagsspaziergang. Um 1850–55
Öl auf Malpappe, auf Leinwand aufgezogen, 27 × 33,5 cm
Sammlung Georg Schäfer, Schweinfurt

Carl Spitzweg
(31) Mädchen mit Ziege. Um 1860
Öl auf Papier, auf Karton aufgezogen, 36,2 × 29,2 cm
Sammlung Georg Schäfer, Schweinfurt

Carl Spitzweg
(55) Das Plauderstündchen. Um 1865
Öl auf Leinwand, auf Karton aufgezogen, 47 × 36,5 cm
Sammlung Georg Schäfer, Schweinfurt

Carl Spitzweg
(56) Musizierender Einsiedler vor seiner Felsenklause. Um 1870
Öl auf Leinwand, 44 × 34,5 cm
Sammlung Georg Schäfer, Schweinfurt

Hans Thoma (1839–1924)
(57) Im Garten. 1877
Öl auf Holz, 120 × 80 cm
Sammlung Georg Schäfer, Schweinfurt

Johann Heinrich Tischbein d. Ä. (1722–1789)
(13) Das Fuldatal bei Kassel. Um 1765–75
Öl auf Leinwand, 89 × 125 cm
Neue Galerie – Staatliche und Städtische Kunstsammlungen Kassel

Fritz (Friedrich) von Uhde (1848–1911)
(37) In der Verandatür. 1902
Öl auf Leinwand, 64,5 × 54 cm
Bayerische Staatsgemäldesammlungen München, Neue Pinakothek

Fritz (Friedrich) von Uhde
(59) Zwei Damen am Tisch im Garten. Um 1906
Öl auf Leinwand, 86 × 111 cm
Sammlung Georg Schäfer, Schweinfurt

Eberhard Viegener (1890–1967)
(76) Kaktee und gelber Krug. 1927
Öl auf Holz, 58 × 48 cm
Museum am Ostwall, Dortmund

Rudolf Wacker (1893–1939)
(72) Das Fenster. 1931
Öl auf Holz, 108 × 93 cm
Vorarlberger Landesmuseum, Bregenz

Simon Warnberger (1769–1847)
(17) Italienische Landschaft mit Pinien. 1809
Öl auf hellbraun grundierter Leinwand, 44,9 × 56 cm
Bayerische Staatsgemäldesammlungen München, Neue Pinakothek

Rudolf Friedrich Wasmann (1805–1886)
(22) Schlafendes Mädchen am Herdfeuer. 1843
Öl auf Leinwand, 21,3 × 26,5 cm
Hamburger Kunsthalle

Erich Wegner (1899–1980)
(71) Winterlandschaft. 1928
Öl auf Leinwand, 71 × 87 cm
Sprengel Museum Hannover

Joseph Wopfner (1843–1927)
(34) Nähende Dame im Garten. Um 1880
Öl auf Karton, 28 × 39 cm
Sammlung Georg Schäfer, Schweinfurt

Fotonachweis

Berlin (West), Jörg P. Anders Abb. 66
Berlin (West), Brücke-Museum Abb. 43
Bonn, Städtisches Kunstmuseum Abb. 67
Bregenz, Vorarlberger Landesmuseum Abb. 72
Bremen, Böttcherstraße GmbH Abb. 68
Bremen, Kunsthalle Abb. 30, 64
Bremen, Stickelmann Abb. 15
Dachau, Museumsverein Dachau e. V. Abb. 41
Dortmund, Museum am Ostwall Abb. 76
Düsseldorf, Kunstmuseum Abb. 53, 54, 63
Essen, Museum Folkwang Abb. 40
Hamburg, Ralph Kleinhempel Abb. 22, 24, 27, 32
Hannover, Niedersächsisches Landesmuseum, Photoservice der Landesgalerie Abb. 49
Hannover, Sprengel Museum Abb. 71, 73, 74
Kaiserslautern, Pfalzgalerie Abb. 75
Kassel, Staatliche Kunstsammlungen Abb. 13, 21, 60, 61
Kiel, Renard Abb. 1–12, 19, 35, 51, 65
Köln, Rheinisches Bildarchiv Abb. 18, 33
Krefeld, Krefelder Kunstmuseen – Kaiser Wilhelm Museum Abb. 42
Marburg, Bildarchiv Foto Marburg Abb. 46
München, Städtische Galerie im Lenbachhaus Abb. 44, 69
München, Bayerische Staatsgemäldesammlungen Abb. 16, 17, 20, 28, 37
Münster, Westfälisches Landesmuseum für Kunst und Kulturgeschichte Abb. 39
Schweinfurt, Sammlung Georg Schäfer Abb. 14, 23, 25, 26, 29, 31, 34, 36, 38, 47, 48, 50, 52, 55–59, 62
Stuttgart, Staatsgalerie Abb. 45, 70
Wolfenbüttel, Herzog August Bibliothek Abb. S. 7, 10–12; Textabb. S. 49, 52, 53

Alle übrigen Abbildungsvorlagen stammen entweder aus dem Archiv der jeweiligen Verfasser oder aus dem Archiv des DuMont Buchverlages, Köln.